U0808949

明史研究论丛

Essays in Ming History

2022年春季号
（总第20辑）

中国社会科学院古代史研究所明史研究室　编

中国社会科学出版社

图书在版编目（CIP）数据

明史研究论丛．2022年春季号：总第二十辑／中国社会科学院古代史研究所明史研究室编．—北京：中国社会科学出版社，2022.3
ISBN 978－7－5203－9740－7

Ⅰ．①明… Ⅱ．①中… Ⅲ．①中国历史—明代—文集
Ⅳ．①K248.07－53

中国版本图书馆CIP数据核字(2022)第027229号

出 版 人　赵剑英
责任编辑　宋燕鹏
责任校对　李　硕
责任印制　李寡寡

出　　版　中国社会科学出版社
社　　址　北京鼓楼西大街甲158号
邮　　编　100720
网　　址　http://www.csspw.cn
发 行 部　010－84083685
门 市 部　010－84029450
经　　销　新华书店及其他书店

印　　刷　北京明恒达印务有限公司
装　　订　廊坊市广阳区广增装订厂
版　　次　2022年3月第1版
印　　次　2022年3月第1次印刷

开　　本　710×1000　1/16
印　　张　17
插　　页　2
字　　数　265千字
定　　价　98.00元

凡购买中国社会科学出版社图书，如有质量问题请与本社营销中心联系调换
电话：010－84083683
版权所有　侵权必究

编　委　会

BIANWEIHUI

编　　委　（按姓氏笔画排序）

万　明　［日］中岛乐章　朱鸿林　李伯重

张兆裕　张金奎　张宪博　余新忠　陈时龙

阿　风　赵世瑜　赵现海　赵轶峰　高寿仙

［美］鲁大维（David Robinson）　解　扬

主　　编　赵现海

常务编委　张兆裕　张金奎　解　扬　秦　博

本辑目录英译　周沙沙

目录
MU LU

书评

CONTENTS

BOOK REVIEWS

滁阳王郭子兴幼子考

李思成

郭子兴（？—1355），濠州定远人（今安徽省定远县），元末红巾军将领，朱元璋曾为其部属。[①] 郭子兴去世后，朱元璋用计将其子郭天叙、郭天爵除去，确立了统帅地位，郭部成为朱元璋后来争夺天下的基本盘。[②] 洪武三年（1370），朱元璋追封郭氏为滁阳王。[③] 洪武十七年，滁阳王庙碑及享堂建成，碑文叙述了朱元璋与郭氏家族的纠葛，并称郭子兴“无后”。[④] 明中期史学家、曾任南京太常寺卿的郑晓（1499—1566）却在《今言》中记载郭子兴有幼子郭老舍存留，延续家族。[⑤] 两种记载相互矛盾，后世史家也莫衷一是。史学家王世贞、潘柽章认为碑文可靠；当代学者王浩远、郭在权分别利用方志和族谱进行了一定辨析，均认为郑晓的记载更为可信。[⑥] 由于史料条件限制，相关研究并未得出确凿结论。因此，在以往研究的基础上，本文利用新材料明蜀王朱椿的《献园睿制集》进一步考证该问题，以期澄清郭子兴子嗣的情况，同时也将对郭老舍的个人境遇做一定分析。

---

① 《明太祖实录》卷一，壬辰年二月乙亥，“中研院”史语所1962年校印本，第4页。

② （明）俞本著，李新峰笺证：《纪事录笺证》，中华书局2015年版，第31、42、98页。

③ 《明太祖实录》卷四九，洪武三年二月癸未，第971页。

④ 《明太祖实录》卷一六四，洪武十七年八月乙未，第2539页；（明）张羽：《敕赐滁阳王庙碑》，（明）程敏政辑：《明文衡》卷六四，中国国家图书馆藏明嘉靖刻本，第6页a面。

⑤ （明）郑晓著，李致忠点校：《今言》，中华书局1984年版，第185—186页。

⑥ 王浩远：《郭子兴及其后裔与滁阳王庙祭祀》，《阜阳师范学院学报》2010年第1期，第94—97页。郭在权：《大明的奠基者：滁阳王郭子兴后裔考》，中华郭氏网，网址：http：//www. guohome. org/thread－117061. html。

一 关于郭子兴子嗣的记载与争论

最早记载郭子兴子嗣情况的史料是洪武十六年（1383）十一月太常司丞张羽（字来仪）撰写的《敕赐滁阳王庙碑》。张羽自述："皇上亲藁滁阳王事实，召太常司丞臣张来仪谕之曰：'王之恩德，注在朕心。今滁有庙祀，而碑刻未具，甚阙典也，汝其据此为文于石。'"① 可见碑文是张羽根据朱元璋所撰草稿拟定。原碑明代已湮灭，碑文最早被程敏政辑入《明文衡》，后又被邓士龙辑入《国朝典故》，因此以《明文衡》的文字更接近原貌。其中记载郭子兴家族情况如下：

> 夫人张氏生三子，长战没，次为降人所陷，幼与群小阴谋伏罪。次夫人张氏生女一，为妃，生蜀王、豫王、如意王，女二。洪武元年，天下既一，剖符行封，追思更生之恩，实帝业所始，乃封滁阳王，建庙墓阳……毋曰无后，王女皇妃，三王挺秀，王支百世。②

据碑文，郭子兴虽有三子，但均早逝，已无子嗣，故称"无后"。明初老兵俞本在《纪事录》中提供了郭子兴两名儿子的姓名："为降人所陷"者名为郭天叙，"与群小阴谋伏罪"者名为郭天爵。③ "战没者"姓名不详。"为妃"的女儿即郭惠妃，生有蜀王朱椿、代王朱桂（即豫王）、谷王朱橞（即如意王）、汝阳公主、永嘉公主。

《庙碑》的叙述出自朱元璋本人，具有权威性，郭子兴是否绝嗣本不应有疑问。但是，明中期曾任南京太常寺卿的郑晓，却在笔记《今言》中提供了另一种记载，认为郭子兴还有幼子郭老舍（生卒年不详）存留：

> 夫人张氏三子，长战没，次陷没，幼以阴谋伏罪。次夫人张氏一

① （明）张羽：《敕赐滁阳王庙碑》，（明）程敏政辑：《明文衡》卷六四，第6页a面。

② （明）张羽：《敕赐滁阳王庙碑》，（明）程敏政辑：《明文衡》卷六四，第6页a面、第7页a面。

③ （明）俞本著，李新峰笺证：《纪事录笺证》，第31、42、98页。

女，为皇妃，生蜀王、豫王、如意王。

滁阳王长子郭大舍，张夫人出，战没。一女惠妃，生蜀、豫、如意三王，汝阳、永嘉二公主，次张夫人出。又次李夫人生郭老舍，洪武四年旨云："说与郭老舍，再三留你不住，实要回乡守祖，你旧有二所庄田，我就赐与你耕种，教户部官开除粮草。"十一年邻人责童儿诖误出走，十七年上谕张来仪撰王庙碑文，遂云王无后……二十八年，老舍还乡，为费谦所发，解黑窑场做工，上面谕放回，令一年一朝京师。老舍卒，谕葬立石。老舍生谦，谦生升，升生信，信生琥，皆一岁一朝，有籍于礼部、鸿胪寺。①

关于郭子兴死于非命的三个儿子及女儿郭惠妃的情况，《今言》与碑文一致。且《今言》认为郭子兴除前三子外，还有名为"郭老舍"的第四子，为李夫人所生。据此，郭子兴子嗣共有郭大舍、郭天叙、郭天爵、郭老舍四人，且郭老舍一支传承有序，郭子兴并未绝嗣。

仅从文字叙述来看，郑晓的记载细节丰富，生动具体，不大可能杜撰而成。而且郑晓于嘉靖二十九年（1550）任南京鸿胪寺卿，而郭老舍一脉"有籍于鸿胪寺"。② 嘉靖三十二年郑晓又升任南京太常寺卿，③ 太常寺"职专祭祀之事"，④ 滁阳王郭子兴的祭祀事务在南直隶境内，属于其职责范围。郑晓完全可能通过两个衙门接触到有关原始档案，其权威性也不容忽视。

面对《庙碑》与《今言》两种截然不同的记载，后世史学家也莫衷一是。史学家王世贞、潘柽章认为郭老舍并非郭子兴幼子，当代学者王浩远等人则持肯定态度。以下将对他们的基本观点及论证进行简述。

王世贞认为郑晓误解了郭老舍的身份，郭老舍其实是郭子兴的亲戚，而非幼子。王世贞的推论如下：

---

① （明）郑晓著，李致忠点校：《今言》，第82、185—186页。

② 《明世宗实录》卷三五八，嘉靖二十九年三月乙丑，第6415页。

③ 《明世宗实录》卷三九六，嘉靖三十二年闰三月甲子，第6970页。

④ 万历《大明会典》卷二一五《太常寺》，广陵书社2007年影印明刻本，第2873页。

> 端简（郑晓）之纪，其详悉如此。然滁阳王实有三子，长者战殁，次以病死，少与群小谋叛高帝，伏法，故张来仪碑称无后。而所谓郭老舍者，必滁阳之族年少长者也，若其幼子，则在洪武四年时当尚少，而何以曰老舍？使果滁阳王子，是不胙茅土之讨，必罹金罂之赐矣，宁能晏然而已乎？①

王世贞认为，《庙碑》已明确记载无后，而且郭老舍若为郭子兴幼子，则不应该称“老舍”，老舍应该是“年少长者”，辈分较高。他还认为以朱元璋之性格，不可能容忍郭子兴的幼子“晏然而已”。

但是，王世贞的推论说服力并不强。郑晓已经解释，《庙碑》撰写时郭老舍正处于逃亡期间，将他的情况写进去不合谕祭碑文体例，因此不提。王世贞自己也说：“来仪于辞多避少，故不得称信史。”② 同时，元末方言中有称小儿子为“老儿子”的习惯，这在今天华北、淮河流域的方言中仍然常见。③“老舍”恰恰可以指郭子兴的幼子。

潘柽章则在王世贞基础上进一步论证：

> （王世贞）此亦臆度之论，未及深究也。老舍事见于历朝《实录》者甚悉，如宣德元年正月己亥，书赐滁阳王之亲郭升等钞，嘉其来朝也……繇此观之，乃知老舍为滁阳王亲，非其幼子。宣德时去王未远，故所记最敷。郭琥诈冒，成案昭然，郑氏未见国史，故姑为存疑之词耳。④

潘柽章的新证据是《明实录》。即《明宣宗实录》载“赐孔、颜、孟

---

① （明）王世贞著，魏连科点校：《弇山堂别集》卷二一《史乘考误二》，中华书局 1985 年版，第 379 页。

② （明）王世贞：《弇州史料》前集卷二三《故滁阳王传》，《四库禁毁书丛刊》，北京出版社 1997 年版，史部第 49 册影印明刻本，第 74 页。

③ 葛克雄、葛天红：《老、少、小、碎、尕、么》，《当代修辞学》1989 年第 1 期，第 47 页；李申：《汉语“反词同指”现象探析》，《语言教学与研究》2000 年第 4 期，第 74 页。

④ （清）潘柽章：《国史考异》卷一，《续修四库全书》，上海古籍出版社 2002 年版，第 452 册，第 6 页。

三氏子孙孔克勋及滁阳王之亲郭升等钞，嘉其来朝也”①。称郭升为“滁阳王亲”，而非子孙。宣德元年（1426）离明朝开国不远，其可信度相对较高。但是，弘治六年（1493）以前官方从未认可郭老舍是郭子兴幼子，宣德时为避免争议，完全可能以“滁阳王之亲”的名义模糊处理。且《明孝宗实录》载“（弘治六年四月）戊戌，赐郭琥冠带，令奉滁阳王祀事。琥，滁阳王子兴之后也”②。朝廷正式承认郭老舍一支为郭子兴后人时，郭琥必定也提供过相关证据。因此，仅根据《明实录》中前后矛盾的记载，也不能得出确凿结论。

当代学者王浩远在《郭子兴及其后裔与滁阳王庙祭祀》一文中认为“郭老舍确实是郭子兴第四子”③。其主要依据是嘉靖《定远县志》中有“郭琥，滁阳王玄孙”的记载。④ 问题在于，同一部县志中也有“郭老舍”的条目：“洪武中，朝廷以滁阳王故赐第宅、田地、钞锭、孳牧草场，永复其家。至今子孙蕃衍，乡人称为郭皇亲云。”⑤ 没有明言是郭子兴幼子。何况嘉靖时的方志离明朝开国已远，很难仅凭孤证得出结论。

综上所述，目前针对郭子兴子嗣问题的研究均有一定依据，但也存在推论不当、所据史料单一且相互矛盾的问题，尚未得出确凿的定论。如果要进一步探究该问题，厘清争论，有必要寻得新的史料证据。

二 《献园睿制集》中的新材料

新发现藏于日本内阁文库的孤本《献园睿制集》为考订郭子兴、郭老舍关系提供了史料可能。《献园睿制集》是明蜀王朱椿的文集，由其后代辑录而成。⑥ 朱椿是朱元璋第十一子，谥号“献”，生母为郭惠妃，外公即

① 《明宣宗实录》卷一三，宣德元年正月己亥，第 346 页。

② 《明孝宗实录》卷七四，弘治六年四月戊戌，第 1378 页。

③ 王浩远：《郭子兴及其后裔与滁阳王庙祭祀》，第 97 页。

④ 嘉靖《定远县志》卷六《人物》，《四库全书存目丛书》，齐鲁书社 1996 年版，史部第 196 册影印明刻本，第 684 页。

⑤ 嘉靖《定远县志》卷六《人物》，第 684 页。

⑥ 参见胡开全、李思成《明蜀王文集考》，《文史杂志》2017 年第 3 期。

郭子兴。[①] 明代中期以后，《献园睿制集》在中国本土已属罕见，甚至可能失去流传，《静志居诗话》称："惜《献园集》罕传于世。"[②]《明诗纪事》亦称："惜《献园集》不传。"[③] 因此，王世贞、潘柽章等人很可能从未见过此书。《献园集》内容包括书信、表笺、祭文、散文、诗歌等多种内容，是难得的明初藩王文集。其中就有数篇与郭子兴家族相关的祭文，可以为郭子兴幼子郭老舍的问题提供确证。

第一篇祭文名为《祭舅母刘氏》：

> 维永乐十年岁次壬辰十二月壬子朔初十日辛酉，遣中护卫镇抚马驯致祭于舅母刘氏夫人之灵曰："外祖之勋，皇业实基，舅氏承家，有贤内助，戚畹之荣，优游晚景，讣音倏闻，令我惊悼。兹特遣使奠以牲醴，惟灵不昧，尚克享之。"[④]

朱椿的舅父，即郭子兴之子。"外祖之勋，皇业实基"是指郭子兴对朱元璋的重要意义；"舅氏承家，有贤内助，戚畹之荣，优游晚景"一句，则表明这位舅父绝不可能是先于郭子兴"战没"的郭大舍，也不可能是"为降人所陷"的郭天叙和"阴谋伏罪"的郭天爵，否则就谈不上"承家"与"戚畹之荣"。加之潘柽章考证时引佚书《南京太常寺志》称："（滁阳）王三子，未娶，俱亡。"[⑤] 这便表明"舅母刘氏"所配的丈夫绝非上述三人，惟有郭老舍符合条件。

第二篇祭文名为《祭母姨夫人郭氏》：

> 维永乐十八年岁次庚子四月某日，遣承奉副庞铭谨以清酌素羞之

① 《明太宗实录》卷二五七，永乐二十一年三月戊申，第 2375 页。

② （清）朱彝尊著，黄君坦点校：《静志居诗话》卷一《蜀献王椿》，人民文学出版社 1985 年版，第 9 页。

③ （清）陈田辑，李梦生等点校：《明诗纪事·甲签》卷二上《蜀献王椿》，上海古籍出版社 1993 年版，第 42 页。

④ （明）朱椿：《献园睿制集》卷八《祭舅母刘氏》，胡开全主编：《明蜀王文集（五种）》第 1 册，巴蜀书社 2018 年版，影印明刻本，第 240—241 页。

⑤ （清）潘柽章：《国史考异》卷一，第 5 页。

奠祭于母姨夫人郭氏之灵曰："昔在元季，山东蝗旱，淮土岁禳，流散四集。于时夫人妙择名门，归配马氏。厥后中原鼎沸，各擅土疆，我太祖高皇帝铲除群雄，肇新宇宙。于时夫人隐于编户，再踰星纪，乃还故乡，属尊戚里，年踰八袠，可谓享太平之盛福，奈何厌世，溘然长往。相望万里，忽闻讣音，未睹容仪，曲承教诲，言念先妣，涕泗交零。兹特遣人恭陈素奠，惟灵不昧，尚克享之。"①

从祭文中"言念先妣，涕泗交零"来看，这位"母姨夫人"确为朱椿之母郭惠妃的亲姐妹，亦即郭子兴的女儿。这位郭夫人永乐十八年（1420）去世时，已经"年踰八袠"，可知她出生于至正元年（1341）之前。郭子兴卒于至正十五年，她出嫁躲避战乱的时间应在此前后。而张羽所撰《滁阳王庙碑》中没有提及郭子兴还有这个女儿。这或许是因为郭夫人所嫁的"马公"名声不彰，但仍令人怀疑碑文存在缺简、避忌的情况。

这位姨母的丈夫，朱椿亦撰有祭文《祭姨丈马公》：

维永乐八年岁次庚寅十月甲午朔十六日己酉，遣成都右护卫千户汪澄以牲醴之奠致祭于姨丈马公老官人之灵曰："草昧之初，熊咆虎噬，以力为雄，室家莫芘。唯我母姨夫人，实归于公，公以积善，肥遯山东。天下大定，再踰星纪，乃报宗戚，既惊且喜。遂获迎奉，同归帝乡，有子有婿，优游乐康。子登上庠，婿亦俪美，公与夫人，宜多受祉。夫何一疾，奄弃人世，嗟予平昔，未睹容仪。"②

从第二篇祭文中的"归配马氏"与两篇祭文中均有的"再踰星纪，乃归故乡（乃报宗戚）"来看，这位"姨丈马公"正是姨母郭氏的丈夫，并且"有子有婿"。两篇祭文内容一致。

嘉靖《定远县志》中还录有朱椿所撰写的《蜀王赐展亲之记》，与三篇祭文构成互证：

---

① （明）朱椿：《献园睿制集》卷八《祭母姨夫人郭氏》，第241—242页。
② （明）朱椿：《献园睿制集》卷八《祭姨丈马公》，第239—240页。

前辈尊长，必当尽心孝顺；乡党邻里，必当上下和睦。延明师以教子，依本分以营生，慎勿有违朝廷法度，如此乃可以保其家世，而我外祖先王亦将垂佑于无穷矣。听之勿怠，付外氏郭、马二家兄弟。①

“外祖先王”即郭子兴无疑。“外氏”应是朱椿母亲一系的亲戚。舅父郭氏和姨父马公的儿子均为朱椿的表兄弟，与文中“外氏郭、马二家兄弟”相符。有学者因为未见到《献园集》中的祭文，“望姓生义”，误将“马家”理解为马皇后的亲族。但马皇后被追封为徐王的父亲并无子嗣。②而且以朱椿庶子的身份，也不应有资格去为皇后亲族赐记。结合祭文来看，“马家”只能认为是姨父马公的亲族。郭氏、马氏与朱椿三者之间均有表兄弟之亲，朱椿为自己表亲撰写《展亲之记》合乎情理。既然朱椿有郭氏表兄弟存在，可见郭子兴后裔尚存，并未绝嗣。至此，基本可以断定郭老舍为郭子兴幼子，亦即朱椿的舅父。

还可以作为旁证的是潘柽章引佚书《南京太常寺志》称：“（洪武）二十八年，太祖令旗手卫官李忠召老舍于黑窑厂，于四川候蜀王。”③ 洪武二十八年（1395）时，朱椿已经入蜀六年。若郭老舍仅为郭子兴的亲戚，则朱元璋如此安排，似有小题大做之嫌。但如果郭老舍与朱椿有舅甥之亲，该安排便较为合理。

据此，郭老舍为郭子兴幼子应可定谳，郑晓《今言》不谬，记载符合史实；而张羽《滁阳王庙碑》则存在较多缺漏。需要追问的是，郭老舍虽是郭子兴幼子，却为何得不到朱元璋的正式承认？同时，以朱元璋与郭子兴家族的微妙关系，既然郭老舍曾经潜逃，为何朱元璋不顺理成章将其诛灭，以绝后患？对这两个问题，同样需要合理解答。

三　郭老舍与洪武朝宫廷派系分野

郑晓认为：“（洪武）十一年邻人赍童儿诖误出走，十七年上谕张来仪

① 嘉靖《定远县志》卷一〇《文》，第698页。
② （明）郑晓著，李致忠点校：《今言》，第82页。
③ （清）潘柽章：《国史考异》卷一，第5页。

撰王庙碑文，遂云王无后。”意指撰写碑文时，郭老舍因受邻居牵连，已经潜逃，故碑文隐去不提，确有见地。郭子兴死后，朱元璋为掌握郭部下，先后阴谋设计将郭天叙、郭天爵除去。[①] 郭子兴幼子郭老舍虽然威胁不大，但终非朱元璋所乐见，因此《庙碑》中便略而不提，此后也从未正式认可郭老舍身份。“老舍卒，谕葬立石”，虽立碑石却未说明郭老舍与郭子兴的关系，因此才有后来的争议。

除朱元璋猜忌郭氏家族外，郭老舍身份不被承认的原因还有朱元璋本身的刻薄寡恩。郑晓便认为：“滁阳散财聚众，以启皇明万世之业，而子孙曾无一命，可乎？”[②] 其实，朱元璋不仅对郭子兴如此，他所封异姓王均为类似情况。马皇后之父封徐王，“徐王宿州马公，高后父也，配郑氏，无子”，朱元璋外祖父封杨王，“王姓陈，扬州人，卒年九十九。无子，长女即淳皇后”[③]。再加上按无后处理的滁阳王郭子兴，三位异姓王均无人袭封。虽是巧合，但恐怕朱元璋也并非真心封赏，否则完全可由亲族降等袭封。赐予郭老舍“二所庄田”并“开除粮草”与爵位和祭祀权相比，可谓微不足道。

既然朱元璋无意封赏，郭老舍又有潜逃劣迹，那么洪武二十八年（1395）郭老舍再度出现时为何不被朱元璋趁势除去，而是“面谕放回”，死后又被“谕祭立石”？笔者认为，朱元璋的“宽宏”或与洪武朝后期政局的变化有关。

洪武二十五年（1392），太子朱标去世。[④] 太子死后，朱元璋遂掀起“蓝党案”，诛杀蓝玉等人，学界普遍认为其目的是保证太孙朱允炆顺利接班。[⑤] 即便不是如此，“蓝党案”之后怎样为朱允炆安排可靠的政治班底，也是朱元璋所必须面对的现实问题。此时，蜀王朱椿的角色地位便颇为微妙。原先太子的班底中蓝玉和朱椿都是重要成员，蓝玉是太子妃的舅父，

---

① 参见李新峰《邵荣事迹钩沉》，《北大史学》第八辑，北京大学出版社 2001 年版，第 76—89 页。

② （明）郑晓著，李致忠点校：《今言》，第 186 页。

③ （明）郑晓著，李致忠点校：《今言》，第 82 页。

④ 《明太祖实录》卷二二〇，洪武二十五年八月庚申，第 3222 页。

⑤ 吕景琳：《蓝玉党案考》，《东岳论丛》1994 年第 5 期，第 26 页。刘长江：《明初皇室姻亲关系与蓝玉案》，《北大史学》第五辑，北京大学出版社 1998 年版，第 238 页。

朱椿的王妃又是蓝玉的女儿，三人构成了密切的姻亲关系。[①] 朱椿对太子朱标素来敬服，《献园集》中尚存有数道写给朱标的表笺，如“贺平胡笺”盛赞其：“主鬯东朝，允文允武，辅成大业，远拓胡疆，命将专征，直抵深塞。”[②] 又作“谢恩笺”感谢朱标的赏赐：“敬惟东朝主鬯，德盛位尊，惇叙彝伦，下抚冲稚，白粲出太仓之粟，宝楮分内帑之金，建茗吴盐，荣颁腆贶。”[③] 这些礼仪性的往来留存于文集之中别有深意，《献园集》中虽有大量表笺，却只写给朱元璋和朱标二人，没有写给朱棣的内容。可见文集内容经过了特意挑选，在朱椿心中朱标与朱棣亲疏有别。蓝玉与朱标更是关系密切，即便在《明太宗实录》中，也存有“太子闻之，密以语凉国公蓝玉”的记载。[④]

而在诛杀蓝玉的同一天，朱元璋还召见了与蓝玉一同来京的朱椿：“乙酉，蜀王椿来朝。”[⑤] 此前朱椿一直在四川与蓝玉共同作战，朱元璋不可能冒着泄露的风险提前告知朱椿相关布局，蓝玉被诛前朱椿应是毫不知情的。故这次召见或与诛杀蓝玉这一重大事件有关，内容可能是朱元璋对朱椿进行安抚和安排，以保证朱椿继续支持太孙朱允炆。建文时期，朱椿便是朱允炆的坚定同盟，四川成为建文朝廷的大后方。[⑥] 以至于当靖难之役中南京危急时，方孝孺还建议朱允炆：“设有不利，即轻舸走蜀，收集士马，以为后举。”[⑦] 可见在洪武朝末期，蜀王朱椿在宫廷政治中具有举足轻重的地位。

在此背景下，朱元璋对郭老舍“网开一面”，很可能是考虑到他与朱椿有舅甥之亲。让他去四川“候蜀王”，则是对朱椿明确的示好。既然无须封赏郭老舍，郭子兴余部也早已不是威胁，那么放过郭老舍便是惠而不

---

① 《明太祖实录》卷六四，洪武四年四月戊申，第1221页；《明太祖实录》卷一七六，洪武十八年十月壬辰，第2666页。

② （明）朱椿：《献园睿制集》卷六《贺平胡笺》，第179页。

③ （明）朱椿：《献园睿制集》卷六《谢恩笺》，第181页。

④ 《明太宗实录》卷一，洪武三年四月乙丑，第2页。

⑤ 《明太祖实录》卷二二五，洪武二十六年二月乙酉，第3296页。

⑥ 参见王兢《建文改制研究》第2章《建文改制的背景》，硕士学位论文，北京大学，2014年，第38页。

⑦ 王崇武：《奉天靖难记注》，商务印书馆1948年版，第203页。

费的举措，有利于安抚朱椿乃至朱桂、朱橞三位亲王，给皇太孙朱允炆减少不稳定因素，保证政权的顺利过渡。这或是郭老舍能够安度晚年的原因所在。

通过梳理郭老舍的亲戚关系，可以发现以太子朱标、太孙朱允炆一系为中心，蜀王朱椿、蓝玉、郭惠妃等人因亲缘而围绕在其周围，构成“太子党”。郭老舍本人虽然相对是一个“小人物”，但因他拥有复杂的亲缘关系，考订其身世可以加深对明初宫廷派系分野的理解，类似情况亦值得留意。

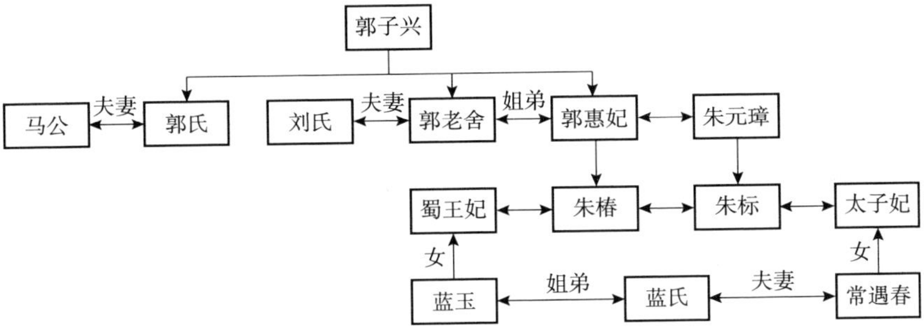

附　相关人物亲戚关系图

（作者单位：成都市社会科学院历史文化研究所）

明初军中“勇士”考

张金奎

兵制历来是军事史研究的一个重点，但受史料影响，相关研究一直偏重于中观、宏观层面，对微观层面关注相对比较少。近年来，随着大批档案的陆续发掘和公布，为微观层面的研究提供了新的可能。本文拟以明代档案资料为重点，从个案出发，对靖难之役中发挥了重要作用的“勇士”这一特定军种及其源流做一粗浅探讨，以就教于方家。

一

勇士军作为一个独立的部队番号，最早引起人们注意是在靖难之役爆发后。史载：“太宗皇帝举兵靖内难，置勇士一军”，[①]“勇士一军，上所自将，俱才力过人，不畏义死”[②]。毫无疑问，这支部队是直属于朱棣的、有着独立编制的精锐亲军部队。

尽管勇士军是在建文时才进入人们的视野，但“勇士”称号在明军中却并非建文朝才出现。如上元县人刘勇胜，“壬辰年充勇士，阵亡”[③]。六安州人张谷真，“乙未年充勇士”[④]。壬辰年即至正十二年（1352），乙未

① 王直：《故骠骑将军都指挥使徐公神道碑》，见氏著《抑庵文集》卷七，文渊阁《四库全书》，台北商务印书馆1986年版，第152页。

② 王直：《故骠骑将军都指挥使徐公神道碑》，见氏著《抑庵文集》卷七，文渊阁《四库全书》，台北商务印书馆1986年版，第153页。

③ 《沅州卫选簿》，《中国明朝档案总汇》第63册，广西师范大学出版社2001年版，第330页。

④ 《沈阳左卫选簿》，《中国明朝档案总汇》第54册，第266页。

年即元朝至正十五年（1355），可见在朱元璋参加红巾军大起义早期，麾下军中即设有“勇士”。在洪武一朝，仍有关于勇士的零星记载，如西安府长安县人张从义，“洪武二年选充勇士小旗，四年拨平凉卫前所”①。从张从义的身份来看，勇士称号不仅沿用到了明朝立国之后，而且似乎已经有了相对独立的编制。

建文朝之前的勇士如何选拔，因为史料缺乏，暂不得而知。朱棣夺权成功后，大肆封赏靖难之役中的有功将士，因而在现存武职选簿中留下了很多涉及勇士的个案资料，为我们解开有关谜团提供了机会。为表述方面，这里先罗列几个例子。

①山东平原县人聂胤，“（洪武）三十二年，真定升勇士。郑村坝升总旗、勇士百户”。②

②南直隶邳州人郭改住，“（洪武）三十二年真定功升勇士小旗，郑村坝功升总旗”。③

③南直隶临淮县人、大兴右卫军士宋官音保，“（洪武）三十一年克雄县，升本所勇士小旗。十月，克大宁，升本所勇士百户。三十三年，济南升本所副千户”。④

④北直隶滦州人杨春，“（洪武）三十二年真定升勇士小旗，济南升小旗。三十四年西水寨报效，升百户”。⑤

⑤湖广蕲水县人龚七，“三十二年克雄县，升勇士百户。郑村坝升实授百户”。⑥

⑥山东平度州人张刚，“（洪武）二十八年升总旗，三十二年攻围真定，升勇士百户。郑村坝大战全胜，升实授百户”。⑦

⑦北直隶威县人王刚，“洪武元年充军，三（应为‘二’）十二

---

① 《平凉卫选簿》，《中国明朝档案总汇》第56册，第250页。
② 《金吾右卫选簿》，《中国明朝档案总汇》第50册，第419页。
③ 《金吾右卫选簿》，《中国明朝档案总汇》第50册，第545页。
④ 《金吾右卫选簿》，《中国明朝档案总汇》第50册，第503页。
⑤ 《兴武卫选簿》，《中国明朝档案总汇》第65册，第195页。
⑥ 《沅州卫选簿》，《中国明朝档案总汇》第63册，第263页。
⑦ 《金吾右卫选簿》，《中国明朝档案总汇》第50册，第535页。

年调燕山右护卫前所，二十七年充本卫左所总旗。真定升勇士百户，郑村坝实授百户”。[①]

⑧ 南直隶徐州人马福，洪武二十一年因功升任燕山左卫左所总旗，“三十二年随军奉天征讨漠州、真定，功升勇士百户。十月郑村坝功，升实授百户”。[②]

例①中聂胤的经历说明勇士不是普通军士，军士需要一定的条件才能成为勇士，比如立战功。勇士立功后可以晋升小旗、总旗、百户等军职，不过例④中的杨春、例⑤中的龚七、例⑥中的张刚、例⑦中的王刚、例⑧中的马福等人都曾在晋升勇士小旗、勇士百户等职务后因为立新功获得实授小旗、实授百户等职，而张刚、马福在战前获得的总旗职务则属于实职，可以之为基础，直接晋升为勇士系列的百户等军职，似乎勇士系列的军职只是流职，甚至是没有实际职责的虚职。唯一例外的是例②中的郭改住，他获得的勇士小旗职务没有经过实授，即因功直接晋升为总旗。与之情形接近的是例③中的宋官音保，他虽然没有经历这样一个实授的过程，一路从勇士小旗、勇士百户直接晋升为副千户，但一直是在“本所”，这和前文中提到的勇士军直属朱棣统辖的记载明显不一致。

对此，笔者以为和大战仍在激烈进行之中有关。上述例子中提到的真定、郑村坝、济南等处的战事对靖难军都有着至关重要的影响。为激励士气，需要对立功军士进行奖赏。但在后勤补给压力很大的情况下，基本不具备给予大规模实物或金钱奖励的可能，剩下的只有封官晋职一条路，但频繁调整职务显然不利于维护军力，而且也不会有那么多空缺需要填补，所以只能先封一个虚职，以示奖励（可以领取相应级别的俸饷），待有空缺或有新功后再实授。[③] 而这一处理方式，在无形中使勇士系列的军职变成了不得世袭的流职。

---

① 《青州左卫选簿》，《中国明朝档案总汇》第 55 册，第 15 页。

② 《青州左卫选簿》，《中国明朝档案总汇》第 55 册，第 57 页。

③ 史籍中有少量获升勇士系列实职的例证，如洪武二十年归附的金山人马原，“（洪武）三十五年克金川门，升实授勇士百户”。见《羽林前卫选簿》，《中国明朝档案总汇》第 51 册，第 48 页。

在卫所体制下，军职需要依托于具体的卫所，以便发放军饷，例③中的宋官音保获得晋升的系列职务始终寄挂在原卫（大兴右卫）本所，应该就属于这种情况。在明初的军事体制中，卫所的主要职能是训练和地方守卫，发生大战时会根据实际需要重新编组，宋官音保此时应该是在勇士军中实际随行军事任务，这和其获升军职继续挂在原卫并不矛盾。

在现有史料中，笔者始终没有发现勇士系列军职得到世袭的例证，这固然和上述例子中的勇士军职大多不是实职有关，更可能和勇士的兵种性质有密切关系。

史载，前述例⑧中的马福从军入伍后，先是“选充马军，（洪武）十七年并充府军前卫中所小旗”，[①] 此后才因参与北征蒙元余部调到燕山左卫。与之情形类似的还有洛阳人张铎，原为“宣武卫马军”，靖难期间“升勇士小旗，大宁、郑村坝升勇士百户”。[②] 陕西山阳县人陈信，“洪武五年选充马军小旗。三十二年奉天征讨，攻真定，升勇士总旗。郑村坝升勇士百户”。[③] 南直隶和州人路磁儿，“洪武元年充军，三十五年充马军，二十五年真定升勇士小旗，三十三年济南升总旗”，[④] 等等。据此推断，勇士军应该都是骑兵。

更直接的例子来自山东莱阳县人魏顶儿。他在洪武二十四年替补军役，“收送牧马所当差。三十五年充勇士，永乐十七年充羽林前卫小旗”。[⑤] 又如建州女真人王麟麻子帖木儿，洪武二十一年“选充马房勇士……三十二年攻围真定，升燕山右护卫右所勇士百户”。[⑥] 牧马所和马房，前者是训练军马的机构，后者更是皇家直属的养马机构，王麟麻子帖木儿入伍后直接选拔为马房勇士，更是进一步坐实了勇士属于骑兵。

在冷兵器时代，骑兵的冲击力和快速突进能力向来为兵家重视，朱元璋亦然，很早即组织了骑兵部队。如湖广黄陂县邓添麟，“甲辰（1364，

① 《青州左卫选簿》，《中国明朝档案总汇》第 55 册，第 57 页。
② 《青州左卫选簿》，《中国明朝档案总汇》第 55 册，第 11 页。
③ 《保定前卫选簿》，《中国明朝档案总汇》第 69 册，第 9 页。
④ 《金吾右卫选簿》，《中国明朝档案总汇》第 50 册，第 488 页。文中的“三十五年”“二十五年”明显和相关战事无法对应，应为错写，怀疑分别是“二十五年”“三十二年”。
⑤ 《武骧右卫选簿》，《中国明朝档案总汇》第 53 册，第 40 页。
⑥ 《金吾右卫选簿》，《中国明朝档案总汇》第 50 册，第 2 页。

元至正二十四年）从军，充马军总旗”。[①] 无锡人王贵，“先系张氏下军，吴元年（1367）归附，发广武卫充马军”，[②] 等等。

朱元璋起家于江淮，当地民众少有善于驭马者，所以组织骑兵首先需要选拔适合的战士，这在个案资料中有诸多记载。如富昌伯房胜，“初从伪汉陈友谅，友谅平，来归，以善射，选充骑兵小旗”。[③] 又如盱眙人赵兴，“丙午年（1366）归附，洪武三年选充马军小旗，二十年并枪充马军总旗”。[④]含山县人陈保，“乙未年（1355）从军，洪武元年充壮士马军，二年拨神策卫，五年征沙漠，选充马军小旗。十五年并枪，升府军卫右所马军总旗”。[⑤] 萧县人林遇春，“丙午年归附，就充小旗，洪武三年并枪，充马军小旗”。[⑥] 无锡人孙祯，洪武十四年代役，当年五月“并枪充马军”。[⑦] 合肥县人陈兴，“洪武二年归附，三年拨秦州卫马军。八年拨骁骑右卫，十七年升充本卫右所马军小旗，二十四年并充马军总旗”。[⑧] 真定人刘成，洪武九年代役，“十四年征灰山等处，选充马军。二十一年征捕鱼儿海子，回卫并枪升小旗。二十四年并枪升总旗”。[⑨]

上述例子中，赵兴、陈保、孙祯、刘成明确记载是“选充”马军或马军小旗，其中孙祯还经过了“并枪”。并枪是明代卫所军士在不具备积功直接晋级为小旗或总旗时要成为下级军官的基本途径，上述例证中的赵兴、林遇春等人都是经过并枪合格后成为马军小旗或总旗的。孙祯成为骑兵也经历了并枪，一方面显示其原来的兵种估计是步兵，一方面则说明骑兵的选拔标准可能已接近步兵小旗。王贵等人虽然没有明确记载通过什么途径成为骑兵，但从富昌伯房胜以擅长射箭入选来看，王贵等人应该也经历了类似的考核。

---

① 《蔚州卫选簿》，《中国明朝档案总汇》第70册，第359页。

② 《青州左卫选簿》，《中国明朝档案总汇》第55册，第50页。

③ 《明太宗实录》卷六〇，永乐四年十月丙午条，台北“中研院”史语所1962年校勘影印本，第877—878页。

④ 《德州卫选簿》，《中国明朝档案总汇》第68册，第140页。

⑤ 《威清卫选簿》，《中国明朝档案总汇》第60册，第126页。

⑥ 《桂林右卫选簿》，《中国明朝档案总汇》第58册，第120页。

⑦ 《（南京）羽林右卫选簿》，《中国明朝档案总汇》第72册，第319页。

⑧ 《青州左卫选簿》，《中国明朝档案总汇》第55册，第116页。

⑨ 《振武卫选簿》，《中国明朝档案总汇》第71册，第18页。

不仅步兵转为骑兵要并枪，步兵队伍中的下级军官要进入骑兵部队也要经过考核。如寿州人王德成，“甲辰年（1364）归附，充小旗。洪武八年并充马军小旗”。[①] 同样是小旗，王德成并枪合格才得以在骑兵队伍中继续做小旗，说明骑兵军官的选拔标准高于步兵。

由于骑兵对军士素质有具体要求，因而骑兵军职不能直接世袭。如上文中曾提到的黄陂人邓添麟，去世时的职务是马军总旗。他的儿子邓惠替补军役时只是“选充小旗”，洪武十七年才“升马军总旗”。[②] 类似的还有高邮州人于益，“先系头目，洪武三年充小旗，十四年充马军总旗，十七年升总旗，征苗蛮”。[③] 于益的例子证明骑兵军职同样不能直接转到步兵系列。据此推断，本文开篇阶段罗列的多个靖难军勇士小旗、勇士总旗经过再立新功才获得实授的例证，和明朝建国之初骑兵、步兵军职不能直接转换的祖制显然有直接的渊源。

二

前面提到的含山县人陈保，转入骑兵队伍时的身份是“壮士马军”，而不是“勇士”。前文提到过的平度州人张刚，“（洪武）三年并枪，充壮士。二十八年升总旗，三十二年攻围真定，升勇士百户”。[④] 虽然没有明确记载他在洪武三年是否是骑兵，但从后面的经历来看，骑兵的概率很大。

有资料显示，“壮士”并不是一个简单的褒义词，而是明军中的一个特定兵种。如齐河县人郭斌，“洪武二年从军，七年并充壮士”。[⑤] 高邮人安仁，“洪武元年并枪充壮士”。[⑥] 高邮州人葛敬，“前山东行枢密院佥院，

---

① 《沅州卫选簿》，《中国明朝档案总汇》第63册，第368页。

② 《蔚州卫选簿》，《中国明朝档案总汇》第70册，第359页。这一制度在后世也可得到印证。如山东鱼台人曹俊，“（洪武）三十三年奉天征讨，哨遮北金字山功，升勇士百户。三十五年守城有功，永乐元年升隆庆卫右所正千户。三年，为冒告升赏事，降勇士百户”。洪熙元年二月，其后人曹庆袭职时因特恩才获准“实授世袭百户（非马军）”。见《延（隆）庆卫选簿》，《中国明朝档案总汇》第67册，第466页。

③ 《甘州中护卫选簿》，《中国明朝档案总汇》第56册，第304页。

④ 《金吾右卫选簿》，《中国明朝档案总汇》第50册，第535页。

⑤ 《归德卫选簿》，《中国明朝档案总汇》第62册，第117页。

⑥ 《大宁中卫选簿》，《中国明朝档案总汇》第65册，第384页。

吴元年归附，克取青州。洪武二年并枪，选充骁骑前卫壮士，三年充壮士旗手”，[①] 等等。另有部分个案记载为“选充”，如汝阳人王成，“乙巳年选充宿州卫壮士旗首”。[②] 定远人刘用，“洪武三年选充骁骑前卫壮士”。[③] 庐州人何青，“乙未年充军，选充壮士”。[④] 扬州人潘得，“乙巳年选充骁骑前卫宿卫壮士”，[⑤] 等等。既然称之为“选”，应该也有一定的标准，和郭斌等经历的并枪，估计差距不大。据此推断，壮士应该是明军精锐军士的专称。从陈保等人成为骑兵仍被称为壮士来看，在明朝立国之初，壮士并没有兵种上的区分，勇士亦然，如合肥人王廷，“先充长枪勇士”。[⑥] 估计到了洪武中叶，“勇士”才成为骑兵的专有番号。

靖难军中也设有壮士军，如唐县人刘贵，“洪武三十四年充军，选充壮士总旗”。[⑦] 据此可知，至迟在建文年间，勇士和壮士已经有明确的区分，前者是骑兵，后者属于步兵。

综上所述，可以归纳如下。“勇士”和“壮士”在明朝立国前后大体是军中精锐部队的番号，最初没有兵种上的明确区分。靖难之役中，为充分发挥骑兵的作用，朱棣专门组织了一支直属亲军骑兵部队，且沿用了洪武时期固定下来的“勇士”番号，勇士需要经过一定的选拔程序，勇士军的军官由于需要专门的军事技能，所以不能直接从步兵队伍中抽调或由户下舍人承袭。这些制度在洪武朝的骑兵制度中都能找到大致的渊源。

由于勇士军在靖难之役中发挥了很大作用，朱棣及其后人在亲军系统中完整保留了勇士军的建制。史载：

> 勇士营、四卫营，共约一千余匹。四卫营者，宣德八年以腾骧左右、武骧左右军四卫养马军士及革去神武前卫官军开设，共为一营，总名四卫营。其坐营等官，于四卫指挥等官推选。勇士营者，宣德九

① 《云南后卫选簿》，《中国明朝档案总汇》第59册，第435页。
② 《汀州卫选簿》，《中国明朝档案总汇》第65册，第14页。
③ 《越嶲卫选簿》，《中国明朝档案总汇》第58册，第57页。
④ 《保安卫选簿》，《中国明朝档案总汇》第70册，第166页。
⑤ 《云南右卫选簿》，《中国明朝档案总汇》第59册，第75页。
⑥ 《承天卫选簿》，《中国明朝档案总汇》第64册，第243页。
⑦ 《保定左卫选簿》，《中国明朝档案总汇》第68册，第274页。

> 年令凡迤北走回军余民人，俱收充御马监勇士，别为一营，名勇士营。以上四卫、勇士二营俱从御马监官操练，分作东、西二营。[①]

只是此时的勇士营已经是从蒙古部落中逃回的汉军收容所，与靖难期间的勇士军没有可比性。倒是保持着完整骑兵建制的四卫营更像是勇士军的继承者。

在两营之外，其他亲军卫中也有一定数量的勇士。如永乐十九年（1421），辽海卫总旗卢旺，“升锦衣卫勇士百户，镇抚司带支俸”[②] 等。这部分勇士的存在，应和相应卫所中配置了一定数量的骑兵有直接关系。

（作者单位：中国社会科学院古代史研究所）

① 杨时乔：《马政纪》卷六《各营马数》，文渊阁《四库全书》，台北商务印书馆1986年版，第572页。

② 《（南京）锦衣卫选簿》，《中国明朝档案总汇》第73册，第49页。

新见《永乐大典》纂修书手陈谟并夫人圹志考释

余　辉

明永乐初年，明廷诏修《永乐大典》（以下简称《大典》），广召全国文士共襄盛事。全国文士在解缙、姚广孝等人领导下，《大典》于永乐五年（1407）成书，迄今已逾六百年，以《大典》为中心，特别是关于《大典》纂修人的研究，在郭伯恭、王重民、朱鸿林、张金梁、翁敏修、刘波等多位学者的努力之下，已累积了丰硕的成果。根据史料记载，《大典》纂修总人数应超过两千人，学者考察出具体生平者为315人。众多学者所用材料，以政书、方志为多，而《大典》纂修人之私氏谱牒墓志，却利用甚少，《大典》纂修人群体生平研究甚少。本文利用2004年收藏于江西省进贤县博物馆之未刊陈谟夫妇圹志，探究陈谟在明初因为《大典》而走入宦海的生涯。

首先，把陈谟夫妇墓志铭录文如下：

故大中大夫四川参政春谷陈公圹志

公讳谟，字古训，姓陈氏，号式斋，晚号春谷。自始祖两溪翁讳婺者，衍江州之柩派，因宦洪都卜居之。至元末，仲山公以兵燹，又徙进贤之溪南，遂家焉。曾祖福吉，父先字德新，母汤氏。生于洪武甲子七月三日寅时，永乐初应楷书之选，辟居内阁，旋授中书舍人，陞主事。洪熙改元，受勅褒嘉，封及父母暨妻。宣德间，历授祠祭武选主客三司郎中。正统甲子膺荐擢方伯。景泰元年圣上登极，公赴京庆贺，事毕以疾终于旅邸。舆榇归卜，以明年辛未十一月三日丁酉葬于里之樊坊东山之阳，坐卯向酉。配饶氏，安人也。子男一洪，任福建福清县训导，娶傅氏。孙一曰显。孙女四，长适凰岭傅氏砺，余在室。公所著《谩兴集》，存世厥。孤洪是日奉柩焉。景泰二年岁辛未十一月三日丁酉，前永州教授施节志。

故敕令封陈夫人饶氏圹志

资善大大广西布政使邑人熊鍊撰并书

夫人姓饶氏讳顺贞，世为南昌进贤人。其先本愚堂支氏，父子清赘于八都饶氏，遂冒其姓焉。夫人自幼德性温厚，秀慈不凡。既长，父母择配于同里陈君古训焉，其孝行表于族姻，仁惠同于乡里。洪熙改元，以夫贵，朝廷特赐敕命，以褒荣之。其敕令曰：克尽妇道，以相其夫，致能尽心于所职。朕用嘉之兹，特封尔为安人。同春官郎中拜四川参政褒崇之典。辉暎前后。子男一曰洪，以明经举，授湖北京山县教谕，娶凰岭傅氏。孙男四曰：韶，娶双峰万氏；次曰奎，为邑庠生，聘临川城前徐氏；曰俊、曰律，尚幼。孙女四：凰岭傅金，松畔艾瑞，舍源王钧，丰城南街蔡济，皆孙婿也。曾孙男二：曰辅、曰辇。曾孙女一。夫人生于洪武癸亥七月十一日戌时，终于成化壬辰十一月十八日辰时。享年春秋九十年，其孤子洪卜以成化甲午十二月十六日辰时奉柩合葬于里之樊坊。先君参政府君之兆坐卯向酉，地势融结，山水环抱，青龙白虎左右，朱雀玄武拱峙前后。用告后土，永绥吉劭，孙子百世，神妥以佑。

大明成化十年岁次甲午冬十二月十六日孤哀洪谨立。

我们根据《陈氏夫妇圹记》来看，陈谟（1384—1450）祖上来自南昌，元末定居进贤。永乐初期，以擅长楷书入中枢，也参与纂修《永乐大典》，并未有很显赫的任命。明仁宗即位后，才得到礼部主事，正统年间才得到四川右参政，景泰元年应召来京，卒于北京。陈谟夫人饶顺贞（1382—1472），原为支姓后裔，洪熙元年得到诰命，也反映陈谟在洪熙年受到明廷的重视。撰文者熊鍊，字学渊，号退庵，进贤县北山人。宣德五年进士，授刑部主事。

郭伯恭根据《(同治）进贤县志》中陈谟的传记，把陈谟列入《永乐大典》纂修人。

陈谟，字古训，八都人。永乐初，选贡中秘，与修《永乐大典》，历中书，擢礼部主客主事、仪制郎中，为尚书胡濙所重，国家大礼多与议论，改武选，以介着陞四川参政，谨慎爱民。大臣交章荐，将大用。召至京而卒。①

《(同治）进贤县志》传记大体与新出土《陈谟圹记》相同，惟有《县志》中传记有陈谟受到胡濙所重，为《圹记》失载。下面我们根据《陈谟圹记》与《饶氏夫人圹记》提供的陈谟任官线索，在《明实录》等官书找到陈谟的记载。因为明初陈谟同名者颇多，泰和陈谟，字一德，元末明初名士。《(同治）霍邱县志》卷十记载：陈谟，字古训，寿安乡人，与进贤陈谟同名同姓，且字号相同，令人啧啧称奇。

《明太宗实录》关于陈谟的记载：

1. 永乐九年四月戊午：

擢监生陈谟、李复、郑进善、张添禄俱为监察御史。(1468 页)

2. 永乐九年十月壬辰：

壬辰起复工部右侍郎郭进陞工科给事中；许廓为鸿胪左寺丞；鸿胪寺鸣赞高庆为本寺右寺丞；山东道监察御史朱侃、浙江道监察御史陈谟俱为广东按察佥事。(1513 页)

3. 永乐十一年二月辛酉：

擢监生钱博、叶蓁、姚秩、金勉、焦庄、陈谟、洪益中、倪琮、刘维新、王宾，秀才张谅、王仲序俱为中书舍人。(1667 页)

《明仁宗实录》

4. 永乐二十二年九月乙亥：

礼部尚书吕震奏：科举中书舍人金勉、陈谟为礼部主事。从之。(43 页)

《明英宗实录》

5. 正统九年七月辛未：

辛未陞陕西右参政年富为河南右布政；使郎中孔注为陕西左参政；参

① （同治）《进贤县志》卷一七，清同治十年刻本。

议戴弁、郎中陈谟、都给事中胡清、监察御史孙毓，俱为右参政。弁湖广；谟四川；清浙江；毓陕西。（2390 页）

我们可知陈谟由于修《永乐大典》而成国子监生，在其生命中永乐、洪熙、宣德、英宗早年中，3、4、5 比较符合《陈谟圹记》的记载，1、2 条可能为同名同姓之人。

杨士奇《东里文集》也有些许陈谟的记载。吴兴沈度过世后，杨士奇撰《沈学士墓表》记载有：宣德甲寅十月廿二日也讣闻，上遣礼部郎中陈谟赐祭。[①] 杨士奇还记叙陈谟善书。

> 元盛熙明作《法书考》八卷，首卷评品《古书》二卷，述创字源流，亦间及作字之法。三卷至七卷，皆论书法末卷附印章虞、揭、欧阳皆为之序，学书者资于此，亦庶几可以有得。余录于中书舍人南昌陈古训。[②]

盛熙明（1341—1368）西域曲先人，一作龟兹人，移居豫章（今江西南昌），工翰墨，能通六国书，撰《书法考》八卷。曾在王宫备宿卫，亦曾为兵部官员。至正四年（1344）顺帝在延春阁召见盛熙明，将其《书法考》献给顺帝，陈谟通书法自盛熙明而来，陈谟曾把元代盛熙明《法书考》借给杨士奇抄录。杨士奇称赞陈谟好友沈度为："一时翰林善书，如解大绅之真行草，胡光大之行草，滕用亨之篆八分，王汝玉、梁用行之真，杨文遇之行，皆知名当世，而胡、解及公之书，独为上所爱。凡玉册金简，用之宗庙，朝廷藏秘府，施四裔，刻之贞石，传于后世。一切大制作，必命公书。公之书婉丽飘逸，雍容矩度，兼篆八分。八分尤高古，浑然汉意。而日侍清密无间，尝赐二品金织衣，新制象笏，镂公氏名，涂金以赐。"[③] 虽然杨氏为赞扬沈度，我们从中可窥探出永乐—宣德年间明廷书法台阁体的风尚以及陈谟以书显于当时的因缘。

---

① 杨士奇：《东里文集》卷一六，《沈学士墓表》，明正德刊本，第 5a 页。
② 杨士奇：《东里续集》卷二〇，《法书考》，文渊阁《四库全书》。
③ 杨士奇：《东里文集》卷一六，《沈学士墓表》，明正德刊本，第 4b 页。

进贤县现存有陈谟功德牌坊，相传为永乐八年兵科给事中高旭、进贤县知县佘曜请《永乐大典》主编解缙题写“昼锦”匾，并在陈谟老家为其立坊。“昼锦”取《史记》衣冠不夜行之意，其中有刻中状元衣锦还乡，以大罗伞盖护送回乡，我们可以一窥明代早年对于内廷抄写《永乐大典》的重视，现存4柱3间砖石混合结构。高5.12米，宽8.08米。匾额两侧、上下坊梁及4柱上部，均有浮雕图案。坊从高4.50米处往上，坊正中开门，门楣上方正中及横梁，全部精雕动物与人物图案，属于明早期优秀建筑。

陈谟世系为：陈婺（江州迁洪都）……——陈仲山（迁往进贤溪南）——陈福吉——陈德新（妻汤氏）——陈谟——陈洪——陈显。家族在宋元时代迁徙十分清晰，综上考察，陈谟因为擅长书法，故而在永乐初年被选入内廷纂修《永乐大典》。历任内阁中书舍人、礼部主事、四川右参政。交好杨士奇、胡濙等朝野闻人。景泰元年觐见后，卒于馆舍。陈谟家族在其后，婚姻关系都为进贤本地籍，可见其乡里情怀。

（作者单位：首都师范大学历史学院）

明代条例汇编《皇明条法事类纂》作伪问题再探

吴启琳

结合影印钞本《皇明条法事类纂》御制序、题跋文本内容及书末日本学者对其流传的介绍，可以将《皇明条法事类纂》御制序、题跋作伪情况予以坐实。作伪者凭借“奉敕编纂”和“重写《永乐大典》”历史典故等“文献学叙事”要素，在御制序与题跋、识语之间，构建了一个严密的作伪体系或者说作伪网络：书首有南宋陈振孙《直斋书录解题》将“《嘉泰条法事类纂》八十卷”条和“《嘉定吏部条法总类》五十卷”条合二为一的一段识语，此应是“好事者”希望借南宋时期著名藏书家、目录学家陈振孙之口，将《嘉泰条法事类纂》和《嘉定吏部条法总类》之编纂、命名的过程予以介绍，进而促成后来的《皇明条法事类纂》一书在编纂性质、社会地位方面与之比肩的结果。为提升出手价格，在虚实之间，作伪者借助了《嘉泰条法事类纂》《嘉定吏部条法总类》《直斋书录解题》文本结构之隐喻或文本流传经历之要素，并结合各朝《明会典》的序文表述，建构了《皇明条法事类纂》“御制序”之宏大“文献学叙事”；仔细推敲书前这些题跋、识语的内容，可知其铺陈的都是对御制序“合法性”的论证。

一　引言

明嘉靖朝监察御史戴金编《皇明条法事类纂》一书是抄录《条例全文》的法律条例档案汇编，是研究成化、弘治时期司法实践和社会经济生活的绝佳材料。但是，该书于清末流落日本，直到 20 世纪 40 年代才开始进入学术界的视野。截至目前，关于《皇明条法事类纂》的作者和成书相关问题，学界已有日本学者仁井田陞《旧钞本〈皇明条法事类纂〉私见》，以及国内学者王毓铨的《〈皇明条法事类纂〉读后》，李剑雄的《一部有价值但也充满了疑问的明代古籍——海外遗籍〈皇明条法事类纂〉评介》《戴金事迹小述》和《日本影印中国明代旧抄本〈皇明条法事类纂〉质疑》，张伯元的《〈皇明条法事类纂〉与〈条例全文〉的比较考述》，刘笃才的《破解〈皇明条法事类纂〉之谜》和笔者的《〈皇明条法事类纂〉成书年代及作者考》等数篇专论文章进行了初步探讨。这些研究论文从不同的学科、不同的研究视野，围绕《皇明条法事类纂》的文献史料价值、成书年代、编次者戴金的生活轨迹等方面进行了细致地考证和辨析，[①] 极大地深化了对该法律文本的文献学研究。但是，在《皇明条法事类纂》的御制序和题跋作伪等相关问题上，学界相关研究仍然存在不少疑点和争论，需要立足于更多的文献资料作做一步的探讨。

值得注意的是，刘笃才教授由于“曾经参与了该书的整理工作，对该书的一些问题又续有发现”，[②] 最近发表的《破解〈皇明条法事类纂〉之

① 参见王毓铨《〈皇明条法事类纂〉读后》，《明史研究论丛》第1辑，江苏古籍出版社1982年版；李剑雄《一部有价值但也充满了疑问的明代古籍——海外遗籍〈皇明条法事类纂〉评介》，《历史教学问题》1987年第1期；李剑雄《戴金事迹小述》，《史林》1987年第3期；李剑雄《日本影印中国明代旧抄本〈皇明条法事类纂〉质疑》，《文史》第32辑；张伯元《〈皇明条法事类纂〉与〈条例全文〉的比较考述》，《法律史论集》第1卷，法律出版社1998年版；［日］仁井田陞《旧钞本〈皇明条法事类纂〉私见》，《东洋学报》1940年第27卷第4号；刘笃才《破解〈皇明条法事类纂〉之谜》，《北方法学》2017年第5期；吴启琳《〈皇明条法事类纂〉成书年代及作者考》，《历史档案》2010年第3期。

② 该书收录在刘海年、杨一凡主编《中国珍稀法律典籍集成》乙编第四、五、六册（科学出版社1994年版），刘教授所指可能是作为成员参与了此项整理出版工作。作者在2017年的文章中介绍该整理创举时，可能由于笔误，将行文表述成“前几年”（参见前引刘笃才文，第150页），而实际上，从该书出版到《破解〈皇明条法事类纂〉之谜》一文发表已是22年之隔。另外，众所周知，对《皇明条法事类纂》的时间上下限问题的认识，关系到学界对该书与《条例全文》《问刑条例》等相关法律文献关系的判定，根据学界已有的研究，认定该书时限为天顺八年至弘治七年（参见拙作：《〈皇明条法事类纂〉成书年代及作者考》，第52页）。但是，刘教授文在介绍“正编与附编关系”时，梳理制作了在正编各卷前目录中没有查到其题目，不能确定其在全书位置的条例共计17条附于表2之中，其中第66条《建言兵备声息等事》作者标注其“形成时间”为“弘治十一年三月初九日”（参见前引刘笃才文，第152页），笔者逐条查阅复印的影印钞本《皇明条法事类纂》一书，发现其在附编的第513页确有这一条例题本，但标题是《成化十一年三月初九日刑部等衙门尚书等官董　等题为建言兵备声息等事》，两相对照，刘文表2所言“弘治十一年”应是“成化十一年”之误。

谜》一文结合了该书正编和附编关系、嘉靖朝重修《大明会典》的社会动员及清嘉庆朝徐松利用从《永乐大典》钞写《全唐文》的机会辑录出《宋会要辑稿》之“作伪故事”等情况加以申论，对《皇明条法事类纂》作者及成书相关问题做了深入分析，进一步确认了戴金确为该书编次者，该书身上的作伪谜团实乃清后期有人为出手此书所设迷局，指出该书在法制史领域至今仍存较高价值。如果所论确凿，那么从学术创新贡献度而言，刘文对《皇明条法事类纂》的正附编关系、该书作者的确证以及御制序和题跋与清代徐松“作伪故事”附会可能性的申论明显要高于对该学术价值的评估，因为后者已然被学界所普遍注意。① 但是，或许限于文献资料和学术视野等方面的原因，刘文中的部分论述似仍存有进一步商榷的空间。本文以笔者近些年来对《皇明条法事类纂》的研究为出发点，结合刘笃才教授一文的论述，针对该书御制序、题跋作伪相关问题进一步谈谈自己的认识和看法，以期求教于刘教授。

二 伪造的“御制序”？

从已有的研究来看，对《皇明条法事类纂》提出疑问的学者不少，而争论的焦点主要围绕该书的御制序、名人与藏书家题跋的真伪、该书是否抄录于《条例全文》，以及该书的成书年代和作者为谁等问题展开。尤其是有关御制序、题跋的真伪问题，以往的研究仍存诸多语焉不详之处。究

① （明）戴金：《皇明条法事类纂》，据东京大学附属图书馆馆藏钞本影印，东京：古典研究会，1966 年。相关研究成果参见傅衣凌《明成弘间江西社会经济史料摘抄——读〈皇明条法事类纂〉札记之一》，《江西社会科学》1983 年第 3 期；吴原元：《明成化弘治时期经济犯罪探析——以〈皇明条法事类纂〉和〈明实录〉为基本史料》，硕士学位论文，江西师范大学，2004 年；吴启琳：《〈皇明条法事类纂〉所见明成化、弘治时期社会经济》，硕士学位论文，南昌大学，2008 年；《成弘时期外来进贡使臣与中国社会——以〈皇明条法事类纂〉为中心的考察》，《西南科技大学学报》2008 年第 4 期；《〈皇明条法事类纂〉所见明成弘时期“奢靡”之风》，《中国社会历史评论》第 10 卷，2009 年；《明成化、弘治时期的地方豪强与地方社会——以〈皇明条法事类纂〉为核心的考察》，《明史研究论丛》第 10 辑，2012 年等。值得注意的是，刘笃才教授在“《皇明条法事类纂》的价值”一节对该书的作者和流传情况介绍道：“关于该文献的作者及流传情况，笔者曾在《明代中后期条例版本考略》一文中做过考证。”（参见前引刘笃才文，第 159 页）接着其在注释 19 引出相应的参考文献却是“杨一凡：《明代中后期重要条例版本考略》，载《法学研究》1994 年第 3 期”。作者和标题均不符，不知为何。

其原因，缘于该书御制序、题跋、识记和正附编结构本身就存在诸多让读者疑惑之处，加之该书晚清时期流失于日本，以致国内长期难以闻见，只在后学通过复印形式将其影印本带回国内后才渐渐进入人们的视野，故学界针对该书的流传及其文本内容的研究起步较晚，且留下不少研究空间。因此，笔者以为，针对有关争论问题，有必要结合刘教授的最新研究成果，对原影印钞本“御制序”和书前所附题跋、识语文本进行重新审视。

按照时间先后顺序，最早对《皇明条法事类纂》一书的御制序提出质疑的是日本学者仁井田陞，相关论述详见日本古典研究会重新影印该书时中岛敏在书末所撰《本书の构成と内容》中的介绍，节录其文如下：

> 本文五十卷の事例は史料价值高く疑点なきゐのであるが、冒头の御制序と总目は颇る疑はしく、恐ろく后人の作ごあちらと论ぜちれたのは仁田井升氏ごある。序は世宗を嗣んだ穆宗の御制と读み取ちれるゐのごあるが、实は序の前半、未及颁行（本书一页上栏九行）まごは穆宗の次の神宗の万历重修会典の序に、以下后半は穆宗より二代前の武宗の正德会典の序に相当するゐのごあつて、［条法事类纂の内容に适当する样に编纂に关する记事を随处改窜せる］ゐのごあると论ぃ、总目にみえる大明文渊阁抄写永乐大典条法事类纂（本书一页下栏一行）大明文渊阁永乐大典抄写进奉条法事类纂（本书三页下栏最终行）なる题目にゐ疑问があり、总目中の卷二十の小目と条数の误（平阙の例式を读み误つた结果生じたゐの）と并せて、总目自体ゐ御制序と同样后人の手に成つたゐのごあちらとされた。同氏の说の详细は、东阳学报第二十七卷第四号（昭和十五年八月）所载の同氏［旧抄本《皇明条法事类纂》私见］（“中国法制史研究”法と惯习第十三章に收む）にみえる。[①]

上引材料介绍了仁井田陞对《皇明条法事类纂》御制序真伪所作的辨析，

① ［日］中岛敏：《本书の构成と内容》，（明）戴金：《皇明条法事类纂》，第748页。

指出了御制序文字的结构和来源，为国内学者认识御制序作伪的基本情况提供了线索。后来者李剑雄、王毓铨大致采纳了仁井田陞的观点，即指认其中有的段落采自万历十五年（1587）的《御制重修〈大明会典〉序》，有的采自正德四年（1509）的《御制〈大明会典〉序》；特别是刘笃才教授在其文中还进一步指出，除了“重写《永乐大典》二万二千二百十一卷后，纂辑成编《条法》为五十卷”一句外，御制序所有的话都可以在两个会典序中找到。[①] 因国内较难闻见影印《皇明条法事类纂》旧钞本或影印原本，仁井田陞对伪造御制序的这一发现常常被学者一笔带过，以致一般读者只能参考于李剑雄等人的相关研究成果。

当然，刘教授文中相关论述也是对仁井田陞观点的确认，但相较于仁井田陞和李剑雄，刘教授的研究可谓更加推进一步。其结合御制序中有关“重写《永乐大典》二万二千二百十一卷”、《皇明条法事类纂》总目录前所书“大明文渊阁钞写《永乐大典》条法事类纂总目”及总目末尾的“大明文渊阁钞写本条法事类纂总目终”[②] 等有关“重写《永乐大典》”历史典故的文字表述，并附会清代嘉庆年间徐松钞写《宋会要辑稿》的“作伪故事”，揭示出了御制序作伪的原因：“联系该书前伪造的清代著名学者朱彝尊、钱大昕、孙星衍等学者的题记或跋文，似乎可以判断，作伪者所要达到的目的，就是要在熟悉徐松的抄书故事，同时又是这些学者的学术拥趸中寻求该书的买家”；与此同时，刘教授在此基础上还进一步申论，“由于一定先有徐松抄写《宋会要》之事，才会有其后的附会，所以，我们将此书作伪包装的时间定在清嘉庆中或嘉庆后”[③]。但是，这一论断需要用更多的历史文献加以佐证。正如刘笃才教授自己所言，这“只是一种依据现有线索推导的假设，希望今后有更多材料出来证实（或者证伪）这一推测”[④]。

---

① 刘笃才：《破解〈皇明条法事类纂〉之谜》，《北方法学》2017 年第 5 期。

② 按影印本文本表述，应为“大明文渊阁《永乐大典》钞写　进本《条法事类纂》总目终”，此当为刘文误录。参见（明）戴金《皇明条法事类纂》，第 3 页。

③ 参见前引刘笃才文，第 157 页。

④ 参见前引刘笃才文，第 157 页。

此外，在对这个问题的推论和演绎过程中，笔者以为，刘文关于各卷卷首署名的认识似乎值得进一步商榷。刘文说曾参与过该书的整理工作，按理应该对该书有较全面的认识，但作者在行文中却说："笔者推测，从卷一到卷五十，都有监察御史戴金编次的署名，而卷五十之末标有'毕'字"；又前后矛盾地说："这样一部篇幅浩繁达数百万字的著作，虽然明白无误地在每一卷前都署名了监察御史戴金编次，书目前还有'戴金奉敕编次'的字样，但在《明实录》《明通典》《明史刑法志》等明代典籍中竟无一语述及，明代各种版本目录著作也不见录载其书名。"① 在分析作伪者为何不在作者的职衔上做文章时，刘文还说："对于这一问题最简单的答案，就是'监察御史戴金编次'这几个字署于底本每一卷的前面，与全书结为一个整体，无法更改。"② 与此同时，刘文分析"奉敕"二字的用意时还转引了李剑雄的研究指出："可能是作伪者没有充分认识到该书的内在价值，就只能在外部包装上下功夫。于是我们看到，在卷首杜撰了一篇御制序后，为了与序中的'孝宗皇帝尝命儒臣戴金奉敕编纂《皇明条法事类纂》'相呼应，将戴金原来署于各卷卷首的'监察御史戴金编次'改为'监察御史臣戴金奉敕编次'"，并指出，"'奉敕'编敕并不是原来各卷卷首的原署。"③ 不过，事实并非如此。

翻检日本古典研究会于1966年影印的原钞本《皇明条法事类纂》就可以发现，该书从卷一到卷五十，并不是每卷都有"监察御史戴金编次"的字样。通过检索可知，该书在卷1、2、3、4、7、8、9、10、11、12、13、14、15、16、17、18、21、22、23、24、25、26、27④、28、31、32、33、34、35、36、37、38、40、41、42、43、44、45、48、49、50等四十一卷的目录中确实署有"监察御史戴金编次"的文字内容，而在卷5、6、

---

① 参见前引刘笃才文，第153页。

② 参见前引刘笃才文，第156页。

③ 参见前引刘笃才文注释16，第156页以及李剑雄《一部有价值但也充满了疑问的明代古籍——海外遗籍〈皇明条法事类纂〉评介》，载《历史教学问题》1987年第1期。

④ 此卷在目录下署名为"监察御史戴金编"，后疑漏"次"字，参见前引（明）戴金《皇明条法事类纂》，第662页。

19、20、29、30、39、46、47 等九卷中则未见这一署名。① 考虑到该书为众多书手誊抄的成果，且各目录前署名的卷数要多于未署名的卷数，可以推知在该书编纂之初编撰者应是对每卷的署名作了统一要求，但在具体钞录过程中，书手并未完全遵照执行，加之由于是众多个体所为，书中文字字体不一，错讹之处甚多，出现漏署或如卷 27 那样漏字的情况就不足为奇。但这一情况的出现似乎又提示我们，该书的编纂者甚至没有来得及对该书进行完整的统稿和编校，全书充其量只能算是本项系统编纂工作的一个未完工的初稿。②

三　题跋、识语与“御制序”之关系

《皇明条法事类纂》书首几页附有不少清代名人的题识和跋语，据长泽规矩也写于该书末尾的《本书の传来》一文描述曰：

> 首に、宋の陈振孙の直斋书录解题卷七の嘉泰条法事类纂八十卷.嘉定吏部条法总类五十卷の两书の解题の全文を录し、次に、清の洪颐煊の读书丛录の文なちびに钱大昕の跋たどを钞してわる。大

① 最近，高寿仙最近的一篇题为《〈皇明条法事类纂〉成书问题蠡探——以〈明代档册〉为参照》（参见《北京联合大学学报》2020 年第 3 期）的研究论文即已注意到此问题。

② 这一观点在笔者所著《〈皇明条法事类纂〉成书年代及作者考》（《历史档案》2010 年第 3 期）一文中已作初步阐述，但立论依据与此不同：1、前文主要立足于如此规模浩大的一部法律文书的编纂，却不曾见于公、私著录，特别是《明实录》《明会典》《明史・刑法志》等文献典籍均不见记载的疑惑；2、该书附编文书时限与正编一致，不分卷但众多条例在正编都可以找到相应位置，推测附编应该是编纂整部《皇明条法事类纂》的素材，整部图书是一部并未完成的法律档案文书汇编。前引刘笃才教授文在第 150—153 页花了大量篇幅对该书“正编和附编的关系”作了比照，认为“附编的内容是《皇明条法事类纂》的删余部分”，“审读将没有价值的条目（包括题目与全文）挑选出来，放在一起”（参见刘笃才前引文，第 153 页），但是研究中没有揭示作为“删余部分”的附编出现的根本原因，也没有解释附编中的条例为何没有“价值”。笔者注意到原钞本条例与条例之间有较多空页的情况，加上附编整体的不分卷和凌乱，结合刘笃才教授所论“很多条目‘有目无文’，一卷之中，少者七八条，多则十几条，最多者达到了十九条（卷九）”，“原来这些条目的文字大部分保存在五十卷之后的附编中”“大概是未系统整理的缘故，这部分编纂工作十分粗糙，书前‘总目’和‘附编’前也均未开列本编条名目录”等论述可以确证，正编应是先拟定目录和框架，后根据附编中具体条例文字的长短往正编中填塞的成果，附编只是整个编纂工程的条例档案素材，《皇明条法事类纂》正、附编情况的出现，提示我们该书应该是一部没有编纂完工的书稿。

昕は陈の交友の一人で、乾隆六十年の手识があり、そのほか、孙星衍、陈文述、朱彝尊等の手识が列んでわる。①

从以上引文的表述来看，长泽规矩也只是对该书书首的题识、跋语进行了如实地介绍，其中并未带有任何关于其真伪的评判。而刘笃才教授的研究倾向于认为“该书前附印的题为清代著名学者朱彝尊、钱大昕、孙星衍、陈文述、洪颐煊等人收藏或阅读《皇明条法事类纂》的题记或跋文，也统统属于伪造”，并说“在这些学者的文集中根本找不到这些文字的丝毫影像”②。遗憾的是，刘文没有介绍这些题识和跋语的具体作伪情况，更没有进一步提供其可靠的论证证据。

为了弄清楚题识与跋语的具体情况，有必要对书前所附题识、跋语进行细致考察。首先来看全书第一篇题识文字，其是引用南宋时期陈振孙《直斋书录解题》中介绍《嘉泰条法事类纂》和《嘉定吏部条法总类》两部法律文书汇编编纂过程的内容，兹摘录其文曰：

> 陈振孙《直斋书录解题》曰：“《嘉泰条法事类纂》八十卷：宰相天台谢深甫子肃等敕修。嘉泰二二年（二年）表上，（初，）吏部七司有《条法总类》《淳熙新书》既成，孝宗诏仿七司体分门修纂，别为一书，以‘事类’为名，至是《庆元条法新书》（《庆元新书》）修定颁降。此书便于检阅、引用，惜（乎）不并及刑统也。《嘉定条法总类》（《嘉定吏部条法总类》）五十卷：嘉定中，以开禧重修《七司法》并《庆元海行法》《在京通用法》《大宗正司法》参定，凡改定（正）四百六十余条，视淳熙《总类》增多十卷，七年二月颁行。”③

对比《直斋书录解题》原书文本表述，我们可以发现，《皇明条法事类纂》

① ［日］长泽规矩也：《本书の传来》，（明）戴金：《皇明条法事类纂》，第746页。

② 参见前引刘笃才文，第156页。

③ 括号中修订文字参见（南宋）陈振孙撰，徐小蛮、顾美华点校《直斋书录解题》卷7《法令类》之“《嘉泰条法事类纂》八十卷”条和“《嘉定吏部条法总类》五十卷”条，上海古籍出版社1987年版，第225页。

的这则识语不存在任何伪造的迹象，只是在抄写过程中出现部分错讹之处。

毫无疑问，后人将这段陈振孙的文字放在书首这一显眼的位置，无非是希望借南宋时期著名藏书家、目录学家陈振孙之口，将《嘉泰条法事类纂》和《嘉定吏部条法总类》之编纂、命名的过程予以介绍，进而促成后来的《皇明条法事类纂》一书在编纂性质、社会地位方面与之比肩。诚然，通过对南宋的这两部法律文书汇编之编纂体例、编纂过程和命名经验的梳理，可以加深读者对于《皇明条法事类纂》的成书和命名等相关问题的认识和印象。

然而，这一段文字所给我们提供的历史信息远不止于此。特别值得引起我们注意的是，引文中出现的“宰相天台谢深甫子肃等敕修”“修订颁降”“颁行”等字眼，实际蕴含了对于《皇明条法事类纂》的“御制序”和总目作伪要素中“命儒臣戴金敕编纂述”“颁行”与“奉敕编次”等具指向性表述合理性的隐喻。

此外，联系到陈振孙撰《直斋书录解题》的一书的流传经过，我们惊讶地发现，其亦与清人辑录《永乐大典》的活动有关：

> 今存世最早可睹者，只元抄残书四卷而已。清四库馆臣自《永乐大典》所辑成之二十二卷本，以聚珍字印行流传。《提要》犹称“当时编辑潦草，脱讹宏多，又原帙割裂，全失其旧”，固非原本面目也。洎后流传之本，悉从此出。清代中叶，卢文弨乃治理斯书，用力最深，辑成《(新订）直斋书录解题》五十六卷。①

刘笃才教授从御制序所涉重写《永乐大典》历史典故与嘉庆间徐松“作伪故事”之附会入手，推论“此书作伪包装的时间定在清嘉庆中或嘉庆后”。② 但是，上述潘景郑对《直斋书录解题》的《前言》书写至少说

① 潘景郑：《前言》，载（南宋）陈振孙撰，徐小蛮、顾美华点校《直斋书录解题》，第1页。

② 参见前引刘笃才教授文，第157页。

明，清人辑录《永乐大典》并不只有一个时间点。明清时期流传下来的陈振孙撰《直斋书录解题》已非原帙，而是恰如卢文弨所言："《直斋书录解题》二十二卷，四库馆新从《永乐大典》中钞出"，[①] 可见，在清乾隆年间，也曾有过四库馆臣辑录《永乐大典》之故事。尽管如此，我们仍可以确信两个方面的认识：其一，御制序的作伪者在作伪之时应该看到了书中所题宋人陈振孙所撰《直斋书录解题》卷七《法令类》中对"《嘉泰条法事类纂》八十卷"条和"《嘉定吏部条法总类》五十卷"条介绍的这段识语，也完全有可能了解《直斋书录解题》其书的价值及其流传经历；其二，受其启发，作伪者进而借助《嘉泰条法事类纂》《嘉定吏部条法总类》《直斋书录解题》之文本结构之隐喻或文本流传经历之要素，结合各朝《明会典》的序文表述，建构了《皇明条法事类纂》"御制序"之宏大"文献学叙事"，成功地将该书的编次工作顶托至"国家级文献编纂工程"的高度。

一般而言，为了提升作为文玩的古籍的价格，在书前、书末伪造名人题识、跋语或钤印名人印章、印记乃作伪者常用手法之一端。翻检该书另页的几则题识和跋语，我们很容易发现，这些题跋、识语所涉洪颐煊、朱彝尊、钱大昕、孙星衍、陈文述等人，均为清代著名学者或藏书家。借助这些著名学者、藏书家的名声，自然可以提升该古籍的出手价格。但是，这些题跋、识语却属作伪者伪造，其作伪的痕迹亦不难发现。题跋文本除了刘笃才教授文中所言在这些学者的文集中未见任何相关记载外，在钱竹汀的识语"钱竹汀云"、题记"乾隆乙卯嘉平月春皋携此赏鉴。竹汀居士钱大昕题"和"钱竹汀《条法事类纂》跋"三个片段中均存在字体不一的现象，其中的"钱""竹""汀""条""事""类"等字在不同的位置均有不同写法，明显不是一人所为。同时，仔细推敲书前这些题跋、识语的内容，可知其都是围绕对御制序"合法性"的论证所展开。为便于考察，兹将《洪氏〈读书丛录〉题一则》摘录如下：

① （清）卢文弨：《重辑稿本〈直斋书录解题〉跋》，乾隆四十三年，上海图书馆藏本。引自（南宋）陈振孙撰，徐小蛮、顾美华点校《直斋书录解题》第2页书影。

《明条法事类纂》五十卷，监察御史戴金编次，著录名例、五刑，吏、户、礼、兵、刑、工，分六部之条法之事。当时颁行，以定为格式。首有英宗御制序，据其朱书，奉诏开局钞写《永乐大典》，后藏文渊阁一册，以备明代一朝参考。惟各家书目未著录，此本尚是《永乐大典》明朝旧钞传本所未载者，亦足为考证之资也。

朱竹垞曰："所载条律、诏旨，仿《庆元条法》《至治条例》之格式，公移引用明史之文，以是流传者，罕然一代之例法，故存焉。"①

上引识语确实不见于洪颐煊《读书丛录》，② 检视其内容文字，无非是对《皇明条法事类纂》一书的编者、基本内容、成书背景的介绍和对该书学术价值的评价等。不过，细心的读者会发现，"洪颐煊"识语中提到御制序及重写《永乐大典》的历史典故，从"首有英宗御制序，据其朱书，奉诏开局钞写《永乐大典》，后藏文渊阁一册，以备明代一朝参考。惟各家书目未著录，此本尚是《永乐大典》明朝旧钞传本所未载者，亦足为考证之资也"来看，其实际是为御制序的"建构"张本，是对御制序中"孝宗皇帝尝命儒臣戴金敕编纂述《皇明条法事类纂》""命官开局重写《永乐大典》二万二千二百十一卷"的印证。但是，遗憾的是，作伪者却将御制序说成了英宗御制序，其误甚大。

类似的情况同样见诸识语"钱竹汀云"之中，其文本表述为：

《明条法事类纂》五十卷，御史戴金编次，前列五刑、名例、诏旨，后依六部之律编次。据卷首序载：成化、弘治颁行，以至所定格例，编集成书，圣旨、条法及朝廷已格例置簿写录，盖是书始事于天顺，成于朱弘。而书中所载条例，则自孝宗（?）位，书中称世宗皇帝即英宗也。例载疑狱事实甚详，其书流传颇少，当时敕修者少传，

---

① （明）戴金：《皇明条法事类纂》之题识《洪氏〈读书丛录〉题一则》，第2页。
② （清）洪颐煊：《读书丛录》，道光二年正月，广东省城西湖街富文斋刊行。

是书乃《永乐大典》时经进本也。[①]

上述引文中提到的“书中称世宗皇帝即英宗也。例载疑狱事实甚详，其书流传颇少，当时敕修者少传，是书乃《永乐大典》时经进本也”，也是对御制序评论的内容，都是在强调《皇明条法事类纂》属于“敕修”且来源于《永乐大典》。但此则识记更进一步，其中“乃《永乐大典》经进本也”一句，实际还为总目末尾的“大明文渊阁《永乐大典》钞写 进本《条法事类纂》总目终”提供了一个绝佳的注脚。

再看“钱竹汀《条法事类纂》跋”一则，其文曰：

右英宗即位以来，颁降条书，讫于成化四年，而数载之事，亦备其中。……明初盛之律令格式耳。但明戴金奉敕编纂，意必当时台部之法令。吾友渊如孙君尝欲取《明史》补遗，嫌其语句多质俚，不可入史志。皆出自圣旨，盖据当日颁降原文，未经儒臣润色者，然一代之制可因此以得其梗概矣。[②]

这一跋语中虽未再强调御制序中的有关《永乐大典》之内容，但仍然有“明戴金奉敕编纂，意必当时台部之法令”的语句，依然在强调编纂者戴金乃“奉敕”编修，目的在于凸显此项编纂工程属于国家行为。为了掩饰书中众多的错讹、疏漏，作伪者还借孙渊如的口，以“欲取《明史》补遗，嫌其语句多质俚，不可入史志。皆出自圣旨，盖据当日颁降原文，未经儒臣润色者”一句以图瞒天过海。试想，圣旨岂是一般官方文书？即使是颁降原文，应也不至于不经儒臣润色，由此，其作伪行径暴露无遗。

四　结语

笔者之前在《历史档案》杂志发表了《〈皇明条法事类纂〉成书年代

① （明）戴金：《皇明条法事类纂》之题识《钱竹汀云》，第2页。
② （明）戴金：《皇明条法事类纂》之《钱竹汀〈条法事类纂〉跋》，第2页。

及作者考》一文，对《皇明条法事类纂》的成书年代、编纂作者问题作了初步探讨，提出了该书“应当是编录于弘治年间的《条例全文》，但编录时间不应为稍后《条例全文》，也不太可能是为弘治《问刑条列》做的准备工作；它的编纂与明嘉靖监察御史戴金不无关系，但又不是一人所为，而是集体力量的成果，是一部未完成的文书抄录汇编稿本，戴金只是充当了一个编者的身份”这一粗浅结论。[①] 本文的写作源于读刘笃才教授《破解〈皇明条法事类纂〉之谜》一文过程中发现本人这一文章被引用的兴奋及对“《皇明条法事类纂》作伪之谜”一节内容疑点的好奇。之所以兴奋，是因为笔者曾借撰写硕士学位论文的机会获得了该套影印钞本的复印本，深感该书学术价值之深厚，于是从 2006 年起就一直在关注《皇明条法事类纂》一书的研究动态，并希望该书能够获得更多学者的重视，看到有关专家学者针对相同的课题作出不同的论述，内心自然愉悦。之所以好奇，是因为看到刘笃才教授从新的视野、新的史料对该书作者、御制序作伪情况作了独到的解读，获得独到的认识；与此同时，刘文中还涉及一些尚待进一步论证核实和商榷之处，激起了笔者梳理《皇明条法事类纂》作伪情况研究进展及重新对影印钞本御制序、题跋、识语文本进行审视的冲动。特别是在将原钞本的影印本与刘教授一文的阐述两相对照后，笔者深深感到：要对本身就充满了诸多疑问的“伪书”——《皇明条法事类纂》进行全方位的辨伪、考证，历史文献学的研究手段必不可少，加工整理后的文本固然便于检索和统计，但毕竟不是钞本的原貌，在一些细节的考究上完全有可能给我们错误的引导。从这个意义上说，刘笃才教授一文的论述对本文的写作启发良多。

综上所述，结合影印钞本《皇明条法事类纂》御制序、题跋文本内容及书末日本学者对其流传的介绍和国内学界该书的相关研究，我们基本可以将《皇明条法事类纂》御制序、题跋作伪情况予以坐实，且发现其相互之间存在高度联系。作伪者凭借“奉敕编纂”和“重写《永乐大典》”历史典故等“文献学叙事”要素，在御制序与题跋、识语之间，构建了一个

---

① 吴启琳：《〈皇明条法事类纂〉成书年代及作者考》，《历史档案》2020 年第 3 期，第 57 页。

严密的作伪体系或者说作伪网络：书首有南宋陈振孙《直斋书录解题》将“《嘉泰条法事类纂》八十卷”条和“《嘉定吏部条法总类》五十卷”条合二为一的一段识语，此应是“好事者”希望借南宋时期著名藏书家、目录学家陈振孙之口，将《嘉泰条法事类纂》和《嘉定吏部条法总类》之编纂、命名的过程予以介绍，进而促成后来的《皇明条法事类纂》一书在编纂性质、社会地位方面与之比肩的结果。为了提升作为文玩的《皇明条法事类纂》古籍的出手价格，在虚实之间，作伪者借助了《嘉泰条法事类纂》《嘉定吏部条法总类》《直斋书录解题》文本结构之隐喻或文本流传经历之要素，并结合各朝《明会典》的序文表述，建构了《皇明条法事类纂》“御制序”之宏大“文献学叙事”，成功地将该书的编次工作顶托至“国家级文献编纂工程”的高度；而为了烘托和“印证”御制序的“真实性”，作伪者继续在总目、题跋、识语上做文章，其中频繁出现对“奉敕编次”及“重写《永乐大典》”这一历史典故的申论，实际就是为御制序的这一“建构”来张本，是对御制序中“孝宗皇帝尝命儒臣戴金敕编纂述《皇明条法事类纂》”“命官开局重写《永乐大典》二万二千二百十一卷”的呼应，因此，仔细推敲书前这些题跋、识语的内容，可知其铺陈的都是对御制序“合法性”的论证。

（作者单位：江西科技师范大学历史文化学院）

明代河西走廊的气候、屯垦与土地沙化

高寿仙

明朝时期，河西走廊出现了三种明显趋势：一是气候方面，正处在被称为“小冰期”的全球性寒冷期；二是经济方面，上继汉、唐之后，出现了又一次较大规模的农业开发；三是环境方面，同样上继汉、唐之后，出现了又一次较大规模的沙漠化。学界普遍认可沙漠化是气候因素和人为因素共同作用的结果，但对于明朝及以前时期哪种因素发挥了主要的驱动作用却存在分歧。由于相关资料过于匮乏，学者们对相关经济指标和气候状况的判断存在很大歧异，目前还很难得出确切结论。不过，从年降水量和径流量看，河西走廊在明代经历了一个高—低—高的变化过程，但这并没有改变沙漠化的总体趋势，看来人为因素对于此期的沙漠化很可能发挥了主导作用。

河西走廊东西绵延一千余千米，南北宽数十至百余千米，因地处黄河以西、夹峙两山之间而得名。历史上的河西走廊，曾经拥有非常优美的自然环境，境内河湖众多、绿洲成片，乔木林、灌木丛浓密覆盖。可惜时至今日，河西走廊成为中国沙漠化最严重的地区之一。对于河西走廊沙漠化的过程和原因，学者们已经做过大量研究。大家都认识到这是气候因素和人为因素共同作用的结果，但对于哪种因素发挥了主要的驱动作用却存在分歧。本文拟以明朝时期为中心，在梳理各家观点的基础上，对相关情况做点粗略考察。

一　明朝时期河西走廊的气候状况

气候因素对自然环境的影响是一个长期复杂过程。要想相对准确地判断气候变化对于明朝时期河西走廊沙漠化的影响作用，首先必须在弄清数千年来河西走廊气候变化周期的基础上，确定明朝时期的冷暖干湿状况及其对该区域不同地理环境的影响。

自20世纪20年代开始，陆续有学者利用考古和古文献资料研究中国气候史，竺可桢1972年发表的《中国近五千年来气候变动的初步研究》①，是这方面一篇影响深远的经典名文。该文论据虽然存在一些问题②，但极大地推动了相关研究。此后学者们除进一步发掘文献记载外，还广泛利用树木年轮、湖泊沉积物、孢粉、冰芯岩、石笋等信息载体，对中国历史气候进行了更加细致的研究。从这些研究成果看，数千年来，中国气候经历了多次冷暖变化，但在冷暖变化的时段划分方面，目前学术界分歧仍然很大。图1是一些学者根据考古资料和历史记载勾勒的5000年来中国的气候变化曲线，期间经历了五个暖期和四个冷期，五个暖期的平均气温波动幅度为0—2℃，四个冷期的平均气温波动幅度为1—2℃③。可以看出，明朝正处在第四冷期（1400—1900年）的前半段。这个冷期在国际学术界被称为“小冰期”，是一种全球性气候现象。埃斯波尔等根据北半球14个树轮点的序列，重建了过去1000多年的温度变化曲线，也表明北半球13世纪开始进入小冰期，19世纪后半叶结束，其中17世纪中前期为最冷期，温度下降0.8℃④。

尽管气候变化具有全球同步性，但受地形和大气环流等因素影响，不同地区冷暖变化的起止时间和升降幅度还是存在较大差别。此外，历史气候资料不够完整和准确，也会导致学者们的判断出现差异。关于公元初至20世纪初河西地区的气候变化，程弘毅综合各个学科的相关研究成果，大致归纳出这样的结论：

---

① 竺可桢：《中国近五千年来气候变动的初步研究》，《考古学报》1972年第1期。

② 参见牟重行《中国五千年气候变迁的再考证》，气象出版社1996年版。

③ 参见戚启勋《大气科学》，（台湾）大中国图书公司1980年版，第390—392页；刘昭民《中国历史上气候之变迁》，（台湾）商务印书馆1992年版，第5、6章；文焕然、文榕生《中国历史时期冬半年气候冷暖变迁》，科学出版社1996年版，第8章；王邨《近万年来我国中原地区气候在年降水量方面的变迁和未来趋势》，载同氏编著《中原地区历史旱涝气候研究和预测》，气象出版社1992年版。

④ J. Esper，E. R. Cook，F. H. Schweingruber，“Low-frequency Signals in Long Tree-ring Chronologies for Rconstructing Past Temperature Variability”，*Science*，2002，295（22）.

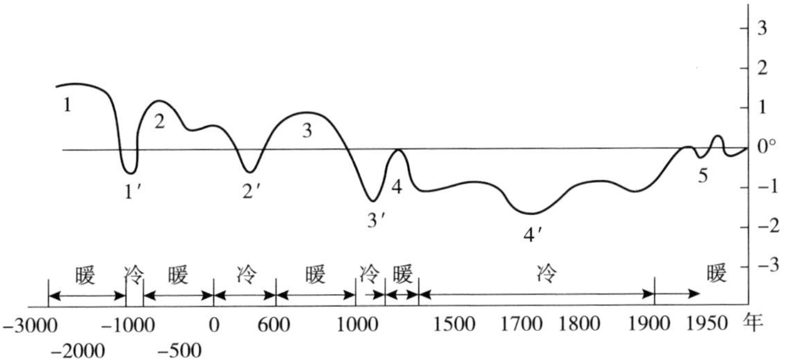

图 1　中国 5000 年来平均气温变化曲线与冷暖期分布情形

资料来源：采自刘昭民《中国历史上气候之变迁》（台湾商务印书馆 1992 年版）第 25 页；系据戚启勋《大气科学》（大中国图书公司 1980 年版）第 391 页图改绘。

说明：（1）此图与竺可桢《中国近五千年来气候变动的初步研究》一文中提供的变动曲线基本相同而略有修改。（2）图中 1、2、3、4、5 代表 5 个暖期，1′、2′、3′、4′代表 4 个冷期（横坐标的年代比例尺向左方减少）。

温度变化：（1）公元初至 3 世纪初为暖期；（2）3 世纪初至 6 世纪末为冷期；（3）6 世纪末至 8 世纪末为暖期；（4）8 世纪末至 10 世纪初为冷期；（5）10 世纪初至 14 世纪初为暖期；（6）14 世纪初至 20 世纪初为冷期。

干湿情况：（1）公元初至 3 世纪初偏湿；（2）3 世纪初至 6 世纪末偏干；（3）6 世纪末至 9 世纪末偏湿；（4）9 世纪末至 11 世纪末偏干；（5）11 世纪末至 13 世纪末偏湿；（6）13 世纪末至 16 世纪末偏干；（7）16 世纪末至 20 世纪初偏湿。①

将温度变化与干湿情况加以对比，有些时段气候湿润期与寒冷期、干旱期与温暖期之间具有对应关系，但有些时段并不对应。明代就属于不太对应的时期：从温度看，明朝前期处在温暖期，中叶开始进入寒冷期；但

① 参见程弘毅《河西地区历史时期沙漠化研究》，博士学位论文，兰州大学，2007 年，第 126—132 页；陆志翔等《黑河流域近两千年人—水—生态演变研究进展》，《地球科学进展》2015 年第 3 期；史志林《历史时期黑河流域环境演变研究》，博士学位论文，兰州大学，2017 年，第 76—83 页。

从降水量看，明朝前中期均偏干，进到明朝末期才转为偏湿。史志林将相关数据整合，绘制了河西走廊黑河流域气温、降水和径流量的对比关系图，可以参看（见图2）。李并成也指出，东部湿润区受季风影响，气候变化以暖湿—冷干的搭配组合及其周期交替为基调，而西北干旱区则存在着暖干—冷湿气候期占有较高频度的现象。其中15、16世纪（明代中期）湿润指数很低，17、18世纪湿润指数较高。①

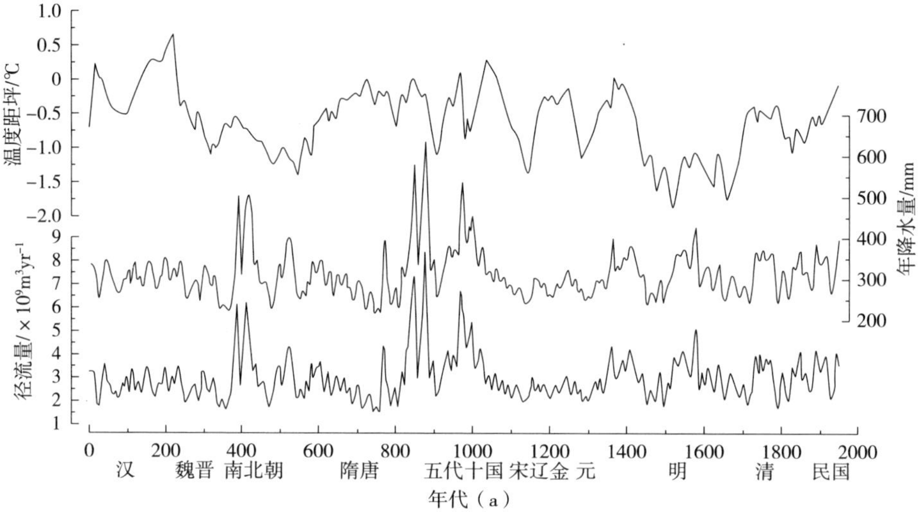

图2　黑河流域2000年以来温度、降水、径流量

资料来源：采自史志林《历史时期黑河流域环境演变研究》（博士学位论文，兰州大学，2017年）第81页。

二　明朝时期河西走廊的屯垦农业

河西走廊在汉、唐两代都曾出现较大规模的农业开发，但在从五代到元朝的数百年间，农业经济明显退化。据研究，这一阶段河西走廊的农业开发，以元朝时期成效最为显著，但其发展程度仍较有限，当时整个河西

① 参看李并成《河西走廊历史时期气候干湿状况变迁考略》，《西北师范大学学报（自然科学版）》1996年第4期。

地区的人口数量也不超过10万。[①]

河西走廊被纳入明朝控制范围，起始于洪武五年（1372）。是年，为配合主力部队进攻漠北，冯胜率军进入河西走廊，直抵西部的瓜州（今安西）、沙州（今安西东）等地。但这支部队人数有限，无法留下较多兵力戍守，遂设立甘肃卫（今张掖）、庄浪卫（今永登），次年又设立凉州卫（今武威），用以羁縻故元降众，如凉州卫指挥佥事就由故元知院脱林担任。[②] 洪武九年，归附明朝的原元朝岐王朵儿只班叛乱，导致明朝再次派遣大军进入河西走廊，并从兰州等地调遣官军守御各卫，逐步实现了对河西走廊的实际控制。此后于洪武十五年设永昌卫，二十三年设山丹卫、甘州左卫（今张掖），二十五年增设甘州右、中卫，二十七年设肃州卫（今酒泉），二十九年增设甘州前、后卫，并设镇番卫（今民勤），三十年设镇夷所（今高台县西北），逐步完成了陕西行都司的体系架构。洪武以后略有微调，如正统九年（1444）增设古浪守御千户所，景泰七年（1456）增设高台守御千户所，但总体格局变化不大。[③] 在明代"九边"之中，以陕西行都司为基础的甘肃镇处在最西边，明人形容其形势和作用云："甘肃一线之路，孤悬千五百里，西控西域，南隔羌戎，北遮胡虏。"[④]

明代河西走廊的农业开发者，主要就是上述卫所的军人及其家属。但受资料所限，对于河西走廊的军事人口数量，只能有个大概了解。王尊旺对明代文献中所载甘肃镇的官军数量进行了搜集整理，从表1所列数据看，前后起伏很大，其中数额较高者应当属于原额人数，较低者应当属于实存人数。明代前期，军人负担尚不太重，粮饷支放也比较及时，军人逃亡者为数不多。但自成化以后，随着军官役占军人、克扣军饷等行为日益泛滥，各边镇普遍出现军人逃亡现象，而甘肃镇就属于逃亡情况比较严重的地区。嘉靖十三年（1534），兵部在一份题本中谈到："河西地方寒苦，人

---

① 参见李并成《元代河西走廊的农业开发》，《西北师大学报》1990年第3期；《元时期河西走廊的开发》，载《历史地理》第18辑，上海人民出版社2002年版。

② 《明太祖实录》卷七六，洪武五年十一月壬子条；卷九三，洪武七年十月甲辰条。

③ 参看马顺平《明代陕西行都司及其卫所建置考实》，《中国历史地理论丛》2008年第2辑；胡凡《论明初甘肃镇的形成》，《重庆三峡学院学报》2018年第1期。

④ 魏焕：《巡边总论·甘肃保障》，载《明经世文编》卷二四九。

不乐居，新旧军人率多逃亡。”① 嘉靖三十八年，总督陕西三边侍郎魏谦吉谈道：“甘肃孤悬河外，东起金城抵玉关，地广兵稀，额兵八万六百余人，半多逃亡，兼之老弱，其堪征操者仅二万七千有奇。”② 尽管存在军人逃亡现象，但有多少人真正离开这一地区尚难判断。有些学者认为，逃亡军人绝大多数并未离开河西，加之大批移民定居河西和人口自然增殖，河西人口由明初在12万以上，增加到明中叶以后的30万以上。③ 如表1所示，明代后期军人约在5万左右，加上家属和逃亡但未离开此区的人口，达到30万是确有可能的。

表1　　明代甘肃镇军队数量变化表

时　间	数量（人）	时　间	数量（人）
永乐时期（1403—1424）	70000	嘉靖二十五年（1546）	38022
正统十年（1445）	42800	嘉靖二十八年（1549）	39882
天顺时期（1457—1464）	89000	嘉靖三十四年（1555）	35000
成化三年（1467）	41800	嘉靖四十五年（1566）	91571
弘治十三年（1500）	37500	隆庆三年（1569）	47512
弘治十六年（1503）	41060	万历八年（1580）	46901
正德十三年（1518）	28000	万历中期	50000
嘉靖四年（1525）	30000	万历四十八年（1620）	59081
嘉靖十年（1531）	40245	崇祯元年（1628）	51980
嘉靖十九年（1540）	36164		

资料来源：采自王尊旺《明代九边军费考论》（天津古籍出版社2015年版）第82页。

明代河西走廊的屯田数量也模糊不清。马顺平对此做过专门考察，他搜集汇总了11条数据（详见表2），可以看出，如同军人数量一样，屯田数额也是起伏不定，尤其万历十年、十一年两个相邻年份，屯田数额相差16767顷，比有些年份屯田总额还多。马氏结合相关史料对这些数据进行了评估，认为明代陕西行都司的屯田数额，总体保持在2—3万顷，万历清

① 章潢：《图书编》卷四七《陕西·三边四镇总叙·经略河西》。
② 《明世宗实录》卷四七一，嘉靖三十八年四月壬戌条。
③ 参见唐景绅《明清时期河西垦田面积考实》，《兰州大学学报》1983年第4期。

丈后增加到4万多顷。在地域分布上，以嘉靖二十一年（1542）各卫屯田数为例：甘州五卫7514顷，肃州卫2130顷，西宁卫2980顷，庄浪卫1514顷，镇番卫1521顷，永昌卫1116顷，山丹卫1300顷，凉州卫8087顷，高台所1025顷，镇夷所699顷，古浪所573顷。① 除西宁卫、庄浪卫（今甘肃永登）和碾伯千户所（今青海乐都）外，其他卫所屯田均在河西走廊范围。程弘毅曾对明代河西地区的人口分布情况进行估测，嘉靖年间河西地区总人口30.6万，人口密度为每平方公里1.36人，具体分布情况如下：石羊河流域人口13.7万，人口密度度3.29人/平方千米；黑河流域人口15.9万，人口密度度1.11人/平方千米；疏勒河流域人口1万，人口密度度0.24人/平方千米。②

表2　　明代甘肃镇屯田数量变化表

时　间	数量（顷）	时　间	数量（顷）
洪武三十年（1397）	26340	嘉靖二十年（1541）	27313
正统四年（1439）	11691	嘉靖二十一年（1542）	27841
弘治十五年（1502）	13012	隆庆元年（1567）	25836
正德三年（1508）	29331	万历十年（1582）	29226
嘉靖七年（1528）	25331	万历十一年（1583）	45993
嘉靖十年（1531）	19871	万历八年（1580）	46901

资料来源：采自马顺平《明代陕西行都司屯田数额考》（载《明史研究论丛》第9辑，紫禁城出版社2011年版）。

在河西走廊开展农业生产，需要依靠南面祁连山的冰雪融水，这些融水形成了三条内陆河，自东南向西北依次为石羊河、黑河和疏勒河。疏勒河流域降水量太小，通常被划入塔里木盆地荒漠区，不适宜进行屯垦，明代军屯主要在中东部的黑河流域和石羊河流域进行。为了稳定和提高农田产量，明代在河西走廊兴修了不少水利工程，如甘州有阳化西渠、大慕化西渠、鸣沙渠、红崖头二坝等80处渠坝，山丹有洪水河坝渠、大黄山坝等

① 参见马顺平《明代陕西行都司屯田数额考》，载《明史研究论丛》第9辑，紫禁城出版社2011年版。

② 参见程弘毅《河西地区历史时期沙漠化研究》，第187页。

15 处渠坝，高台有纳凌渠、七坝渠等 21 处渠坝。[①]《读史方舆纪要》中提到一些卫所的水利情况：甘州“卫境之渠以数十计，俱有溉田之利”；永昌卫塞占口渠“源出雪山，经塞占山口下流合水磨川，分为九渠，卫境之田，藉以灌溉”；高台所“所境之渠十有二，分溉境内之田”；镇夷所“所境有永丰等渠二十，分流溉田”；古浪所“所境有暖泉等渠，分引溉田”[②]。据汪桂生统计，仅黑河流域内的灌渠总数就达 130 道以上，浇灌着沿黑河干流的张掖灌区，沿讨赖河的酒泉灌区，丰乐河、马营河和摆浪河灌区，山丹—民乐山前灌区。可以看出，不仅南部干流右岸的灌溉渠系密度进一步增加，左岸地势较高地区也开始出现灌渠。[③] 正是由于水资源比较丰富，明代地处黑河沿岸的卫所还广泛种植水稻，曾任甘肃行太仆寺卿的郭绅《观刈稻诗》云：“边方浑似江南景，每至深秋一望黄。穗老连畴从秀色，稻繁隔陇有余香。”[④]

三　明朝时期河西走廊的土地沙化

河西走廊总面积达 40 万平方千米（含黑河下游一带），但只有占总面积不到 5% 的绿洲区域适宜农业开发。而沙漠化的大致次序，则是首先出现在流域下游天然绿洲上，然后逐渐向中游天然绿洲及人工绿洲蔓延，最后蔓延到流域上游山区。[⑤] 明朝上继汉、唐，开始了又一轮较大规模的农业垦殖，而且对中游绿洲地区的开发已经达到比较充分的地步。汪桂生以地方志资料为基础，结合现代地形图和实地考察，确定了黑河流域 176 处明代墩、堡、寨的位置，均分布在明长城以南的黑河中游地区；除镇夷所

---

① 参见田澍《明代对河西走廊的开发》，《光明日报》2000 年 4 月 21 日，第 8 版。

② 顾祖舆：《读史方舆纪要》卷六三《陕西十二・甘肃行都司》。

③ 参见汪桂生《黑河流域历史时期垦殖绿洲的时空变化与驱动机制研究》，博士学位论文，兰州大学，2014 年，第 107—108 页；史志林《历史时期黑河流域环境演变研究》，第 207—209 页。

④ 黄文炜等校注：《重修肃州新志》，中华书局 2008 年版，第 58 页。

⑤ 参见史志林《历史时期黑河流域环境演变研究》，第 123 页；李静《黑河流域生态环境历史演变研究》，硕士学位论文，浙江师范大学，2007 年，第 63—69 页。

西部的戈壁沙漠地区外，大部分堡寨的相互间距在5千米以内，与长城边墙的间距也大多在5千米以内。通过与元代对比，汪氏还指出，明代居民点的范围有特别显著的扩展，遍布黑河中游的大部分沿河地区，甚至向南扩展到海拔较高的山前冲积扇地区。①

随着屯垦地域的拓展，人工绿洲面积自然有所扩大，但同时也会对生态环境造成破坏，导致一些区域的土地沙化。其表现主要有三个方面：其一，被开辟成农田的绿洲区域，有些生态比较脆弱，耕种一段时间后可能会发生沙化。据颉耀文等对民勤绿洲的考察，明朝时期沙漠化过程已出现明显端倪，位居坝区绿洲西部的居民已经开始向重兴乡、双茨科、四坝寨、六坝湖等地转移，红沙堡、东安堡、老爷庙一带沙漠化已显著发生。②其二，分布在河流中游地区的天然和人工绿洲，不少都是毗邻沙漠甚至为沙漠所环绕。正如李并成所指出的，绿洲与荒漠间通常有一条过渡地带，宽数千米至数十千米不等，人类对绿洲边缘荒漠植被的过度樵采和放牧，导致了风沙活动的活跃。明朝屯田军士要采草养马，伐薪烧炭，为了防止蒙古人接近边墙还时常北出"烧荒"，对绿洲边缘荒漠植被造成不小的破坏。③ 其三，河流下游的绿洲依靠中游来水的支持，但随着中游农垦用水量的扩大，下游绿洲就可能逐步消失。明代中游地区大规模的屯垦和水利建设，必然会对下游来水量产生影响。有学者指出，明代甘州五卫的农业大发展，导致黑河水源紧缺，正义峡以下主河道经常断流，加之额济纳河东支流河床的泥沙淤积，逐渐断流废弃，繁荣历时长达1000多年的古居延绿洲，最终沦为沙漠。④

李并成对历史时期河西走廊的沙漠化过程进行了系统考察，指出有三个时期的沙漠化非常明显：一是汉代后期，主要发生在民勤县西沙窝北部三角城周围和其西部沙井柳湖墩、黄蒿井、黄土槽一带，古居延绿洲三角

---

① 参看汪桂生《黑河流域历史时期垦殖绿洲的时空变化与驱动机制研究》，第106—107页。

② 参见颉耀文、陈发虎、王乃昂《近2000年来甘肃民勤盆地绿洲的空间变化》，《地理学报》2004年第5期。

③ 参见李并成《河西走廊历史时期绿洲边缘荒漠植被破坏考》，《中国历史地理论丛》2003年第4辑。

④ 参见刘蔚等《黑河流域不同类型土地沙漠化驱动力分析》，《中国沙漠》2004年第4期。

洲下部一些地区，马营河下游新墩子城一带，金塔东沙窝北部、西部一带，玉门花海比家滩，芒草沟下游北部、西部一带等，沙漠化总面积约1680平方千米；二是唐代中后期，主要发生在民勤西沙窝大部、民勤端字号—风字号沙窝、张掖黑水国北部、金塔东沙窝南部、马营河摆浪河下游大部、芦草沟下游南部东部、古阳关绿洲等，沙漠化总面积约1760平方千米；三是明清时期，主要发生在石羊河下游、石羊河中游高沟堡等地、黑河下游、张掖黑水国南部、疏勒河洪积冲击扇西缘西部等处，沙漠化总面积约1160平方千米。[①] 程弘毅则根据对古城废弃时间的梳理统计，认为河西走廊大规模的沙漠化过程主要集中在魏晋南北朝、唐末五代、明清两朝，三个时期沙漠化面积分别是为1070、1765、6884平方千米。[②] 两位学者的结论不尽相同，但都肯定从明代开始，河西走廊进入了第三次较大规模的沙漠化时期。

对于历史时期河西走廊沙漠化的驱动因素，学者们已经做过大量研究。大家普遍认为，清代特别是清代中期以降，河西走廊人口大幅增加，突破了干旱地带人口压力的“临界指标”，是造成河流湖泊快速萎缩和沙漠化快速扩展的决定性因素。但对于明代以及明代以前沙漠化的主要成因，学者们的看法分歧颇大：李并成等学者认为，尽管气候变迁是不可忽视的重要因素，但其影响相对于人类活动来说是有限的，人类活动才是引起沙漠化过程的主要因素。[③] 但也有一些学者持不同看法，如王乃昂等认为，清代以前河西走廊沙漠化过程的发展深受气候之干湿状况影响，是时空尺度不同的一系列气候地貌过程的产物，人类活动对沙漠化的影响基本处于从属地位。[④] 汪桂生认为，汉代至元代自然因素驱动效应更显著，明

① 参见李并成《河西走廊历史时期沙漠化研究》，科学出版社2003年版，第238、251、266页。

② 参见程弘毅《河西地区历史时期沙漠化研究》，第121页。

③ 参看李并成《河西走廊历史时期沙漠化研究》，第127—139页；景爱《额济纳河下游环境变迁的考察》，《中国历史地理论丛》1994年第1辑；杜海斌《居延二千年历史环境的变迁》，《中国历史地理论丛》2003年第1辑。

④ 参看王乃昂等《近2ka河西走廊及毗邻地区沙漠化过程的气候与人文背景》，《中国沙漠》2003年第1期。

清以来人文因素地位更甚。[①] 程弘毅借鉴人口生物学家保罗·埃利希（Paul Ehrlich）和能源分析学家约翰·侯德伦（John Holdren）提出的 I = PAT 公式[②]，估算了历史时期人类活动对环境影响强度的数值，其中西汉后期为 2.9，唐代后期和明代后期为 4.8，清代中叶急剧升高到 18 以上（参看图 3）[③]。

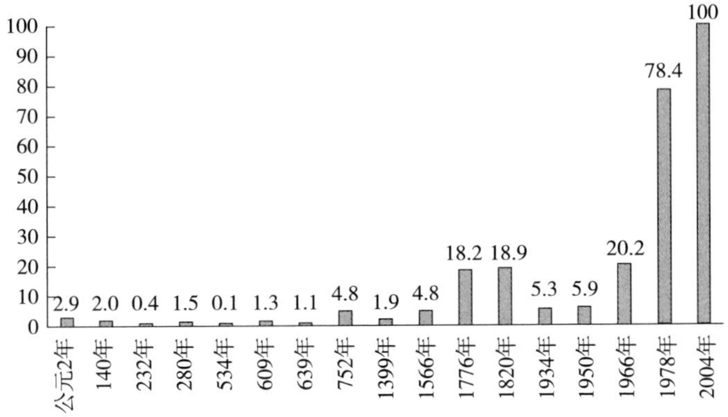

图 3　历史时期人类活动的环境影响强度

资料来源：据程弘毅《河西地区历史时期沙漠化研究》第 226—227 页表 7－3 制作。

必须指出，在当今相关数据已相对完备的情况下，对于人为因素还是自然因素是导致全球气候变暖的主要原因，学者们还争论不休。而对于包括河西走廊在内的历史时期沙漠化成因的探讨，由于但不限于以下两条原因，迄今仍处在比较粗略的阶段：其一，由于相关资料比较匮乏，对于历史时期河西走廊各种经济指标的变化情况，目前还只能做出一个大概估计，未必十分准确。如程弘毅在估计人类活动对环境的影响值时，粮食单产一项，西汉元始二年（2）采用 264 市斤/亩，唐天宝十一载（752）采用 334 市斤/亩，明洪武年间和嘉靖年间均采用 300 市斤/亩，清乾隆四十一年（1776）采用 367 市斤/亩；人均粮食占有量一项，元始二年为 527.8 千克，天宝十一载为 859.5 千克，洪武年间为 905.2 千克，嘉靖年间为

① 参看汪桂生《黑河流域历史时期垦殖绿洲的时空变化与驱动机制研究》，第 143—145 页。

② 即环境影响（I）是人口（P）、单位人口的财富（A）及所使用的技术（T）三者之乘积。

③ 参看程弘毅《河西地区历史时期沙漠化研究》，第 220—295 页。

941.9千克，乾隆四十一年剧降为340.8千克。这些数值的设定是否适当，还值得斟酌。其二，气候研究涉及多个学科，不同学者的结论也往往存在歧义。如李并成认为，河西绿洲的三次大规模沙漠化面临的气候条件并不相同，其中汉代和唐代处在干旱期，而明代后期至清末处在湿润期。① 而王乃昂、程弘毅等认为，南北朝、唐末五代和明清两朝为河西走廊沙漠化过程三次大发展时期，它们均对应近两千来的气候干冷阶段。② 赫明林则指出，公元元年至公元1000年之间是一段较长时间温暖湿润气候，他称之为“汉、唐温暖湿润期”，此期降雨充沛，水资源丰富，植被发育，是晚全新世的一次最适宜时期。③

在大家对相关情况的认识存在很大差异甚至截然相反的情况下，对于清代中期以前河西走廊沙漠化的主要成因，恐怕在今后相当长时间里都不易达成共识。就明代情况而言，从前面图2可知，河西走廊的年降水量和径流量在这一时期经历了一个高—低—高的变化过程，但这并没有改变沙漠化的总体趋势，看来人为因素对于此期的沙漠化很可能发挥了主导作用。这种情况不独河西走廊为然，也出现在长城沿线其他地方。据王杰瑜考察，明代在晋冀沿边地区的大规模开发，也导致当地出现土壤退化、森林锐减等环境恶化现象。④ 当然对此也存在不同看法。如河套地区是明代长城沿线沙漠化最严重的地区之一，韩昭庆、曹永年指出，河套地区农业垦殖规模不大，长城沿线流沙范围的扩大，应当主要是自然因素造成的。⑤ 总起来说，对于明代河西走廊的沙漠化问题，还要结合西部长城沿线的总

① 参见李并成《河西走廊历史时期沙漠化研究》，科学出版社2003年版，第238、251、266页。

② 参看王乃昂等《近2ka河西走廊及毗邻地区沙漠化过程的气候与人文背景》，《中国沙漠》2003年第1期；程弘毅《河西地区历史时期沙漠化研究》，第230页。

③ 参见赫明林《河西走廊地质历史中宋辽干冷期灾变事件及其影响》，《甘肃地质》2006年第1期。

④ 参见王杰瑜《明朝军事政策与晋冀沿边地区生态环境变迁》，《山西大学学报》2006年第3期。

⑤ 参见韩昭庆《明代毛乌素沙地变迁及其与周边地区垦殖的关系》，《中国社会科学》2003年第5期；曹永年《明万历间延绥中路边墙的沙壅问题——兼谈生态环境研究中的史料运用》，《内蒙古师范大学学报》2004年第1期；《明代河套地区的人文地理与生态环境》，载萧瑞玲等《明清内蒙古西部地区的开发与沙化》，中华书局2005年版。

体情况加以综合考量。此外还要注意，河西走廊内部东西之间、南北之间的地理条件存在很大差异，不同区域的环境承载能力不同，导致沙漠化的主要因素可能也不尽相同，有些地方人类活动是主因，有些地方气候变化是主因，需要进行更加细致的分区考察和分析。

（作者单位：北京行政学院）

论明代宗室的宗教活动

张明富

明代宗室的宗教活动多种多样，色彩纷呈，既有制度性宗教（佛教、道教）活动，又有宗法性和民间宗教活动。明代宗室从事宗教活动的动机有内在动机和外在动机，但外在动机是主导动机。明代宗室从事宗教活动具有一定的普遍性，既有推动了明代宗教事业发展的正面影响，也浪费了大量人力、物力与财力，甚至激化了社会矛盾，加速了明朝的灭亡。

明代的宗教种类繁多，明史学界似未有清晰地划分。根据牟钟鉴、濮文起、杨庆堃等对中国宗教的研究，明代的宗教大致可以划分为三种类型，即制度性宗教、宗法性宗教及民间宗教。[①] 制度性宗教包括佛教、道教、天主教、伊斯兰教这些世界性的大宗教；宗法性宗教是中国古代社会的国家性宗教，尊奉的神灵，祭祀的仪式等，皆刊载于国家祀典；民间宗教就是具有民间性、分散性、地域性、自发性的非制度化的宗教。

明代宗室的宗教活动多种多样，色彩纷呈，在有关明史的史料中，特别是方志、文集、实录及各类碑刻中，保存有大量的明代宗室从事宗教活动的资料。这些资料明白无误地显示，明代宗室与宗教息息相关，宗教生活是构成明代宗室社会生活的不可或缺的一部分。学术界对明代宗室的宗

---

① ［美］Weller、范丽珠、陈纳等：《制度性宗教 VS 分散性宗教——关于杨庆堃〈中国社会中的宗教〉的讨论》，《世界宗教文化》2010 年第 5 期；牟钟鉴：《中国宗法性传统宗教试探》，《世界宗教研究》1990 年第 1 期；濮文起：《中国民间宗教试论》，《世界宗教研究》2013 年第 1 期。

教活动进行研究，开始于 21 世纪 10 年代。目前，已经取得一些研究成果，[①] 这些成果或从地域社会的视角予以考察，或从信仰的角度展开论述，皆有所得。但在整体把握明代宗室的宗教活动方面仍有较大的开拓空间。故在借鉴已有成果的基础上，就明代宗室从事的宗教活动的内容、动机、特点及影响做一粗浅的探讨。不妥之处，尚祈方家教正。

一　修建寺院、道观、风云雷雨山川城隍诸坛及神庙，是明代宗室最主要的宗教活动

明代宗室对寺院、道观、风云雷雨山川城隍诸坛、神庙的修建，分为创修、重修、增修三种情况。创修，即是某地以前没有寺观坛庙，此次修建系首次；重修，即原有寺观坛庙，或倾圮，或破旧，重新加以修葺；增修，即在寺观坛庙原有规模的基础上进行扩建。据不完全统计，明代宗室修建的寺观坛庙共 130 座。其中，佛教寺院 75 座，道观 35 座，宗法性宗教诸坛 5 座，民间宗教神庙 15 座。修建有寺观坛庙的亲王府共 33 个。在崇祯年间尚存的亲王府中，只有德、定、永三个亲王府没有修建寺观坛庙的记载。各亲王府修建的寺观坛庙，数量不一，根据对资料的梳理，其分布大致如下。

晋府修建寺观 12 座。寺院 8 座：崇善寺，在阳曲县城东南隅。洪武十四年，晋恭王棡建；法华寺，在太原县西南十五里。洪武十八年，晋恭王棡重建；开化寺，在阳曲县开化寺街。晋府广昌安僖王建。具体时间不详，应在宣德七年至景泰五年之间。普光寺，在太原府阳曲县七府营街，汉建安年间修建，后历唐、宋、元、明多次重修。嘉靖三十四年，晋简王继修。文殊寺，在太原府阳曲县西萧墙角。崇祯七年，晋王重修，并建白衣殿；报恩寺，在阳曲县前所街，旧名鸿佑。正德间，晋府河东王重建，

① 王岗：《明代辽王的荆州崇道活动及其政治命运》，王岗、李天纲编：《中国近世地方社会中的宗教与国家》，复旦大学出版社 2014 年版；罗莹：《明代秦藩的佛道信仰探析》，《西南农业大学学报》2013 年第 12 期；吕双：《王府势力下的特殊宗教空间：明代山西王府香火院中的利益互动》，《史林》2018 年第 3 期。

改今名；兴王寺，在平阳府介休县东南隅。永乐间，晋恭王㭎重建；般若寺，在五台山楼观谷。成化间，晋王重建。[1] 道观 4 座：元通观，在太原城东南铁匠巷，旧名天庆宫，建有玉皇阁九楹，高百余尺，“为会城巨观”。洪武初，晋恭王复建五祖七真殿。正统十年，晋宪王与左布政石璞、都指挥佥事陈享，在玉皇阁前建三清殿。普济观，在太原城北郭，土人名柏树园，晋王建；崇圣宫，在平阳府临汾县城北二里。建于元，后因地震倾圮，至元二年重建，晋府宗室朱新堰重修；元贞观，在汾阳县县南，建于元初，万历二十四年，晋府永和王重建。[2]

潞府修建寺院 8 座。潞王，隆庆五年封。在“之藩”前，就部分出资参与修建了 2 座佛寺：慈寿寺，万历四年，建于阜成门外八里；千佛寺，万历九年，“贸地于都城乾隅御用监太监赵君”而建[3]。万历十七年，“就藩”河南卫辉，在卫辉又修建寺院 6 座：朝阳寺，在汲县城西南，明潞藩建；千佛寺，在卫辉府东门外，潞藩建；北十方院，在卫辉府德胜关北，潞藩建；南三里堡十方院，在府通汴门外，潞藩建；北三里堡十方院，在卫辉府德胜关外，潞藩建；青龙庵，在卫辉府德胜关东北，潞藩建。[4]

荆府修建寺院 7 座：正觉寺，在县城东崇府山，荆惠王建[5]；铁佛寺，在北门内，佛像皆铁，谓三铁镇蕲。洪武元年创，嘉靖十九年，荆府重修[6]；乾明寺，即观音阁，嘉靖五年，荆府撤而新之[7]；真惠禅寺，在蕲州

---

① 觉罗石麟修，储大文纂：《山西通志》卷一六八《寺观一》，第 1 页；卷一六八《寺观一》，第 12 页；卷一六八《寺观一》，第 3 页；卷一六八《寺观一》，第 2 页；卷一六八《寺观一》，第 2 页；卷一六八《寺观一》，第 2 页；卷一六九《寺观二》，第 19 页；卷一七一《寺观四》，第 16 页，文渊阁《四库全书》，上海古籍出版社 1987 年版。

② 觉罗石麟修，储大文纂：《山西通志》卷一六八《寺观一》，第 8 页；卷一六八《寺观一》，第 9 页；卷一六八《寺观一》，第 32 页；卷一六九《寺观二》，第 15 页，文渊阁《四库全书》，上海古籍出版社 1987 年版。

③ 于敏中：《日下旧闻考》卷九七《郊坰西七》；卷五四《城市・内城北城》，北京古籍出版社 1985 年版，第 1611、876 页。

④ （顺治）《卫辉府志》卷七《祀祠志・寺观》，国家图书馆地方志家谱文献中心编《孤本旧方志选编》第 10 册，第 370 页。

⑤ 迈柱修，夏力恕纂：《湖广通志》卷七八《古迹治・寺观》，文渊阁《四库全书》，史部第 534 册，台湾商务印书馆 1983 年版，第 50 页。

⑥ （嘉靖）《蕲州志》卷八《坛壝祠庙寺观》，第 66 页，明嘉靖刻本。

⑦ （嘉靖）《蕲州志》卷八，第 60 页。

东。嘉靖四年，永定王增建藏经楼五檐。嘉靖二十四年，荆府撤而新之①；国正庵，在瓦屑坝，万历年间，荆府建②；石鼓寺，荆藩建于正统，崇祯末重加修葺③；昭化寺，在黄州北，荆藩建④。

秦府修建寺院6座：普光寺，在西安府城南六十里终南山上。洪武初，秦愍王樉建；慈恩寺，在西安府城南十一里曲江池北。始建于隋，天顺间，秦藩宗室重修；大崇仁寺，在西安府城西五里，天顺八年，秦藩创修，成化十二年毕工；千佛寺，一名竹林寺，在城南七十里，万历十二年，秦藩重修；百塔寺，在城南五十里许，万历十九年，秦藩捐赀增修；莲池寺，在城内西北莲花池，秦府游览胜地，崇祯八年修。⑤

肃府修建寺观坛庙14座。寺院6座：普照寺，俗名大佛寺，在城内东南隅，唐贞观年间敕建，金代重修，永乐中肃藩再修；崇庆寺，旧名五泉寺，在五泉山，洪武五年建，永乐中，肃藩重修；华林寺，在古峰山麓。旧为平远堂，后建古峰寺，明正统间，肃藩重修，改名华林；嘉福寺，旧名宝塔寺，俗名木塔寺，在城内西北隅，唐贞观九年高昌王建，元至元间，重修赐名嘉福。明永乐中重建，宣德三六年、成化三年、嘉靖三十五年，肃藩屡修⑥；萃英寺，在云岭西峰之阳，肃藩建；萃灵寺，在买子堡，肃藩建⑦。道观5座：金天观，在皋兰县西三里。永乐四年，肃王建，嘉靖三十一年，肃藩重修⑧；东华观，一名元妙观，在皋兰城东大街，宋建，元至正二十三年重修，明宣德五年、嘉靖十六年肃藩屡修。凝熙观，一名

① （嘉靖）《蕲州志》卷八，第63页。

② 王宗尧、卢纮纂：（康熙）《康熙蕲州志》卷四，清康熙三年刻本，第176页。

③ 朱慈烟：《重修石鼓寺记》，见封蔚礽修，陈廷扬纂：（光绪）《蕲州志》卷二五，《中国地方志集成·湖北府县志辑》第23册，江苏古籍出版社2001年版，第526页。

④ 英启修，邓琛纂：《黄州府志》卷四十《杂志·寺观》，第30页，清光绪十年刊本，《中国方志丛书·华中地方·湖北省》第346号，台北成文出版社有限公司1976年版，第1442页。

⑤ 舒其绅等修，严长明等纂：《西安府志》卷六〇《古迹志下·祠宇》，清乾隆四十四年刊本，《中国方志丛书·华北地方·陕西省》第313号，台北成文出版社1970年版，第3150、3089、3066、3098、3080页。

⑥ 杨昌浚修，张国常纂：《重修皋兰县志》卷一九《古迹下·寺观》，民国六年石印本影，台湾学生书局1967年版，第919—923页。

⑦ 杨杨昌浚修，张国常纂：《重修皋兰县志》卷一九《古迹下·寺观》，第925页。

⑧ 杨昌浚修，张国常纂：《重修皋兰县志》卷一六《祀典坛庙总祠专祠》，第739页。

雷祖殿，在城东大街，明肃藩建。[①] 斗母宫，在山子石，明肃藩建[②]；北斗宫，在龙尾山明延长王长孙火晋火受建。[③] 宗法性宗教坛庙1座：城隍庙，在皋兰县鼓楼北，嘉靖二十五年，肃府宗室与当地士庶共捐镪粟重葺。民间宗教神庙2座：火祖庙，在城东大街，明肃藩建；东岳庙，一名天斋庙，在皋兰城东大街，明洪武建，嘉靖十二年，肃府淳化王重修。[④]

楚府修建寺观4座。寺院3座：宝通寺，在武昌洪山下。修建于唐，宋重修，明初，楚昭王桢益扩旧制。[⑤] 方广寺，在金铺山北金鼎山下，前后二塔，楚藩建[⑥]；铁炉寺，在中和乡，楚府建。[⑦] 道观1座：真武观，楚昭王桢命令修建。[⑧]

荣府修建寺院3座：洪林寺，县北七里桥。正德间，荣王重修，俗呼荣王寺，称为祈报祠。迎恩寺，县北七里桥，嘉靖间，荣恭王建。[⑨] 观音寺，县北阳山东侧，建于晋，至明改为荣怀王墓基，其寺移置七里桥，为荣藩香火。[⑩]

蜀府修建寺观神庙7座。寺院3座：大悲阁，在县南万里桥东。蜀献王椿建。永清庵，在县东。明蜀府建。[⑪] 天承寺，旧为灵音寺，景泰五年，蜀定王出重金增修。[⑫] 道观2座：云台观，位于三台，万历间，蜀王赐金

---

① 查郎阿、许容等纂修：《甘肃通志》卷一九《古迹下》，1987年，第929页。

② 杨昌浚修，张国常纂《重修皋兰县志》卷一六《祀典坛庙总祠专祠》，第930页。

③ 杨昌浚修，张国常纂：《重修皋兰县志》卷一六《祀典坛庙总祠专祠》，第928页。

④ 杨昌浚修，张国常纂：《重修皋兰县志》卷一六《祀典》，第746、879、913页。

⑤ 迈柱修，（清）夏力恕纂：《湖广通志》卷七八《古迹治·寺观》，文渊阁《四库全书》，史部第534册，台湾商务印书馆1983年版，第50页。

⑥ 英启修，邓琛纂：《黄州府志》卷四〇《杂志·寺观》，第23页，清光绪十年刊本，《中国方志丛书·华中地方·湖北省》第346号，台北成文出版社1976年版，第1439页。

⑦ 英启修，邓琛纂：《黄州府志》卷四〇《杂志·寺观》，第23页，清光绪十年刊本，《中国方志丛书·华中地方·湖北省》第346号，台北成文出版社1976年版，第1439页。

⑧ 迈柱修，夏力恕纂：《湖广通志》卷七八《古迹志·寺观》，文渊阁《四库全书》本，史部第534册，台湾商务印书馆1983年版，第60页。

⑨ 应先烈修，陈楷礼纂：（嘉庆）《常德府志》卷一二《秩寺考·寺观》，《中国地方志集成·湖南府县志辑》第76册，南京江苏古籍出版社2002年版，第182页。

⑩ 应先烈修，陈楷礼纂：（嘉庆）《常德府志》卷一二《秩寺考·寺观》，第182页。

⑪ 黄廷桂修，张晋生等纂：（雍正）《四川通志》卷二八下《寺观》，第3页，文渊阁《四库全书》。

⑫ 向世山、释演东：《石经寺临济始祖楚山绍琦年谱》，素慧：《禅心映天成·显密照石经》，宗教文化出版社2007年版，第4—5页。

修葺[①]；青羊宫，在成都县西南十里，蜀府重修。[②] 民间宗教神庙2座：射洪祠，在成都北门外驿站旁。蜀献王椿，初之国，立祠祀之[③]；二郎神祠，嘉靖十二年冬开工，十三年秋告成。[④]

庆府修建寺观4座。寺院3座：承天寺，光化门内东北，西夏谅祚建。洪武初，一塔独存。庆靖王重修之，增创殿宇。成化间，庆怀王增建昆庐阁。康济寺，天顺间，庆藩建于韦州。高台寺，城东十五里。为李夏废寺，寺台高三丈，万历三十年，庆恭王重修。道观1座：三清观，南熏门外东南，永乐间，庆靖王建。[⑤]

代府修建寺观神庙4座。寺院2座：普济寺，天顺初，净澄禅师返清凉。成化间，代王成炼在五台山华严谷建普济寺居之。[⑥] 弘治五年，代王又对该寺进行整修。永安寺，旧名吉祥，位于应州。嘉靖间，代府为僧人宾儒建。[⑦] 道观1座：万寿宫，在高平县董峰乡，代藩隰川王府香火院。[⑧] 民间宗教神庙1座：文昌阁，代府山阴王建于永济。[⑨]

韩府修建寺观神庙4座。寺院3座：段家寺，在府城外东北。民人段氏建造，卖与韩王府，韩王遂大修寺像。同五台寺，离府城三十里，在空同山上，"元亡废坏，林木茂尉"。嘉靖初，陕西延安游僧"稍砍垦，市薪以自资"。韩藩西德王"掩有之，稍建寺"。崇福寺，在府城圆通寺东北、

① 龙显昭主编：《巴蜀道教碑文集成》，四川大学出版社1997年版，第202—203页。

② 黄廷桂修，张晋生等纂：《四川通志》卷二十八下《寺观》，第21页，文渊阁《四库全书》。

③ 黄廷桂修，张晋生等纂：《四川通志》卷二十八下《寺观》，第37页，文渊阁《四库全书》。

④ 龙显昭、黄海德主编：《巴蜀道教碑文集成》，第215—216页。

⑤ （嘉靖）《宁夏新志》卷二《寺观》，第42页；卷二《寺庙》，第29页；卷二《塔寺》第43页；《塔寺》卷二，第46页，明嘉靖刻本。

⑥ 觉罗石麟修，储大文纂：《山西通志》卷一六〇《仙释二》第32页，文渊阁《四库全书》，上海古籍出版社1987年版。

⑦ 觉罗石麟修，储大文纂：《山西通志》卷一六九《寺观二》，第32页，文渊阁《四库全书》，上海古籍出版社1987年版。

⑧ 《大明宗室隰川王令旨》，《明清山西碑刻资料选》第1辑，山西人民出版社2005年版，第434—435页。

⑨ 沈云龙：《清凉山志》卷三，文海出版社有限公司1971年版，第150页。

苑马寺西半里，居韩藩众王府中，皆女尼。① 民间宗教神庙1座：罗一贯祠，罗一贯，明甘州人，平辽军副总兵，天启二年，守西平堡，战败自刎。② 韩王亶嵴贤孝，改建罗一贯祠于甘肃，赐额“精忠”。③

沈府修建道观神庙2座。道观1座：白鹤观，在潞城县东一里，建于唐。万历四十年，沈藩重建。④ 民间宗教神庙1座：南山神庙，在武乡县东南三里南山上。宋封灵润公，洪武七年，改南山之神。天启三年，沈定王与邑人魏光胥重葺。⑤

鲁府修建寺观神庙12座。寺院2座：诸天寺，在南关以东舞雩台西。鲁敬王建。铜氏大士堂，鲁府泰兴王建。⑥ 道观3座：天仙行宫，滋阳县城东北一里许，鲁府建楼阁，香火辏集。每年四月八日，数郡人毕至。玄帝庙，在滋阳县城外西南隅，邹平府新建；玉皇庙，在滋阳县东关赞桥，鲁府建。⑦ 民间宗教神庙7座：灵应庙，鲁府东瓯王当沘建⑧。三官庙，在滋阳县城东关，鲁府滋阳王建；三官庙，在滋阳县西关一里许，鲁府巨野府建；三官庙，在滋阳县东关金日坝东，鲁恭王建⑨；天医元女庙，万历十七年，鲁王建；吕祖祠，鲁府滋阳王建⑩。泰山神庙，在城南泗水旁，鲁王建。⑪

---

① 赵时春纂：《嘉靖平凉府志》卷三《寺观》，中国西北稀见方志续集（八），全国图书馆文献微缩复制中心，1996年，第101页。

② 陈鼎撰：《东林列传》卷末上，第18页，文渊阁《四库全书》，第458册。

③ 陈鼎撰：《东林列传》卷末上，第28页。

④ 觉罗石麟修，储大文纂：《山西通志》卷一六九《寺观二》，第9页，文渊阁《四库全书》，上海古籍出版社1987年版。

⑤ 觉罗石麟修，储大文纂：《山西通志》卷一六六《祠庙三》，第27页，文渊阁《四库全书》，上海古籍出版社1987年版。

⑥ 黄恩彤原本，李兆霖续纂：《滋阳县志》卷六《古迹·寺观》，清光绪十四年重刊影印本，清光绪十四年重刊影印本，第396、397页。

⑦ 朱泰、游季勋裁正，包大爟纂修：（万历）《兖州府志》卷四八《寺观》，《天一阁藏明代方志选刊续编》五六，第710、711页，上海书店1991年版。

⑧ 《明武宗实录》卷一六〇《正德八年十一月丁卯》，线装书局2005年版，第577页（据红格本影印《明实录》，以下所用《明实录》，版本同，不注）。

⑨ （万历）《兖州府志》卷四八《寺观》，第710、711页。

⑩ 黄恩彤原本，李兆霖续纂：（光绪）《滋阳县志》卷一四《杂记》，清光绪十四年重刊影印本，台湾学生书局1968年版，第1232、1233页。

⑪ 黄恩彤原本，李兆霖续纂：《滋阳县志》卷四《祠祀志》祠宇附，第244页。

唐府修建寺观2座。寺院1座：崇善寺，县治北，明唐藩建。[①] 道观1座：玄妙观，城西北二里许，元至正时建，明正统二年，唐藩重修。[②]

襄府修建寺观神庙5座。寺院2座：万寿寺，宜城县，在城南四十五里，天顺八年，襄王重建；象国寺，南漳县，在磨坪山，宋建，明襄藩重建。[③] 道观2座：宏庆宫，在东大街，旧名元都观，明宣德中自县治西迁此。成化中，襄藩重建。会仙观，在襄王府东，嘉靖中，庄王建。[④] 民间宗教神庙1座：文昌祠，在府学东，成化中，襄藩建。[⑤]

益府修建寺院2座：广度庵，在建昌府城凤凰山下，益藩建。苾蒭庵，在建昌府芙蓉山下，益藩建。[⑥]

寿府修建寺院观坛庙3座。寺院2座：圆觉寺，俗曰上庵寺，县志东里许。正德时，寿王重建。药师寺，俗曰下庵寺，府东南半里许，寿藩重建。[⑦] 宗法性宗教坛庙1座：城隍庙，安陆县东南隅，嘉靖七年，“寿藩捐金更新”[⑧]。

惠府修建寺院2座：护国寺，在府治东。崇祯中，惠王常润建。观音寺，一在县北二十里，一在县东六十里，唐贞观间建，崇祯间，惠王常润重建。[⑨]

桂府修建寺院2座：香水庵，在城北，桂端王常瀛建；大护国寺，桂

---

① 朱璘纂修：《南阳府志》卷二《建置·秩祀》附祠庙寺观，第277页，清康熙三十三年刊本，台湾学生书局1968年版。

② 朱璘纂修：《南阳府志》卷二《建置秩祀》，附祠庙寺观，第277页。

③ 恩联修，王万芳纂：（光绪）《襄阳府志》卷五《古迹》，清光绪十一年刊本，《中国方志丛书·华中地方·湖北省》第362号，台北成文出版社1976年版，第453、459页。

④ 杨宗时修，崔淦等纂：（同治）《襄阳县志》卷二《建置祠祀》寺观附，同治十三年刊本，民国十九年重印，景印精装三册，湖北方志之二，台湾学生书局1969年版，第411页、第395页。

⑤ 恩联修，王万芳纂：《襄阳府志》卷七《祠祀》，第538页。

⑥ 刘坤一修，刘绎、赵之谦等撰：（光绪）《江西通志》卷一二四《胜迹略四·寺观四》，第2页，清光绪七年刻本。

⑦ 赓音布修，刘国光、李春泽纂：（光绪）《德安府志》卷五，光绪十四年刻本，中国方志集成·湖北府志辑·第12册，江苏古籍出版社2001年版，第145、147页。

⑧ 蒋炯等纂修，李廷锡增修：《安陆县志》卷一二《坛庙》，《中国方志集成·湖北府志辑》第13册，江苏古籍出版社2001年版，第130页。

⑨ 倪文蔚、蒋铭勋修，顾嘉鉽纂：（光绪）《荆州府志》卷二八《寺观》，《中国地方志集成·湖北府志辑》第36册，江苏古籍出版社2001年版，第290、301页。

王常瀛建，“香田甚富”。[①]

湘府修建寺观2座。寺院1座：观音寺前寺，湘献王建于沙市。[②] 道观1座：太晖观，在西门外，洪武二十六年湘献王建。[③]

谷府修建寺院坛庙3座。寺院1座：天成阁，永乐十四年，谷王橞建于长沙，。[④] 宗法性宗教坛庙2座：宣府镇社稷坛，洪武二十七年，谷王命所司建；宣府镇风云雷雨山川城隍坛，洪武二十八年，谷王“所司建”。[⑤]

岷府修建寺观2座。寺院1座：万寿寺，在城东十里处的胜云峰，明岷藩建。[⑥] 道观1座：迎仙观，一名王宫观，在武冈王宫岭，岷府江川王建。[⑦]

宁府修建道观1座：南极长生宫，在新建县西山萧峰下。宣德七年，宁献王权建，奏请赐额。[⑧]

靖江王府修建寺观2座。寺院1座：安仁寺，在府城东江门外，正统十四年，靖江庄简王建。正德二年，靖江王复建。[⑨] 道观1座：佑圣观，在桂林文昌门外刘仙岩。靖江王建。[⑩]

赵府修建寺院1座：罗睺寺，五台县，成化间，赵惠王重修。[⑪]

吉府修建寺观2座。寺院1座：开福寺，湘春门外二里，紫徽山碧浪

---

① 彭玉麟、殷家儁等纂修：《衡阳县志》卷九，清同治十一年刊本，《中国方志丛书·华中地方·湖南省》第113号，台北成文出版社有限公司1970年版，第1247、1251页。

② （光绪）《荆州府志》卷二八《寺观》，第287页。

③ （光绪）《荆州府志》卷二八《寺观》，第294页。

④ 《明太宗实录》卷一七八，《永乐十四年七月辛亥》，线装书局2005年版，据红格本影印《明实录》，第351页。

⑤ 孙世芳等纂修：《宣府镇志》卷一七《祠祀考》，第657页，据明嘉靖四十年刊抄补本影印边疆方志之二十六，台湾学生书局1969年版。

⑥ （同治）《武冈州志》卷三一《工作志》，《中国方志集成·湖南府志辑·第55册》，江苏古籍出版社2002年版，第122页。

⑦ 黄宅中等修，邓显鹤纂：《宝庆府志》卷二《建置下》，清道光二十九年修，民国二十三年重印本，《中国方志丛书·华中地方·湖南省》第302号，台北成文出版社1975年版，第101页。

⑧ 刘坤一修，刘绎、赵之谦等撰：（光绪）《江西通志》卷一二一《胜迹略四·寺观一》，第35页，清光绪七年刻本。

⑨ 金鉷等修，钱元昌纂：（雍正）《广西通志》卷四三《寺观》，文渊阁《四库全书》，上海古籍出版社1987年版，第2页。

⑩ 金鉷等修，钱元昌纂：《广西通志》卷四三《寺观》，第3页。

⑪ 《山西通志》卷一七一《寺观》，第14页。

湖之前，创建于五代。宋时，曾加修建。明初，僧彻堂偕吉简王重修。嘉靖时，吉藩同“绅庶”再加修葺。[①] 道观1座：寿星观，建于通货门。正德七年，吉藩发内资重修。[②]

徽府修建寺院1座：广通禅寺，在禹州州治东南隅。弘治间，徽庄王创建。[③]

崇府修建寺院1座：观音阁，在汝南城南。嘉靖二十四，崇庄王奉敕建。[④]

淮府修建道观1座：紫极宫，在饶州府城西桃源山麓。始建于唐，元代重建，至明为“祝厘之所”，又为淮王宗室香火院。[⑤]

福府修建寺院1座：迎恩寺，在洛阳府城东北。万历间，福王常洵创建。[⑥]

瑞府修建寺观坛庙4座。寺院1座：睡佛寺，在府治西北隅，崇祯间，瑞王常浩建。[⑦] 道观2座：洞宾庵，在汉中府治西北，崇祯间，瑞藩建；五云宫，府治西北，崇祯间瑞王建；宗法性宗教坛1座：城隍庙，汉中府治西南，崇祯间，瑞王大加修葺。[⑧]

郑府修建道观3座：怀庆玉清宫、虚皇阁，正德四年，郑懿王令修[⑨]；玉虚观，在郡城西南沙冈邨，相传创建于汉时，明嘉靖二十四年，郑藩乐

---

① 赵文在等修，易文基等纂：《长沙县志》卷二五《仙释》，《中国方志丛书·华中地方·湖南省》第311号，台北成文出版社1976年版，第2280、2283—2284页。

② 黄宝：《重修寿星观记》（正德十一年），赵文在等修，易文基等纂：（嘉庆）《长沙县志》卷二十五《仙释》，第2227—2232页。

③ 田文镜、王士俊修：《河南通志》卷五〇《寺观》，文渊阁《四库全书》，上海古籍出版社1987年版。

④ 毛奇龄：《西河集》卷六三翰林院检讨毛奇龄撰碑记二，文渊阁《四库全书》，集部第1320册，台湾商务印书馆1983年版，第569页。

⑤ 刘坤一修，刘绎、赵之谦等撰：（光绪）《江西通志》卷一二四，《胜迹略四·寺观四》，第40页。

⑥ 田文镜、王士俊修：《河南通志》卷五〇，文渊阁《四库全书》，史部第537册，第91页。

⑦ 严如煜修，郑炳然等纂：（嘉庆）《汉中续修府志》卷一四，台湾学生书局1968年版，第812页。

⑧ 严如煜修，郑炳然等纂：（嘉庆）《汉中续修府志》卷一四，第814、809页，台湾学生书局1968年版。

⑨ 何瑭撰：《柏斋集》卷八《白斋张先生修建碑记》，文渊阁《四库全书》，上海古籍出版社1987年版，第581—582页。

安郡主重修。[1]

周府修建道观3座：正德十年，周府胙城王孙辅国将军“崇修”济源天坛顶三清殿、元君殿、王母殿。十一年，讫功。[2]

明代宗室修建的寺观、神庙，除32座无法明确修建于何时外，其余98座皆可确定或能够推断出修建的大致时间。在明朝16帝中，除建文、仁宗、光宗三朝未见有修建寺观坛庙的记载外，其他诸朝皆有，最少的1座，最多的达18座。具体分布如下：洪武朝13座，永乐朝7座，宣德朝4座，正统朝4座，景泰朝1座，天顺朝5座，成化朝6座，弘治朝3座，正德朝11座，嘉靖朝13座，万历朝18座，天启朝2座，崇祯朝11座。在明代的三种类型的宗教中，明代宗室修建的属于制度性宗教的佛寺道观最多。其中，佛寺又远多于道观。民间宗教神庙次之，宗法性宗教坛庙修建最少。宗法性宗教坛庙之所以修建最少，肇因于地方府州县祭祀与王国祭祀的一致性，而绝大多地方修建的宗法性宗教坛庙，皆较为完备。故亲王之藩后，往往将地方府州县祭祀纳入王国祭祀，或采取王国与地方合祀的办法，不再单独修建，故史料中也少有这方面的记载。

二　修造佛塔、铸造佛像、布施财物、炼丹、斋醮、祈祷、祭祀、做法事也是明代宗室宗教活动的内容

明代宗室的宗教活动除了上述修建寺观、坛庙外，还包括修建佛塔、铸造佛像、布施财物、炼丹、斋醮、祈祷、祭祀、请僧道做法事等。

佛塔最初是供奉舍利、经卷或法物的建筑。明代宗室修建的不少佛塔，雄伟壮观，堪称古代的地标建筑。如北京岫云寺延寿塔：岫云寺，在都城西六十余里处，建于后唐。明宣德二年，孝诚张皇后赐内帑“肇造殿

① 唐侍陛修，洪亮吉等纂：（乾隆）《怀庆府志》卷五《建置·祠庙》，《河南方志之三》，清乾隆五十四年刊本，台湾学生书局1968年版，第398页。

② 何瑭：《柏斋集》卷八《白斋张先生墓表》，文渊阁《四库全书》，第1266册，台湾商务印书馆1983年版，第581—582页。

宇”，其第三子越靖王朱瞻墉又于其地修建延寿塔，“塔高五丈余”。[①] 梵境寺佛塔：梵境寺，在长治县城东北，隋建。唐仪凤三年（678），唐高宗赐潞州刺史舍利四十九粒，藏于寺内塔下，并作《舍利铭》，刻于石。年远塔废。明万历年间，居民取土挖出舍利及石刻，沈定王朱珵尧为之建塔供置。[②]

佛像，即佛和菩萨的圣像。明代宗室铸造佛像亦见于史料记载。五台山金阁寺，始建于唐，后被焚毁。嘉靖间，有比丘“见其丘墟”，欲加修建，“竭力募化”，“敬诣代国，启上贤王”，代王“欣悦其善”，“命奉正王相督功兼造”，金阁寺修葺一新。其后，代王再“捐天禄若干金”，并谕亲戚邻里“各出己资”，垒铜铸造三头、四十二臂大佛一躯，高五丈三尺，“渗以金汁，俨然一新，壮观辉煌，晃若金鼎”，为汉唐以来所罕闻。此工程始于嘉靖二十三年春，建成于嘉靖三十四年秋，历时十一年始告竣工。[③] 嘉靖三十一年（1552），徽王朱载埨在获准修葺祖坟后，取道嵩山回府，游览少林，捐金若干，命住持悟万“董役”，重修甘露台。同时，“金铜圣像丽焉”[④]，以金铜铸造佛像，光彩夺目。嘉靖三十年，代藩睿王铸造千手观音铜像，高17.7米，是五台山诸寺中最高大的观音塑像，供奉于山西五台山金阁寺内。[⑤] 其他尚有：辽藩广元王“捐金造渗金大士三尊”；[⑥] 蜀献王椿，于万福寺“施奉金像”。[⑦] 等等。

布施财物，就是将财物布施寺院道观，以用于供佛或供养法师及僧众道士。这方面的记载也不少。崇善寺，晋恭王棡建，“拨施地土二十九顷，永远与寺里焚修，供佛香灯”；永乐十二年九月，晋定王济熺又拨施地土

① 于敏中、朱筠等：《日下旧闻考》卷一〇五《郊坰西十五》，北京古籍出版社1985年版，第1479页。

② 《山西通志》卷一六九《寺观二》，第1页。

③ 蒋应奎：《山西五台山重建金阁寺造立大佛五丈三尺金身行实记》，《明清山西碑刻资料选》第1辑，第314—315页。

④ 米贞祥主编，王雪宝编著：《嵩山、少林寺石刻艺术大全》，光明日报出版社2004年版，第236页。

⑤ 王一菁：《漫谈山西省千手观音的造像》，《文物世界》2008年第2期。

⑥ 《峨嵋山志》卷五，江苏广陵古籍刻印社1997年版，第236页。

⑦ 龙显昭主编：《巴蜀佛教碑文集成》，巴蜀书社2004年版，第439页。

九倾，永远供佛香灯。[①] 护国寺，惠王建，购置石灰桥、花洋坪、窑湾三处粮田及周围店舍 105 间，“每岁额租钱四百串，以供前后殿宇佛前香灯”[②]。九峰寺，在武昌县东六十里，由高僧无念开山，寺中开支由楚昭王桢“供之”。[③] 多宝寺，天顺七年，蜀王赐“水田六十丘，在寺栽种，供给僧徒”[④]。凝然禅师，“行止端庄”，“王侯敬仰，士庶拥随”。洪武时，住持少林，周王、蜀王、伊王“登山供养，厚赠珎贝”[⑤]。慈惠寺，在潞安州北关。弘治六年，知州马暾欲毁寺，沈府沁源王上奏请留为“家佛堂”，孝宗降敕赐额“普惠”。沁源王薨，谥号荣靖，因而亦称荣靖家佛堂。[⑥] 既为家佛堂，布施财物供养僧众即为题中应有之义。布施道观财物的宗室也是有的，但较佛寺为少。

炼丹、祭祀、斋醮、祈祷，在明宗室中亦不乏其人。鲁王檀，十五岁“之国”，“服金石药，致毒伤目”。洪武二十二年十二月，“疾作而薨”。[⑦] 金石，即丹药。鲁王檀服食的丹药应为鲁府请人炼制。祭祀社稷、风云雷雨、山川、城隍诸神，是藩王的职责，明初即正式写入王国祀典。史料中亦常见藩王祭祀宗法性宗教神灵的记载：如兰州的社稷坛、风云雷雨坛，“俱在南郭，皆肃藩致祭”。[⑧] 江西建昌府之社稷坛、风云雷雨山川坛，弘治间，“合祀于益府”。[⑨]

斋醮、祈祷遍及湖广、四川、山西等地的宗室。宣德间，武昌岁旱，楚庄王孟烷“躬祷仰山，澍雨随应”。[⑩] 正德、嘉靖间，荆端王厚烇“礼贤

---

① 张纪仲、安岌编著：《太原崇善寺文物图录》，山西人民出版社 1987 年版，第 8 页。

② （光绪）《荆州府志》卷二八《寺观》，第 290 页。

③ 迈柱修，夏力恕纂：《湖广通志》卷七八《古迹志·寺观》，文渊阁《四库全书》，第 534 册，台湾商务印书馆 1983 年版，第 50 页。

④ 龙显昭主编：《巴蜀佛教碑文集成》，巴蜀书社 2004 年版，第 271 页。

⑤ 米贞祥主编，王雪宝编著《嵩山、少林寺石刻艺术大全》，光明日报出版社 2004 年版，第 238 页。

⑥ 杨晙修，李中白、周再勋纂：（顺治）《潞安府志》卷一四，台湾学生书局 1968 年版，第 907 页。

⑦ 《明太祖实录》卷一九八《洪武二十二年十二月庚戌》，第 2974 页。

⑧ 郑明经，陈家稷：《兰州志》卷一《祀典》，第 429 页。

⑨ 邵子彝修，鲁琪光纂：（同治）《建昌府志》卷二《坛庙》，第 72 页。

⑩ 迈柱修，夏力恕纂：《湖广通志》卷二七《藩封》，文渊阁《四库全书》，上海古籍出版社 1987 年版，第 113 页。

下士，恤困轸灾，以内隟地为田，岁耕种以观旱涝。旱则躬自斋祓，为民祈祷”①。蜀献王椿入蜀，至嘉州，江水暴涨，舟楫无法横渡。相传，乃“祷于神”，祈求神的帮助。过江后，“乃庙祀焉”，修庙祭祀。② 永乐三年，成都大旱，疾疫流行，蜀王椿束手无策，遍访高士禳灾，费尽周折，邀请正游历蜀中的江西北帝观道士钟山悬，于六月六日建醮。顷刻，大雪蔽空，“城外甘雨沾足，旱疫为之顿苏”③。蜀端王宣圻，嘉靖四十年嗣。“天姿敦厚，敬神恤民，每遇旱暘，步祷辄雨。”④ 嘉靖二十九年七月，武冈旱，岷康王祷于集福观，三日而雨。⑤ 晋府西河王奇溯有孝行，其母“尝病渴”，王仰首祝天，府第中甘泉涌出，“饮之病愈”。“又建醮祈祷，有双鹤飞鸣绕坛。”⑥

请僧道做法事、水陆道场者亦见诸记载。天顺七年，蜀定王友垓薨。楚山和尚受嗣位的蜀怀王之命，为定王大作法事。⑦ 等等。

三 明代宗室从事宗教活动的动机

明代宗室为什么要从事宗教活动？他们从事宗教活动的动机是什么？这是我们不得不追问的问题。

动机即人们从事某项活动的内部驱动力，是行为产生的内部依据。明代宗室从事宗教活动的动机多种多样，但根据引起动机的原因，大致可划分为内在动机和外在动机。内在动机就是由自身激发出来的动机，或出自兴趣，或出自享受和满足，重视的是活动本身的价值，而不是以此为工具

① 迈柱修，夏力恕纂：《湖广通志》卷二七《藩封》，文渊阁《四库全书》，上海古籍出版社1987年版，第113页。

② 黄廷桂修，张晋生等纂：（雍正）《四川通志·祠庙》卷二八上，第3页，文渊阁《四库全书》本。

③ 刘坤一修，刘绎、赵之谦等撰：（光绪）《江西通志》卷一七九《仙释一》，第4页，清光绪七年刻本。

④ 黄廷桂修，张晋生等纂：《四川通志》卷二九下《帝王》，文渊阁《四库全书》，集部第560册，第596页。

⑤ 《宝庆府志》卷九九，第1478页。

⑥ 《明世宗实录》卷四二，嘉靖三年八月丙午，第653页。

⑦ 文豪：《楚山绍琦禅诗蠡测》，载《禅心映天成 显密照石经》，第181页。

要从中得到什么，如金钱、地位、荣誉等。明代宗室的宗教活动有不少是由内在动机推动的。他们中的一些人从事宗教活动完全出于对宗教的信仰和对宗教神灵的敬畏，没有外在的强制和压力。这在寺院、道观的修建中表现得非常明显。他们修建庙宇道观神坛完全出自纯粹的宗教感情。仅举数例。

大崇仁寺，位于西安城西五里。天顺八年，秦藩创修，成化十二年竣工，历时13年，“缔构丹碧”，雄伟壮观，“长安城诸寺不及”。寺院修成后，为秦邸香火院。然其创修之原因，则是“治地得古白玉佛像及钟磬碑刻之属”①，似乎冥冥之中受到佛的指引，其创修寺庙具有较浓烈的宗教情感。

普光寺，位于咸宁城南六十里的终南山上，旧为龙池寺。洪武初年，西印土乌萨罗国僧人无坏，驻锡此地，“屡著灵异”，秦愍王樉遂建“上下寺二”，“庄严冠长安”②。

真武观，在武昌九峰第一峰下。其修建之由为：楚昭王世子巴陵王卒，拟葬于此处。在修墓时，出现神迹，“掘坎未及三尺”，忽雷雨大作，“从坎中”发掘出石刻及真武大帝的龟蛇二将塑像，皆绿苔斑驳，昭王“异之”，“命建为观”。③

云台观，位于三台。年久失修，庙宇破败，万历间，呈倾圮之态。蜀府承正杨旭，奉命“诣殿进香”，“睹兹废坠，有感于中”。相传，当晚又见圣灯现于圣母山，“大如车轮，光耀迴异”。杨旭回到蓉城后，向蜀王做了详细报告，蜀王“睿情欣可，赐以白金，俾葺理之”④。

《益部谈资》记载，民间相传，蜀献王椿刚到封国成都，当夜做梦，梦见有一位神“冠冕”来谒。蜀王问：尊驾为谁？神答曰：陈子昂也。今为射洪土神，蜀王之国，特护送至此。蜀王遂于成都北门外驿站旁“立祠

① 刘于义、沈青崖纂修：《陕西通志》卷二八《祠祀一》，文渊阁《四库全书》，史部第552册，台湾商务印书馆1983年版，第443—457页。

② 刘于义、沈青崖纂修：《陕西通志》卷二八《祠祀一》，文渊阁《四库全书》，史部第552册，台湾商务印书馆1983年版，第443—457页。

③ 迈柱修，夏力恕纂：《湖广通志》卷七八《古迹志·寺观》，文渊阁《四库全书》，史部第534册，台湾商务印书馆1983年版，第51页。

④ 《巴蜀道教碑文集成》，第202—203页。

祀之”。[①] 陈子昂，四川射洪人，为唐初诗人、政治家。蜀献王椿刚到蜀地，即夜梦陈子昂来谒，未必是真，但反映了蜀王对著名蜀中历史人物的尊敬。

明代宗室从事宗教活动除了受内在动机的驱使外，外在动机的推动也不容忽视。何为外在动机？外在动机就是由外力诱发出来的动机，行为的推动力来自外部。受外在动机推动的活动者其目的不在活动本身，而是有其他的追求，此活动只是其达到目的的手段。明代宗室从事宗教活动受外在动机驱动者多，推动明代宗室从事宗教活动的外在动机可分为如下几种类型。

第一，忠孝恤民动机。忠孝是儒家文化的核心价值观，宗室从事宗教活动多为表达忠孝之心。普济寺，在五台山东台之下“一舍许”。成化间，代王成炼修建。弘治时，代府世子遣内典宝王奉、陶义“赍香烛诣寺，上以祝君亲之永泰，下以佑宗室之繁昌”。王奉、陶义回大同后“具启”：“寺宇圮毁，佛像尘污，不堪瞻礼。”世子遂“诱诸宗室暨承奉等官，先出内藏之币，其各官捐赙相助，复遣王奉等往，仍旧贯而修饰之”[②]。代府世子遣王府官到普济寺进香，号召代府宗室、王府各官捐资修葺普济寺，其动机是祝君亲永泰，佑宗室繁昌，忠孝观念成为其行为的内驱力！该工程肇工于弘治五年，讫工于正德七年，历时20年。

晋王棡、周王橚修建寺院请僧人说法，是为了悼念高皇后马氏，寄托哀思，为母祈求暝福。崇善寺，在阳曲县城东南，旧名白马寺。洪武十五年，晋恭王棡因“荐母高皇后”，即于白马寺故址修建崇善寺，规模宏大，“南北袤三百四十四步，东西广一百七十六步，建大雄殿九间，高十余仞，周以石栏回廊一百四楹”。其后，又建大悲殿七间，经阁、法堂、方丈僧舍、厨房、禅室、井亭等，样样具备。[③] 洪武二十四年，复“拨地土二十

① 何宇度：《益部谈资》卷中，文渊阁《四库全书》，集部第534册，台湾商务印书馆1983年版，第750页。

② 张正明、［英］科大卫主编：《明清山西碑刻资料选》，山西人民出版社2005年版，第296—297页。

③ 《山西通志》卷一六八《寺观一》，文渊阁《四库全书》，史部第548册，台湾商务印书馆1983年版，第196页。

九顷，永远与寺里焚修，供佛香灯”①。

洪武十五年冬，“周王殿下敬为国母孝慈皇后资悼冥福”，命宿德老成的少林二十七代钦依传法住持寒灰喜公禅师，“升座说法，赐僧伽黎衣以旌异之光”②。

潞王及穆宗皇帝公主捐资参与修建慈寿寺，更是出于思念穆宗和祝福其母慈圣皇太后李氏康健长寿。万历初，慈圣皇太后李氏与神宗皇帝“永怀”穆宗在天之灵，“思创福地以荐冥祉，乃命内臣卜地于阜成门外八里，得太监谷大用故地一区，遂出宫中供奉金，潞王、公主、宫眷、内侍各捐汤沐，经始于万历四年二月，至六年仲秋既望落成，赐名曰慈寿。盖以为圣母祝也”③。

“民为邦本，本固邦宁”，是中国文化的基本精神。这种精神也渗透进了宗室的宗教活动中，他们敬礼神灵是为了民众安宁。宣圻，嘉靖四十年嗣蜀王位，是为端王，“天姿敦厚，敬神恤民，每遇旱旸，步祷辄应”④。

都江堰，秦蜀守李冰建。相传，在修建过程中，李冰子二郎“以神力佐之”。为纪念二郎功绩，都江堰建有二郎神庙，千年祭祀。至明嘉靖年间，“毁于火”。蜀王轸念这位造福于民的神灵，“出内帑重建之”。嘉靖十二年冬开工，十三年秋告成。彩绘华饰，至嘉靖十八年，“方始大备”。⑤

长沙寿星观，旧在郡城驿步门内，“图经不载其所始”。洪武初，徙至通货门。永乐九年，毁于“回禄”。天顺二年，道录司掌书邓浚哲倡率其徒募缘修葺。中为殿，曰三清，其后殿曰玉皇，其前殿曰四圣，次为山门及廊庑。至正德，岁历寖久，风雨浸渍，“垣颓栋桡，岌焉弗支，暮鼓晨钟，声沉响阒，有不堪瞩目者”。吉王闻而叹曰：“寿星为观，迹肇前古，且为国家祝厘之所，弊而弗修，岁时称庆习礼，何以从人之观视？”寿星

① 张纪仲、安岌编著：《太原崇善寺文物图录》，山西人民出版社1987年版，第8页。

② 《少林二十七代钦依传法住持寒灰喜公禅师碑记》，见米祯祥《嵩山少林寺石刻艺术大全》，光明日报出版社2004年版。

③ 于敏中：《日下旧闻考》卷九七《郊坰西七》，北京古籍出版社1985年版，第1612—1613页。

④ 黄廷桂修，张晋生等纂：《四川通志·帝王》卷二九下，文渊阁《四库全书》，集部第560册，台湾商务印书馆1983年版，第596页。

⑤ 《都江堰文物志》，见《巴蜀道教碑文集成》，第215—216页。

观是祈求神灵降福苍生，保佑国运昌盛、年丰民阜的场所，怎能听其衰败如此！乃发内资若干，命承奉李献总其纲，典宝正江宏董其功。正德七年（1512）开工，“撤去朽腐，易以坚良”。神像剥落黝黯者，加以抟埴绘饰。“厥工实大，盖工用以万计，资费以千亿”，八年四月方始告成。“胜概壮观，视昔百倍。”①

荆州，长江中游重镇，战略地位重要，为兵家所必争。崇祯时，社会动荡，惠王处变不渝。崇祯十二年，建护国寺于荆州。夏尚纲撰《护国寺碑记》较详细地记载了惠王自述的建寺动机：“不谷自戴天子命，得食租衣税于兹，历十三载矣。静念受国恩深，未报塞万一。因拓地位寺，名曰护国，以迓神庥，为上为民，助流德化，臣之义也。”“又虑游手不事之人，散处煽乱，乘梵刹之建，岁不登则营，而郊有警则役，既糊其口以遏其邪萌，复胼胝手足以励惰气。是役也，合藏经之用，费四十万金，而得帖然安枕，神贶民生，幽明协赞矣。”② 概括起来有三点：一是报答国家供养深恩，祈求神灵庇佑皇上、万民；二是弘扬佛法，励民向善，以德化人；三是五谷不登、社会动荡时，修建寺庙，让百姓糊口，不致为盗为寇，安抚人心，稳定地方。

第二，健康长生动机。健康乃至长生，是古今人类的共同追求。古人相信神灵驱除病魔，保人健康。明代宗室也不例外，家人父子及自身的健康，构成了他们从事宗教活动的重要动机。宁夏镇三清观，在南熏门外东南。永乐间，庆靖王“因病而建立者。”③ 其动机是为了祈求神灵的佑护，尽快摆脱病魔的纠缠。

太原神清观，在城东十五里淖马村。建于元，明永乐间重修。弘治六年，寿官王钦在生病期间做梦，到了道教某神，病愈后，倡修三清殿，晋府宁化、河东二王“饮佐之地”。④ 这说明宁化、河东二王神灵是可以保佑

① 黄宝：《重修寿星观记》正德十一年，赵文在等修，易文基等纂《长沙县志》卷二五《仙释》，《中国方志丛书·华中地方·湖南省》第311号，（台北成文出版社有限公司1976年版），第2227页。

② 夏尚纲：《护国寺碑记》，（光绪）《荆州府志》卷二八《寺观》，第290页。

③ 《宁夏新志》卷一，第228页。

④ 觉罗石麟修，储大文：《山西通志》卷一六八《寺观一》，文渊阁《四库全书》，台湾商务印书馆1983年版，第201页。

人身体健康的。他们资助修建三清殿的用地，是为了这位道教中的神灵能保佑其无灾无病。

正德八年十一月，鲁府东瓯王当沘“以父疾，祷于天仙”。父病愈，即“为立庙”。朝廷以东瓯王“为亲而祷，孝固可嘉”，赐庙额曰：“灵应。”①

正德十年，周府胙城王孙辅国将军，因身患疾病，“祷于天坛有感”，可能是有所缓解，为报神恩，遂遣使携书币请道士“崇修”天坛顶的道观。共修三清殿五间，铁瓦铜脊；元君殿、王母殿各三间。各殿铸塑圣像134尊。②

天医元女庙，万历十七年，鲁王建。“先是，王第五子泰兴王幼有痼疾，百医莫能疗，已濒危矣。王虔诚默祷于及九天元女之神，病遂愈。王乃立庙以祠之，民间病者往祷辄应。”③

鲁府滋阳王卧病，梦一道人“啖以红柿而甘”，天明令人觅寻。在郡城东门外，遇一道人手持一红柿求售。时已春暮，红柿“芳鲜类初摘”。询问其价，须五十金，且曰：“但持去，勿勒值也。”王食柿病愈，如数给金，道人不受，入郡东门而去，忽不见人。王乃题其门曰：“柿仙门”，并于其地建吕祖祠，至今香火不绝。④ 虽具神话色彩，但在某种程度上，反映了滋阳王从事宗教活动的健康动机。

还有的宗室为求长生，从事与宗教相关的活动。相传正德年间麸子李得道太和山，“以其辟谷，但啖麦麸”，以此得名。荆府永定王载墭慕名礼聘至蕲州，“祈长生诀”。麸子李“不对”，但云：“儒者修身齐家而已。”永定王所赐之金帛亦“委弃”不受，辞归武当山。⑤ 永定王求长生诀虽被

① 《明武宗实录》卷一〇六，正德八年十一月丁卯，第577页。

② 何瑭：《柏斋集》卷八《白斋张先生墓表》，文渊阁《四库全书》，集部册1266，台湾商务印书馆1983年版，第581—582页。

③ 黄恩彤，原本李兆霖续纂：《滋阳县志》卷一四《杂记》，清光绪十四年重刊影印本，清光绪十四年重刊影印本，第1232页。

④ 黄恩彤，原本李兆霖续纂：《滋阳县志》卷一四《杂记》，清光绪十四年重刊影印本，清光绪十四年重刊影印本，第1233页。

⑤ 迈柱修，夏力恕纂：《湖广通志》卷七四《仙释志·方技附》，文渊阁《四库全书》，史部第533册，台湾商务印书馆1983年版，第769—770页。

拒，也许根本就没有长生诀，但反映了永定王追求长生的行为趋向。

第三，规避“藩禁”的动机。明永乐以后，逐步收回宗室兵权和治政之权，至成弘，“藩禁”最后形成。明朝禁锢宗室甚严，防闲过竣。“藩禁”对宗室从事宗教活动的影响虽不能夸大，但确实是存在的。其影响主要表现在两个方面：一是避免引起朝廷的政治猜忌，自我放逐于宗教，或求长生之道，或寻极乐世界。《明诗综》记载：宁献王朱权“助长陵靖难，以善谋称。及徙封豫章，颇多觖望。晚乃折节读书，开雕秘笈，囊云庐山之巅，鼓琴缑岭之上，其有淮南八公之思乎！”① 淮南八公说的是西汉淮南王刘安的八个门客，冶炼金丹，服食后得道成仙。《明诗综》这段话说的是，朱权在靖难之役后，受到政治的挤压，为保全自己，转而读书、向道，“慕冲举自抑”。这绝非个案。二是宗室受朝廷禄养，坐享厚禄，清闲快乐，优游无事，无养民养贤之责，精神无所寄托，转而向宗教寻求慰藉，示“无慕外之心”，并非真的信奉，从事宗教活动主要是一种精神性的需求兼自保而已。成化间，胡居仁客寓鄱阳，淮王“延至梅亭，讲论遗经”，借机命胡居仁作《颐仙说》。胡居仁在《颐仙说》中所载的一段胡居仁与淮王的对话颇能反映宗室的宗教心态以及士大夫对宗室宗教活动的认知。

> 居仁对曰：“颐之义，善矣；仙之号，所未闻也。仙者，吐纳呼吸，保形练气，以一身之私，灭害天理，故程子名其为天地之贼，朱子亦恶其偷生。昔汉武帝惑于神仙，晚乃悔过。贤王以此自号，何也？”王曰：“非此之说也！予以宗室之亲，承上祖之德，受朝廷禄养，清闲快乐，优游无事，如山中之仙！乃比托之词，非真有求仙之意也。既承禄养，又岂可不自养其德乎！一日不养，则德丧矣。养贤养民，既有明天子在上，予乃自养其德，托名乎仙，不亦宜乎？”臣因思之，昔周公，周室至亲，以圣德辅成王养贤养民，而泽及天下，其余不得其所养者多矣。今圣君以厚禄养宗室，尽亲亲之恩，吾王受

① 朱彝尊：《明诗综》卷二《宁献王权》，文渊阁《四库全书》，集部第1459册，台湾商务印书馆1983年版，第188页。

所养而思自养其德，又以仙托名而无慕外之心，其旨深矣，岂非宗室之贤者乎！①

淮王面对胡居仁的责难："惑于神仙"，"以一身之私，灭害天理"，并未词穷，而是重构话语体系，说自己虽托名于仙，但并非真有求仙之意，而是在无"养贤养民"之责的情况下的"自养其德"。淮王的"辩解"，似乎让胡居仁明白了淮王托名于仙的深意：恪守藩职，超然名利，寻求精神的寄托。

第四，政治图谋动机。宗教活动也常常成为一部分宗室从事政治活动的幌子，或表达对政治的不满。如永乐六年，朱棣虽已登基数年，似其政治合法性尚未获得完全认同，秦王尚炳请僧人修斋，"资荐考妣"，以报父母辛勤养育之恩，但在祭祀文字中，称其父母为皇考皇妣，显然有僭用之嫌，引起永乐帝的高度关注。朱棣对尚炳的想法洞若观火，不便言明，只是责备其"少年寡学，未谙大体"。事实上，尚炳并非"少年寡学，未识大体"这么简单，尚炳的逻辑是，建文帝仁柔，不堪帝王之任，但也轮不着朱棣一系，按伦序当以秦王樉一系担此大任。尚炳借此表达的是对朱棣夺位的不满。②

或奉迎帝王，讨其欢心，借以为非作歹。如徽王厚爝，本性凶虐暴戾，"中州之民如坠涂炭"。嘉靖崇道，"希旨奉玄"，得赐真人金印，更加怙恩恣肆，无敢谁何！一生作恶多端，竟得寿终。其子载埨嗣爵，"袭绾真人印"，"益恣淫虐"，过于乃父。在府中筑万岁山，修亭其上，曰演武，"环以月河"，召募壮士荡舟河中，"自临观之"。又私建大小殿廊百余间，发掘民间坟墓七十余冢，且不听劝谏，草菅人命，"前后所杀无辜二十余人"。自知所为不道，恐得罪，乃密置驿骑，伺京中动静。时间一久，嘉靖浸闻其恶，心恶之。嘉靖三十五年，强夺民耿安女，为安所告，匿不肯发。于是，河南抚按官交章上奏，因及其越制僭窃、包藏祸心诸不法事。

① 胡居仁：《胡文敬集》卷一《颐仙说》，文渊阁《四库全书》，集部第1260册，台湾商务印书馆1983年版，第45页。

② 《明太宗实录》卷八六，永乐六年十二月戊戌，第133页。

廷臣会议其罪，嘉靖下旨：载埨稔恶怀逆，僭拟窥伺，罪状已著，革爵降为庶人，禁锢高墙，削除世封、册宝、章服，并籍其私财，撤毁违制亭宇。载埨闻命，乃先杀其嬖妾，自缢而死。① 徽王载埨父子崇信道教，是为了获得世宗垂青，"奉道自媚于帝"，增加为恶的资本，以此为不循礼法的护身符。但其动机不纯，作恶多端，引起世宗厌恶，废为庶人，封国被除，作法自毙。

更有的宗室利用宗教活动阴谋造反。《明史》载：谷王橞"招匿亡命，习兵法战阵，造战舰弓弩器械，大创佛寺，度僧千人为咒诅。日与都指挥张成，宦者吴智、刘信谋，呼成师尚父，智、信国老令公"②。《实录》也载：永乐十四年，谷王橞大建佛寺，造天成阁，私度僧千人，昼夜祷祀祈呪。③

另外，尚有览胜动机、多子动机。"天下名胜，僧占尽"。不少寺庙、道观皆位处名山之中，奇峰竞秀，古木苍翠，远离尘世喧嚣，清雅脱俗而幽静。正统五年五月，永寿王志埴因疾奏请，于每年六月十五日往南五台观音寺行香，朝廷批准以三年限。④ 正统六年七月，永寿王志埴偕弟，引火者官校四十余人到南五台观音寺行香，行香后游览，"三宿方回"。英宗对其"以游览轻出露宿，不知自爱"，非常不满，提出尖锐批评和严重警告。⑤ 莲池寺，崇祯八年修，在西安城内西北。此地风景优美，为秦府游览胜地。⑥ 宁夏高台寺，在城东十五里处。为西夏废寺，寺台高三丈，万历三十年，庆恭王重修。下有大湖万顷，水色山光，一望豁然。⑦ 永乐七年（1409），周王生男，为报佛恩，铸造佛像三尊，送供嵩山，一尊供置于嵩山少林寺千佛殿东山壁佛座，像和座通高 150 厘米、腰围 180 厘米。"汉白玉雕像 盘膝端坐。双臂下垂，双手并拢，掌心向上，姿态安详，虔

---

① 《明世宗实录》卷四三九，嘉靖三十五年九月乙丑，第 399 页。

② 张廷玉：《明史》卷一一八，第 3603—3604 页。

③ 《明太宗实录》卷一七八，永乐十四年七月辛亥，第 351 页。

④ 《明英宗实录》卷六七，正统五月壬子，第 345 页。

⑤ 《明英宗实录》卷八一，正统六年七丁未，第 341 页。

⑥ （雍正）《陕西通志》卷二八《祠祀一》，文渊阁《四库全书》，第 552 册，第 19 页。

⑦ （弘治）《宁夏新志》卷一《寺观》，第 227—228 页，上海书店 1990 年版；石茂华纂修：《万历宁夏志》卷三《寺观》，台湾学生书局 1969 年版。

诚温顺。佛像左肩下部有‘周王为生男造南无阿弥陀佛’和造像纪年题记。”① 一尊供置会善寺山门内正中佛龛内，通高（含座）160 厘米，其中佛身 142 厘米、腰围 190 厘米。② 一尊供置法王寺大唐塔内，通高 150 厘米、腰围 182 厘米。“形制同周王同时送到少林寺、会善寺的玉佛一样，结跏趺座，左手大拇指捻手心，平放胸前，右手举于胸前，手掌向外。”③

明代宗室从事宗教活动虽有外在动机和内在动机的分别，但从征引的史料看，外在动机是明代宗室从事宗教活动的主导动机，内在动机只是辅助动机而已。

四　明代宗室宗教活动的特点和影响

明代宗室的宗教活动具有多方面的特点：一是明代宗室从事宗教活动有一定的普遍性。上引资料显示，明确记载有宗教活动的藩府在 33 个以上，而明代实封亲王的皇子 65 位，因年幼殇亡，之藩在地方建立藩府者有 50 位。在这 50 个藩府中，因绝嗣、犯罪除封，至崇祯年间，仅存藩府 32 个。以实封藩王计，有宗室从事宗教活动的藩府达到了一半以上。其原因与明代对宗室的宗教政策有关。明代虽有禁止宗室诸王私创寺观的规定，也确实在武宗朝和世宗朝否定过个别藩王为所建寺观赐额的请求，如汝王佑梈，“自修佛刹，援弘治中赐崇府清戒寺额例请名，上不许，曰：‘寺额近未有赐，崇府例未可拟，王自名之。’”④ 但总体来说，明朝对宗室从事宗教活动是不加禁止的，有时甚至采取鼓励的态度。世宗时，赵府汝源王厚焆等“建醮祈祝”，赵王厚煜奏闻朝廷，世宗下诏曰：“诸王修建清醮，保安朕躬，其各赐金币劳之。”⑤ 这是明代宗室普遍从事宗教活动的制度保障。二是从事宗教活动的宗室主要是亲王。以宗教庙宇修建为例。据不完全统计，明宗室修建各类庙宇 130 座，亲王修建 108 座，靖江王 2 座，郡

① 《嵩山少林碑刻艺术大全》，第 141 页。
② 《嵩山少林碑刻艺术大全》，第 151 页。
③ 《嵩山少林碑刻艺术大全》，第 152 页。
④ 《明世宗实录》卷二四八，嘉靖二十年四月己卯，第 373 页。
⑤ 《明世宗实录》卷二七四，嘉靖二十二年五月癸亥，第 473 页。

王 14 座，辅国将军 3 座，郡主 1 座，一般宗室 2 座。其他类型的宗教活动的主体也绝大部分是亲王。出现这种情况的原因，与亲王爵位最高，号召力和资源整合能力较其他宗室阶层较强有关。如亲王既可动员整个王府宗室、王府官员捐资，还可动员地方绅士、地方官员参与修建，出资出力。其他宗室阶层很难做到这一点。当然，亲王自身财力雄厚也是重要原因。以宗禄而论，亲王每年可高达万石，郡王 2000 石，到奉国中尉每年就只有 200 石了。三是在明代宗室的宗教活动中，“三教”并尊，以佛教为最多。这里说的“三教”，并非习惯上所指的儒、释、道，是指明代宗教的三种类型：制度性宗教，宗法性宗教、民间宗教。严格地说，儒家也不是宗教。明代各王府宗室对上述三种类型的宗教，皆加礼敬，都有相关的宗教活动。但明代宗室的佛教活动最多，道教次之，民间宗教再次之，宗法性宗教位居最末。这和佛教、道教在中国社会各阶层的影响巨大有关。四是明代宗室的宗教活动属于纯粹对宗教本身的信仰的，并不普遍，大多数宗教活动基于民本的立场，发端于忠君孝亲之心，具有浓厚的儒家文化的底色，与明代国家治理的核心价值观相一致，反映了明代宗室潜藏心底的要求参与现实政治的愿望。谋求不当政治利益的宗教活动只是极少数。

明代宗室的宗教活动是明代宗教史的一个不可或缺的组成部分，其影响和作用既有正面的，也有负面的。正面的影响和作用主要体现在两个方面：一个是明代宗室修建庙宇、佛塔，铸造神像，布施财物供奉神灵、供养僧人道士以及其他类型的宗教活动，推动了明代宗教事业的发展。如，明代宗室共修建庙宇 130 座。其中，新修 83 座，重修 39 座，增修 8 座。且不少新修、重修、增修的庙宇，环境清雅，恢宏壮丽，设施完备。长沙开福寺，在湘春门外二里许，紫徽山碧浪湖之前。创建于五代，宋时曾加修建。明初，僧人彻堂与吉简王曾先后重修。嘉靖时，栋宇摧颓，墙垣倾圮，吉藩再与通郡缙绅人等合力鼎建。该寺重建后，四面皆水，颇称佳胜，“四方缁素景从向慕”①。香火甚旺，一派兴盛的景象！兰州金天观，

① 赵文在等修，易文基等纂：《长沙县志》卷二五《仙释》，《中国方志丛书·华中地方·湖南省》第 311 号，台北成文出版社有限公司 1976 年版，第 2283—2284 页。

在皋兰县西南二里许。永乐四年，肃王建。[①] 地理位置优越，西傍华林，东近龙尾，南望天都，握桥在东北隅，为其关锁。占地面积广，颇具规模，“缭垣三里，重门宏敞，中建有雷祖殿，雷霆将吏，风雨师左右环列”。殿宇壮丽，道院清幽，曲径回廊，引人入胜。松柏桧槐，皆千年物。假山上枯松一株，形状奇怪，尤堪入画。[②] 桂林观音阁，“莫详所自”，“濒于津”，常遇“春涛夏涝”，潮水浸蚀，加之“修筑不常”，“年久堙圮”。正统十四年，靖江庄简王令拓地甃石为堤，于其上建安仁寺，并重修观音阁。至正德三年，时间已过去60年矣，靖江王命王府承奉正潘洋重加修葺。正德四年，毁于火。正德五年九月，靖江王命重新建造，鼎而新之，潘洋“奉行惟谨”，鸠工庀材，翌年十月落成，高广深狭一如其旧，“像貌雕绘，视前有加，黝垩相映，金碧交辉，诚城东伟观”[③]。成为桂林城东的地标建筑。蕲州石鼓寺，荆宪王朱瞻堈不吝重资修建，命承奉阮古督其役，鼎新殿庑，庄严佛像，钟磬炉瓶之属，铸造齐备。崇祯间，日渐颓朽，郡中贤士大夫慨然有修葺之议，荆王朱慈烟“遂嘉与维新，捐资助役，共襄盛举。殿循旧宇，规制稍更，缭以周垣，可御风雨”[④]。两代荆王的修建使石鼓寺得以不坠。成都天承寺，旧为灵音寺。景泰五年，蜀定王出重金增修，“饰金添彩，更新正殿，又陆续增建了罗汉堂、东岳殿、观音殿、燃灯殿等”，诸殿完工之后，主持和尚楚山改寺名为天成寺，寓意为天（皇家）之寺。[⑤] 汝南观音阁，嘉靖二十四年，崇庄王奉敕修建。其时，太平日久，消费习俗由俭趋奢，世人“争以奢靡相矜夸”。习俗移人，崇庄王不免受到影响。既奉敕建阁，不惜赀财。建成后的观音阁，尽显佛

① 查郎阿、许容等纂修：（乾隆）《甘肃通志》卷一二《祠祀》，文渊阁《四库全书》，上海古籍出版社1987年版，第7页。

② 杨昌浚修，张国常纂《重修皋兰县志》卷一六《祀典·坛庙总祠专祠》，第739页，民国六年石印本，台湾学生书局1967年版。

③ 包裕：《安仁寺碑》，见汪森：《粤西文载》卷四一《碑文寺观》，文渊阁《四库全书》，第222—223页。

④ 朱慈烟《重修石鼓寺记》，见（清）封蔚礽修，陈廷扬纂：（光绪）《蕲州志》卷二五，《中国地方志集成·湖北府县志辑》第23册，江苏古籍出版社2001年版，第526页。

⑤ 向世山、释演东：《石经寺临济始祖楚山绍琦年谱》，见《禅心映天成 显密照石经》，第4—5页。

教不凡气势，“敞博闳丽”。[①] 另外，明代宗室还修建有大量的佛塔，铸造有不少的佛像，最高的佛塔达五丈三尺，佛像最高的超过17米，创汉唐以来未有之奇迹。这些事例都说明，明代宗室的宗教活动确实推动了宗教事业的发展，乃至局部地区的繁荣，在中国佛教史上留下了浓墨重彩的一笔！二是满足了宗室对宗教的需求，特别是在永乐以后，有助于消除宗室因政治的挤压而引起的内心的紧张和焦虑，有利于缓解宗室因政治军事权力被剥夺而产生的怨气和不满，对明朝政治的稳定是有一定作用的。同时，一些宗室恪守藩封职责，每遇旱旸肆虐，疾疫流行，或亲冒烈日祈祷、或请高士禳灾，虽不能完全消除灾疫，但可起到稳定人心、暂缓民众焦躁情绪的作用，有益于一方平安。

负面的影响和作用也有两个方面：一是一些宗室诸王，从事宗教活动不惜重资，投入大量的人力物力和财力，造成了惊人的浪费。这在明末尤其让人感到痛心！明末，财政紧张，军饷奇缺，加征田赋，至每亩九厘，民生竭矣，转而为盗，明朝统治风雨飘摇。宗室的情况也不妙，宗禄不继，中下层宗室生活来源断绝，啼饥号寒，婚嫁不时，有三十尚未请名，五十尚未婚配者。而不少宗室诸王却置国家急需、民生多艰于不顾，将大量钱财用于供奉宗教神灵，供养僧人道士，不听于民而听于神，明之亡，宗室从事宗教活动亦有责焉！二是明宗室宗教活动较多，与僧道等往来频繁，常滋生弊端，酿成刑事案件。如，他们不时出入王府，与王府女眷发生关系。成化十六年六月，晋府永和王府发生了一起淫乱案。永和王奇湑母妃张氏，与太原卫卒王锐及一僧人淫乱，仪宾陈谏拟陈告永和王，张氏派人哄骗陈谏入宫将其殴杀。陈谏之子“具奏其事”，朝廷命内官和锦衣卫千户一起前往山西，会同巡抚、巡按暨都布按三司审明案情。张妃自经，“锐与僧俱斩之”。[②] 有的打架斗殴。周府镇国将军安涢、安潏，奉国将军安汝“私出尼僧寺饮酒”，与仪宾阎镳忿争，遂率群下殴镳至死，闹出人命。抚按官奏闻，安涢、安潏、安汝受到革减禄米的处罚，参与殴打

① 毛奇龄：《西河集》卷六三《翰林院检讨毛奇龄撰碑记二》，文渊阁《四库全书》，集部第1320册，台湾商务印书馆1983年版，第569页。

② 《明宪宗实录》卷二〇三《成化十六年六月癸丑》，第290页。

仪宾阎鏞的跟班、随从“发戍边卫”。[1] 更有的残害民众。唐端王“好长生术，残孕妇”。南阳推官张国纲“发于两台，王请罪乃已”[2]。严重影响了社会的稳定和民众的生命安全，甚至激化了社会矛盾，间接地在埋葬明王朝的道路上起到了加速的作用。

（作者单位：西南大学历史文化学院）

① 《明武宗实录》卷一五〇，正德十二年六月丙辰，第154页。

② 查郎阿、许容等纂修：《甘肃通志》卷三四《人物》，文渊阁《四库全书》，集部第558册，台湾商务印书馆1983年版，第317页。

明代甘肃镇的形成与长城的修筑

赵现海

15世纪前后，即洪武、永乐之际，亚洲内陆地缘政治发生了重大变化。一方面，帖木儿帝国统一中亚，结束了14世纪后期蒙古帝国衰落后，西域各国内讧相战的历史，为东进明朝消除了后患；另一方面，阿里不哥系蒙古与瓦剌借北元衰败之际东进岭北中部；北元残众在明军漠东进攻下，也向西迁移至岭北中部。在这一东西并进历史脉络下，明朝黄河以西的甘肃、宁夏，遂从洪武前中期明朝、北元、西域三方势力皆无暇顾及的“差缓地带”，一转而为三方势力争夺的“首要地带”。为应对这一地缘政治格局的变化，洪武晚期至永乐前期，明朝开始补强这一地区的防御力量，最早在甘肃独立设置镇守总兵官，建立军镇。军镇设立后，明朝不断修筑长城，完善了甘肃地区的军事防务。

一 洪武五年北伐中西路军的附属地位与冯胜放弃西北边

明朝对甘肃的经略，始于洪武五年（1372）西路军北征。达力扎布对三路明军职责的解释是：“军事部署是大将军徐达率明军主力引诱北元主力至近边作战，左副将军李文忠率东路军奔袭北元朝廷，征西将军冯胜率西路军迷惑和牵制西北蒙古诸王，配合中路军作战。”① 也就是说，三支军

① 达力扎布：《北元初期史实略述》，载氏著《明清蒙古史稿》，民族出版社2003年版，第6页。

队中，徐达中路军是主力，东路李文忠军是奇兵，西路冯胜军负责牵制任务，中路军面临的是遭遇战，以歼灭蒙军主力为战略目的，是决定本次战役能否成功的重点与关键。东路军与中路军不同，并不以军事决战为宗旨，意图在中路军的掩护下，实现消灭北元汗廷的政治目的。西路军是三支军队中战略地位最轻的，只是一支起牵制作用的侧面部队，承担着双重任务，一是占领甘肃，这只是一个公开的表面任务，另一职责是牵制甘肃蒙古势力，防止其东援扩廓帖木儿军。可见，在洪武五年（1372）北伐中，攻占甘肃只是一种支援中、东二路军的附属任务。为便于西路军更好地实施掩护任务，朱元璋甚至在冯胜的将印名号上做起了文章。徐达佩“征虏大将军印”，李文忠佩“左副将军印”，而冯胜却不像洪武三年（1370）北伐那样佩“右副将军印”，[①] 改佩“征西将军印”，有意将其与其他两路明军相区分。

可以讲，中路军的作战任务是最重的，东路军是最容易出彩的，而西路军却恐怕是最容易默默无闻的。在三支军队首将的选择上，朱元璋的做法也很耐人寻味。徐达是明朝开国第一武将，以其主持三路军务，与扩廓帖木儿展开决战，是十分正常与合适的选择。李文忠以奇袭开平，一举奠定在武将集团中的第二位置，此次继续负责奇袭任务，既发挥其所长，也是朱元璋扶持外甥的一项举措。冯胜，初名国胜，更名宗异，最后名胜，定远人。元末结寨自保，与其兄冯国用是最早追随朱元璋的将领之一，最初甚受朱元璋倚重。元末农民军内部经常发生叛乱，朱元璋政权内部也是如此。至正十六年（1356），朱元璋建立“帐前总制亲军都指挥使司”，其麾下亲信猛将多属此系统，是朱氏政权的主力军，[②] 而充其首领者便是冯氏兄弟。至正十八年（1358），冯氏兄弟任“帐前亲军都指挥使”，充其副职的是李文忠、康茂才。[③] 冯胜任“指挥”。[④] 至正十九年（1359），冯国

---

① 胡广等：《明太祖实录》卷四八，洪武三年春正月癸巳条，“中研院”历史语言研究所1962年校印本，第948页。

② 李新峰：《邵荣事迹钩沉》，《北大史学》第8辑，北京大学出版社2001年版，第80页。

③ 《明太祖实录》卷六，戊戌二月乙亥，第62页；王世贞撰，魏连科点校：《弇山堂别集》卷一二《更定旧官》，中华书局1985年版，第227页。

④ 俞本：《纪事录》卷上，载陈学霖《史林漫识》，中国友谊出版公司2001年版，第419页。

用以疾卒，冯胜袭其职，[①] “代领其众，居中宿卫。”[②] 至正二十一年（1361），朱元璋改“帐前亲军”为“金吾侍卫亲军都护府”，冯胜担任最高职务“都护”。[③] 冯胜起初是仅次于徐达的二号武将，常遇春尚居其后。[④] 但冯胜爱排挤他人，军事行动也多有失误，屡受朱元璋责罚，渐居常遇春之后，开国后，常遇春去世，又居于李文忠之后，为明初第三武将。[⑤]

虽然明朝中路军、东路军遭遇了“岭北失利”，但与之形成鲜明对比的是，西路军由于单独在甘肃行省境内执行任务，战争过程并未受到其他二路影响，反而获得了重大胜利，占领了除哈密之外的甘肃全境。冯胜军首先率师至兰州，经此进入甘肃，占领西凉（今甘肃武威），再至永昌（今甘肃永昌县），在这里歼灭了甘肃元军的一支主力军队。尔后经肃州“扫林山”（今甘肃酒泉北）一战，再次歼灭元军另一支主力军队，并招降上都驴部。从永昌至肃州，中间要经过甘州（今甘肃张掖），这里虽未交代占领甘州之事，想来应是先占甘州，后占肃州。[⑥] 至此，明军沿河西走廊，一直向西进攻，若再往西，便是甘肃行省的最西境，即察合台后王的一支出伯后裔所占的瓜州（今甘肃安西）、沙州与哈密三地。但明军并未继续西进，而是为完成掩护中路军的任务，自肃州沿弱水北进至亦集乃（今内蒙古额济纳旗东南），并获得重大胜利，[⑦] 完成了牵制甘肃兵力，掩护中路军作战的预期目标。占领亦集乃后，明军开始回撤，途中占领瓜、沙二州。“至亦集乃，乃败俞宝兵，分兵守扼关塞。冯胜乃遣友德又率兵

① 《邵荣事迹钩沉》，《北大史学》第 8 辑，第 80 页。

② 《明太祖实录》卷二三六，洪武二十八年二月乙丑朔，第 3447 页。

③ 《纪事录》卷上，载《史林漫识》，第 419 页。

④ 《明太祖实录》卷八，庚子闰五月庚申，第 103 页。

⑤ 王世贞：《弇州史料》前集卷一九《冯宋公传》，《四库禁毁书丛刊》影印北京大学图书馆藏明万历四十二年刻本，北京出版社 2000 年版，第 79—81 页。

⑥ 关于西路军进军路线，马顺平利用黑水城出土文书，有更详细的考察。参见马顺平《洪武五年明蒙战争西路战役研究》，达力扎布主编《中国边疆民族研究》第 3 辑，中央民族大学出版社 2010 年版，第 6—12 页。

⑦ 《明太祖实录》卷七四，洪武五年六月戊寅，“中研院”历史语言研究所 1962 年校印本，第 1358—1359 页。

追击俞宝于瓜、沙州。”① 这样明军便占领了除哈密外的甘肃行省所有地区。但在中、东两路军失利消息传来后，出于巨大震恐，冯胜放弃了甘肃、宁夏全境。永乐时期俞本撰《纪事录》，记载：

（洪武五年）十二月，冯胜惧回鹘之兵，将甘州所葺城池、营房、仓库、转运米麦料豆二十余万石及军需，尽焚之，弃城归，并宁夏、西凉、庄浪三城之地亦弃，仅以牛羊马驼令军人赶归。途中倒死者，军虽饥不敢食，仍负荷归，军人饿死载道，一无所问。上知之，追夺冯胜券诰爵禄，宥其罪，贬为庶人，录其家财。以牛羊骆驼马匹，令民牧养，愚民无知，驼死者并弃骨。胜后复职，憾之曰：“驼虽死，骨安在？”令有司官拷掠征骨，致贫民卖子买驼骨偿之。②

俞本《纪事录》不仅是研究明朝开国史的原始文献，而且具有独一无二的史料价值，这源于俞本不仅是明朝开国历程的亲历者，而且在记述这段历史上，坚持秉笔直书的信史风格。俞本之所以秉持客观的记史立场，与他的个人经历具有直接关系。俞本，字从道，扬州高邮人，生于元至顺二年（1331），永乐初年仍然在世。早在至正十七年（1357），俞本便进入了朱元璋军队，并成为朱元璋亲军系统的一员，任“帐前黄旗先锋”。俞本最初由帐前亲兵都指挥使冯国用统率，冯国用卒后，改隶其弟冯胜统领。在朱元璋帐前，俞本经历了朱元璋消灭陈友谅、张士诚，称吴国公等一系列政治事件，是朱氏政权逐渐崛起、统一南方的见证者。但耐人寻味的是，明朝建国后，在朱元璋大封功臣，与属下分享胜利果实之际，俞本却脱离了亲军系统，改而隶属宁正（韦正）军队，此后一直追随宁正四处征讨。

永乐时期，晚年的俞本凭借记忆撰成《纪事录》。虽有年月错讹，但记述了大量不为其他史籍所载录的明朝开国史事，甚至朱氏政权内部不为

① 吴朴：《龙飞纪略》，《四库全书存目丛书》影印北京图书馆藏明嘉靖二十三年吴天禄等刻本，齐鲁书社 1996 年版，第 574 页。

② 《纪事录》卷下，载《史林漫识》，第 445 页。

人知的丑陋一面。《纪事录》在明代长期流传下来，明末钱谦益著《国初群雄事略》，尚参考了《纪事录》大量内容。但入清之后，该书逐渐亡佚，多种丛书皆仅著录其名，而不载其内容。20世纪90年代，陈学霖发现藏于台北“国家图书馆”的《明兴野记》，实为清人改编《纪事录》而成之书，该书从而得以重见天日，为世人所知。①

俞本从客观，乃至批判的立场，著述《纪事录》，揭露朱氏政权的真实乃至部分负面形象，与他的个人经历密切相关。俞本虽出身亲军，但在亲军系统内部应过地并不如意，否则不会在洪武初年朱元璋大行封赏之时，脱离朱元璋的核心部队，而改投一直边缘化的宁军部队。俞本脱离亲军，是否与亲军首领冯胜存在直接矛盾，限于史料，无法做出判断，但俞本至少是不认同冯胜的，《纪事录》对开国诸将之评价，尤以对冯胜评价最低。“胜乃急功贪财之徒，又不识大义。”② 记载冯胜负面事件也最多。

追随宁正之后，俞本对朱氏政权核心集团的不满情绪，应在个人遭际之外，受到宁正部队的影响，而进一步加剧。宁正，又称韦正，是韦德成义子。韦德成很早便追随朱元璋，是至正十五年（1355），朱元璋脱离濠州郭氏政权，渡越长江，创建独立政权的“渡江旧勋”之一。③ 但其作战而亡后，朱元璋贪恋其妻美色，与之私通，并生育一子。后来迫于故将之妻不可纳的舆论，不得已将韦妻出配于胡汝名，并命韦德成义子韦正统领韦德成军，以继承德成余绪。宁正虽颇有军事才能，且有儒将之风，在统

① 陈学霖：《俞本〈纪事录〉与元末史料》，载《史林漫识》，第204—228页。

② 《纪事录》卷上，载《史林漫识》，第427页。

③ 朱元璋最早追随濠州郭子兴，伴随势力逐渐壮大，在郭身死后，开始脱离郭氏政权，向南渡过长江，占领采石与集庆，建立太平兴国翼元帅府，从此纵横江南，建立起独立的朱氏政权。追随朱元璋渡江的群体，构成了朱氏政权的核心集团，在朱氏政权中拥有独特地位。比如至正二十年，巢湖系将领、江南行枢密院佥院赵伯仲弃城逃跑。“太祖怒曰：‘主将不能坚守城池，城陷远遁，当诛之。’常遇春净曰：‘伯仲系渡江旧勋，宜曲赦之。’太祖曰：‘不依军法，无以警后！’赐弓弦令自尽，而官其弟庸行枢密院事。”谷应泰：《明史纪事本末》卷三《太祖平汉》，中华书局1977年版，第37页。明末清初谈迁最早关注到这一政治群体，以“渡江勋旧”来概括。在评论朱元璋诛邵荣时称：“噫！彼渡江旧勋旧，俱鱼服之侣，臣主未定，等夷相视，见兵柄独握，未免为所欲为耳。虽桀骜犯大不韪，吾未敢遽臣属之也。”谈迁：《国榷》卷一，至正二十二年七月丙辰，中华书局1958年版，第299页。李新峰在此基础上，讨论了“渡江勋旧”与朱元璋关系的变化，以及由此而导致的朱、邵权力之争。李新峰：《邵荣事迹钩沉》，《北大史学》第8辑，第77页。

领韦德成军后，屡立战功；但应是由于之前的过节，一直受到朱元璋及追随其的其他武将的排挤与压制，比如冯胜便曾打击宁正，[①] 相应一直未能获致高位，却一直受到压制，未能一展其才，获得高位，最终仅位居都督。两位统帅受到的不公正待遇，应在相当程度上影响了宁正军队整体上对于朱氏政权的立场与态度。在这一氛围之中，加之个人遭际，俞本对朱氏政权心存愤恨，从而化作文笔，直抒胸臆，客观乃至批判地记录明朝开国之历程，便在情理其中了。

不过，洪武五年（1372），俞本尚随宁正驻守河州，上面所记冯胜弃地事件，应为耳闻而非目睹，虽记载内容十分惊人，与他秉笔直书的风格十分一致，但是否为信史，需要仔细考察。洪武五年（1372）冯胜被罢为庶人之事，并不见诸其他记载。据《明太祖实录》载，冯胜于洪武五年（1372）九月返回南京，[②] 洪武六年（1373）三月，再次随徐达北赴山西、北平。[③] 如果《纪事录》所载属实，那么冯胜应在洪武五年（1372）十二月至洪武六年（1373）之间被贬为庶人。不过在这段时间内，并未见到如此之记载。

但另一方面，俞本记述如此重大事件，不会在毫无根据的情况下，径直虚构，仍应具有一定的事实基础。作为一种推测，俞本应在朱元璋惩戒冯胜之事上，记述有所疏漏，但其所载弃地之事，由于关系重大，应非凭空杜撰。值得注意的是，虽然洪武五年（1372），《明太祖实录》并未记载冯胜曾经遭到朱元璋严厉责罚，却在洪武二十年（1387）遭到过类似于罢为庶人的重惩。当年，冯胜充总兵官，统兵征讨辽东纳哈出，虽将其成功招降，但由于举措失当，使本已归降的纳哈出部属，再次叛逃，从而遗留了巨大后患。此外，冯胜还有其他过失。“会有言胜娶虏妃及受良马无筭者，又失其殿都督濮英三千骑，而茂亦自陈所以搏纳哈出，故且讦胜过。”[④] 朱元璋从而削夺冯胜一切权力，将其罢归凤阳故里。“上乃命收大

① 《纪事录》卷下，载《史林漫识》，第450页。
② 《明太祖实录》卷七六，洪武五年九月丁酉，第1401页。
③ 《明太祖实录》卷八〇，洪武六年三月壬子，第1451页。
④ 《弇州史料》前集卷二三《冯宋公传》，第83页。

将军印。胜还京，命归凤阳里第奉朝请。……胜自是不复将大兵。”① 俞本著述《纪事录》，不仅距离洪武朝已远，而且年老健忘，可能将冯胜受到责罚的时间，从洪武二十年（1387）上移至洪武五年（1372）。可见，在冯胜受罚之事上，《纪事录》所载并非空穴来风。

与之相比，冯胜弃地之事，结合种种迹象来看，更属可信。首先，洪武初年，明朝满足于恢复幽云旧疆，对于统治在此以外的边疆地区，缺乏明确意愿，相应洪武二年（1368）、三年（1369）两次北伐，皆在获取军事胜利之后，并未进一步采取政治进占的作法。既然洪武五年（1372）西路军北征并非为攻占甘肃，而是为策应中路明军、吸引北元军队，按照明军以往的作战方式，在军事战争之后，很快撤退回来，实属正常。尤其考虑到“岭北之役”失利对于明军心理的巨大冲击，冯胜弃地，实在情理之中。

第二，洪武五年（1372），明朝确实曾经放弃宁夏。“国朝初，立宁夏府。洪武五年，诏弃其地，徙其民于陕西。”②

第三，历史记载的细节或末节可以伪造，但重大事件应有一定根据，难以完全伪造。尽管俞本对冯胜心存厌恶，但对冯胜的评价却较为符合事实，冯贪财而不识大义，不仅是明人的普遍看法，也在冯胜出征辽东时表露无遗。

第四，《明太祖实录》记载洪武五年（1372）九月，朱元璋斥责西路军高级将领贪黩马匹等，与《纪事录》所载冯胜获罪，在内容上具有一定相关性。

> 壬申，命赏征甘肃京卫军士一万四百三十五人，白金四万四千两。时公侯、都督、指挥、千百户以匿或获马骡牛羊不赏。上因谕之曰：“为将者不私其身，况于物乎？昔祭遵为将，忧国奉公，曹彬平南唐，所载惟图书。汝等能法古人，则令名无穷。今之不赏汝等，当

① 《弇州史料》前集卷二三《冯宋公传》，第 83 页。

② 朱栴撰修，吴忠礼笺证，刘忠芳审校：《宁夏志笺证》卷上《沿革》，宁夏人民出版社 1996 年版，第 2 页。

省躬以思补过。”诸将皆叩头谢罪而退。①

第五，洪武初年甘肃地广人稀，社会落后，使冯胜弃地行为显得不是那么不可思议。洪武三年（1370），朱元璋曾称：“说那甘肃省也无甚么军马，如可守时节，就拨人守了。”② 可见从明朝掌握的信息来看，洪武初年甘肃蒙古军队并不多。军队较少应反映出这一时期甘肃人口寂寥，社会落后，缺乏驻扎大军，加以防御的必要。而在西路军威逼之下，甘肃元军实行坚壁清野的政策，进一步使甘肃成为物资匮乏之地。《秘阁元龟政要》载：“胜分兵行定凉州、山丹、镇番、永昌、西宁，其故元守将闻胜等将至，自知不敌，已先将境内人民、牛马、驼羊尽拘出玉门、阳关二塞，所得者止是空城而已。”③（万历）《肃镇志》载：“（至正）二十二年，（山丹）升为州，隶甘肃行省亦集乃路，元末兵兴，居民逃散。洪武三年，宋国公冯胜兵至时惟空城。”④《肇域志》载：“（洪武）五年，宋国公冯胜率兵至甘肃，凉州境内空虚。”⑤ “庄浪卫，在都司城南九百四十里。洪武五年，宋国公冯胜统兵下河西，其县已空。”⑥（乾隆）《五凉全志》载：“明洪武五年，宋国公冯胜定河西，元凉公搭搭乃北遁，胜视凉境空，以兰州等卫官军守御之。”⑦ 包括中国在内的世界古代文明，在当时经济条件之下，由于行政能力十分有限，对于花费巨大成本，统治人口较少、物资匮乏的地区，并不感兴趣，如果管理边疆的经济成本超过朝政开支，那么放弃边疆地区，便十分容易被接受。这与现代民族国家“领土神圣不可侵

① 《明太祖实录》卷七六，洪武五年九月壬申，第1406页。

② 王世贞撰，魏连科点校：《弇山堂别集》卷八六《诏令杂考二·与徐常冯》，中华书局1985年版，第1645—1646页。

③ 佚名：《秘阁元龟政要》卷七，《四库全书存目丛书》影印北京图书馆藏明钞本，齐鲁书社1996年版，第474页。

④ 李应魁：（万历）《肃镇志》卷一《地理志·沿革》，《中国方志丛书》影印清高弥高顺治十四年重刊本，台北成文出版社有限公司1970年版，第11页。

⑤ 顾炎武：《肇域志·陕西行都指挥使司·凉州卫》，上海古籍出版社2012年版，第2613页。

⑥ 《肇域志·陕西行都指挥使司·庄浪卫》，第2616页。

⑦ 张玿美修，曾钧等纂：《五凉全志》卷一《地里志·沿革》，《中国方志丛书》影印清乾隆十四年刊本，台北成文出版社1976年版，第20页。

犯”的疆域观念是完全不同的。如果从这一疆域观念出发，审视冯胜放弃洪武初年地广人稀、物资匮乏的甘肃地区，从经济角度而言，并非没有道理。

最后，洪武五年（1372）末，甘肃并无军队驻防的情况，同样可以印证《纪事录》的这一记载。洪武五年（1372）十二月，冯胜军自甘肃撤退后，邓愈受命征吐蕃，曾由青海向北进军六昼夜，进入甘肃境内，却未能见敌。

> （朱元璋）遣（濮英）领西安、平凉、巩昌、临洮将士，往西海追朵只巴，出兰州，由大通河，直抵西宁铁佛寺。遣陕西行指挥使韦正，自归德州渡黄河，由巴亦咂沿西海边抵北而进。上命卫国公邓愈授以征西将军印，遣人赍制谕付愈，愈遣俞本赍制追英，督英与正合兵，凡六昼夜，大雪，不及而归。①

可见洪武五年（1372）末，甘肃确实是一处几乎无人把守的军事真空地带。

二　洪武前期亚洲内陆东部势力平衡格局与明朝在甘肃的失而复得

冯胜弃地甘肃的原因是什么呢？《纪事录》给出了十分明确的答案——“惧回鹘之兵”。“回鹘”，原称“回纥”，是隋唐时期活跃于西域的一支游牧族群。唐开成五年（840），回鹘可汗被杀，回鹘分成四支外迁。蒙古帝国时期，回鹘被称为“畏吾儿”。1283年，随着高昌城毁于战火，高昌回鹘政权被察合台汗国灭亡。察合台汗国虽灭亡了回鹘政权，却接受了其文字与风俗。因此，“回鹘”作为一个族群、政权，虽在蒙古帝国时期便已消失，作为其后裔的称谓，“畏兀儿”一词也更为流行；但“回鹘”一词并未随之从历史中消失，不仅回鹘文仍在广大西域地区流行，

① 《纪事录》卷下，载《史林漫识》，第445页。

而且惯常用典的元代汉人文人也仍常用“回鹘”指代畏兀儿与西域，以及元朝境内的西域人，从而与“回回”一词经常混用。[①] 俞本这里的“回鹘”所指是哪个政权或族群呢？《纪事录》共记载“回鹘”四次，除了此处外，其他三处为：

> （洪武元年八月）初三日，（徐）达、薛右丞（显）、参政傅友德领凤翔等五卫步军三万出虎北口追元君。初八日，至兴路，不获。元君行东路，友德军行西路，两路互差，但遇回鹘车辆人口，尽拘而回，获牛羊马匹十万。[②]
>
> （洪武元年十月），（徐达）至通州，内有回鹘欲作乱，事泄，戮五千余人，妻女俱配军士。[③]
>
> （洪武二十二年）甘肃巴西回鹘遣使赍表及金珠、玩（駥）马、紫驼、结金珠、璎珞进贡。[④]

可见，俞本用“回鹘”，取元明之际最广泛的涵义。冯胜所惧为西域的哪个政权与族群，从这里无法看出。但通过对这一时期西域地缘格局的分析，可以发现这里的“回鹘”，对应的是东察合台汗国。

成吉思汗将先后占领的中亚、西亚地区分封子弟，建立四兀鲁思，以拱卫宗主国的大兀鲁思。但他去世后，四兀鲁思与中央不断产生摩擦，逐渐发展为独立、半独立的四大汗国，自西向东依次为钦察（金帐）汗国、伊利（伊儿）汗国、察合台汗国、窝阔台汗国。察合台汗国本不与元朝接境，最初受封地仅为天山一带的牧场，但阿鲁忽汗利用忽必烈与阿里不哥争夺汗位的时机，占领了阿姆河以北原属元朝直接管辖的城郭农耕地带，

---

① 杨志玖：《元代回族史稿》，南开大学出版社2003年版，第59—72页。皇庆二年二月，“壬午，西北诸王也先不花进马、驼、璞玉。……帝谕左右曰：‘回回以宝玉鬻于官。朕思此物何足为宝，唯善人乃可为宝。善人用则百姓安，兹国家所宜宝也。’”宋濂等：《元史》卷二四《仁宗纪一》，中华书局1976年点校本，第555页。元朝诸帝对西北诸王尚且泛称为“回回”，可见“回回”一词的最广义，实为所有西域人的泛称。

② 《纪事录》卷下，载《史林漫识》，第433页。

③ 《纪事录》卷下，载《史林漫识》，第433页。

④ 《纪事录》卷下，载《史林漫识》，第456页。

怯别汗趁窝阔台汗国海都去世，势力衰微之机，将其吞并，势力达到土鲁番。[①] 元朝末年，当蒙古统治者面临长城以内的汉地叛乱时，察合台汗国黄金家族的统治也大为削弱，非黄金家族的“异密”们掌握了实权，察合台汗国分裂为西部的帖木儿帝国与东部的东察合台汗国。东部朵豁剌惕异密播鲁拥立秃黑鲁帖木儿继承汗位，建立了东察合台汗国（又称叶尔羌汗国，蒙兀儿斯坦，明人以其国都所在地称别失八里、亦力把里）。秃黑鲁帖木儿很有作为，宣布信仰伊斯兰教，加快了蒙古人突厥化历史进程，从而稳固了社会基础。在建立了强大的汗权之后，秃黑鲁帖木儿向西进攻河中地区，发动了统一察合台汗国的战争。虽然占领了大片地区，但并未在当地建立长期而稳固的统治。秃黑鲁帖木儿还向东扩张势力，势力威慑到了哈密，与元朝声气相接。[②] 洪武初年，明朝尚未与帖木儿帝国及更西势力形成直接接触，对西域的了解，恐怕更多是对邻国东察合台汗国的认知。故而，冯胜所惧“回鹘”势力，应是东察合台汗国。

那么，洪武初年东察合台汗国是一种什么样的情形呢？明朝建国的1368 年，当东方地区正处于元、明易代的大规模战争中时，察合台汗国境内也正展开着一场长达 22 年的内部战争。1365 年，权力遭到削夺的朵豁剌惕部异密哈马鲁丁趁也里亚思火者汗去世的机会，大肆诛杀秃黑鲁帖木儿诸子，自立为汗，引起东察合台汗国部分势力的反对，帖木儿趁机在1368 年，对东察合台汗国发动进攻。而当明朝发动“岭北之役”的 1375 年，哈马鲁丁正向帖木儿帝国发动了猛烈的进攻，并占领了帖木儿帝国的大片领土，势头甚猛。[③] 冯胜所面对者，正是这一时期如日中天的东察合台汗国。冯胜在“岭北之役”惨败的惊惧之下，对强大的东察合台汗国东进甘肃心存畏惧，于是选择焚弃城池，以免贻粮于地，也符合情理。傅友德占领瓜、沙二州后，之所以未进一步西进，也应是为了避免与东察合台汗国发生战争。可见，《纪事录》所载的“惧回鹘之兵”，便应是惧怕东察合台汗国的东进。

① 刘迎胜：《察合台汗国史研究》，上海古籍出版社 2006 年版，第 2 页、66 页。

② 田卫疆：《东察合台汗国疆域范围及其变迁考释》，《新疆大学学报》1992 年第 4 期。

③ 关于明初东察合台汗国与帖木儿帝国的战争，参见朱新光《东察合台汗国与帖木儿帝国之战及影响》，《中国边疆史地研究》1997 年第 3 期。

中国古代蒙古高原北方族群，多有从西域甚至更西北之处迁移而来，统治蒙古高原，对中国北部边疆构成重大威胁者，如突厥、回纥皆是如此，也有大量考古材料与研究成果倾向于匈奴同样起源于亚洲西北。那么，在14世纪晚期，当明朝代元之时，包括东察合台汗国在内的西域势力，为何未东进东方地区呢？

这一时期西域可能对明朝造成威胁，与明朝疆域大体相邻的势力，包括三派：一为在蒙元汗位争夺中的失势力量，即窝阔台后裔、蒙哥后裔、阿里不哥后裔，皆居于蒙古高原西北部；一为西部蒙古势力，即明朝所称“瓦剌”者，① 元时居于阿尔泰山麓至色楞格河下游的广阔草原的西北部，瓦剌在忽必烈与阿里不哥争夺汗位时，也站在阿里不哥一方；② 一为西域察合台汗国势力，当时已分裂为东察合台汗国、帖木儿帝国。

当北元遁入大漠之后，非忽必烈系黄金家族后裔联合瓦剌势力，开始向东南挺进，但其势力仍局限于漠北地区，在洪武晚期发展至漠北东部，这才有了脱古思帖木儿汗为也速迭儿所杀之事。但另一势力，即西域蒙古，不仅未趁“岭北之役”的时机进取东方，而且终洪武一代，也未东进，相应未对明初西北边疆经略产生直接影响。这在于其与帖木儿帝国的长期内战使其无暇东进。

东察合台汗国首要的战略目标是向西进攻帖木儿帝国，这主要有两个原因。一，东察合台汗国与西部帖木儿帝国，本来同属一个汗国——察合台汗国，哈马鲁丁以非黄金家族的身份篡夺汗位，不仅遭到了国内诸多政治势力的反对，而且帖木儿帝国标榜黄金家族的正统地位，也对哈马鲁丁的正统性构成了威胁，无论从统一察合台汗国的角度，还是从维护汗位的合法性角度，哈马鲁丁皆将西进河中，统一察合台汗国，剪除异己势力作为东察台汗国首要的战略目标。二，东察合台汗国以牧立国，自然条件较

① 瓦剌，又译作“斡亦剌”等名称，清以后改译为“卫拉特”。瓦剌归降成吉思汗，被封为千户，凡四千户。明初东进，发展为四大部。17世纪蒙古史书称之为“四万户瓦剌”或“四瓦剌”，部落组成与名称在明清时期有所变化。参看乌兰《〈蒙古源流〉研究》（辽宁民族出版社2000年版，第293—294页）。

② ［日］杉山正明著，孙越译、邵建国校：《蒙古帝国的兴亡》（上），社会科学文献出版社2015年版，第140页。

差，河中地区农耕条件十分优越，有以牧立国的东察合台汗国所不具备的丰富资源，占领河中地区对于东察合台汗国壮大经济实力，也很有帮助。故而无论从政治上，还是经济上，东察合台汗国首要的经略目标是河中地区，甘肃只是其战略版图中的东方异域。秃黑鲁帖木儿汗在位时，东察合台汗国势力才延展到嘉峪关以西的沙州、哈密地区，但也仅仅是渗透进来，主宰这一地区的仍是出伯系察合台后王集团。至于甘肃，更从未与察合台汗国产生过瓜葛。对于东察合台汗国来讲，这是一片陌生的东方地域。相应，哈马鲁丁只有在统一察合台汗国，消除后顾之忧后，才有可能考虑东进甘肃的问题。14 世纪 90 年代，随着帖木儿击溃哈马鲁丁势力，秃黑鲁帖木儿幼子黑的儿火者继承东察合台汗国汗位，采取与帖木儿联姻和好的方式，消除了西部的威胁后，才开始经略东部地区，扣留明朝使者傅安，占领土鲁番，[①] 进攻哈密。

与之相似，帖木儿帝国采取的战略选择也是首先消除直接竞争对手——察合台汗国的威胁，然后西进消灭伊利汗国与钦察汗国，统一中亚、西亚地区后，最后才开始掉转方向，于永乐三年（1404）发动了一场进攻明朝的战争，只是由于其突然身死，战争才戛然而止。总之，无论东察合台汗国，还是帖木儿帝国，皆是建立于中亚的蒙古后裔政权，其首要的战略目标皆是确立汗位的正统性与剪除西域异己势力，而非进攻东方异域。

冯胜放弃甘肃、宁夏之后，由于北元、西域蒙古皆未顺势占领这一地区，因此明朝很快便重新收复这一地区。洪武五年（1372）九月，“壬子，置甘肃卫都指挥使司、庄浪卫指挥使司”[②]。西宁卫设于六年（1373）正月，[③] 凉州卫设于七年（1374）十月，不过最初属羁縻之卫。[④] 此后，伴随明朝北疆经略的普遍开展，甘肃地区也陆续设置卫所。凉州卫设于九年（1376）十月，永昌卫设于十五年（1382）三月，镇番卫（今甘肃民勤）

① 田卫疆：《十四世纪末至十五世纪初的东察合台汗国》，《新疆社会科学》1988 年第 4 期。
② 《明太祖实录》卷七六，洪武五年九月壬子，第 1403 页。
③ 张廷玉等：《明史》卷四二《地理志三 · 陕西》，中华书局 1974 年点校本，第1015 页。
④ 《明太祖实录》卷九三，洪武九年甲辰，第 1627 页。

设于洪武中。①

但在嘉峪关以西，明朝却满足于保持羁縻统治与维持宗藩关系，从而与汉唐王朝形成了巨大差距。顾祖舆认为：“明洪武五年冯胜下河西，虽直抵玉门，而嘉峪以外皆为羁縻地。嘉靖中割弃哈密，嘉峪益为极边矣。夫弃敦煌而世酒泉，则玉门以外声势遥隔，此蕃、戎所以生心，边备所以日棘也。有远驭之略者，其亦取鉴于汉、唐之成算哉？”②

三　洪武时期西部边疆的“差缓地位”与明朝的“次后经营”

从上面论述可知，洪武初年，包括甘肃、宁夏在内的西部边疆，在明朝与北元较量的地缘政治版图中，处于边缘位置。事实上，洪武时期西部边疆地缘政治一直保持了这一特征。在机构设置上，与中部、东部边疆众设都司卫所相比，明朝不仅仅在西部边疆仅设置宁夏五卫、陕西行都司；而且设置时间也相对较晚。明朝在一度放弃宁夏之后，于洪武九年（1376）才设置了宁夏五卫。“洪武九年，改置宁夏卫，后增宁夏左、右、前、中屯凡五卫。”③ 而在甘肃地区，郭红指出：“（洪武）七年之前河西零星分布着庄浪、甘肃、西宁诸卫，相去甚远”，“当时（洪武十五年之前）凉州与甘州间的广阔地带内没有其他卫所，军事防御过于稀疏”④。洪武二十三年（1390）时，明军已占领辽东，并击灭北元汗廷后，才开始弥补西北边疆经营之不足，陆续于甘肃增置卫所。山丹卫设于洪武二十三年（1390）九月，甘州左卫设于洪武二十三年（1390）十二月，甘州右卫、甘州中卫设于二十五年（1392）三月，肃州卫设于二十七年（1394）十一月，甘州前卫、甘州后卫设于二十九年（1396），镇夷守御千户所（今属

① 《明史》卷四二《地理志三·陕西》，第1015页。

② 《读史方舆纪要》卷六三《陕西十二·甘肃镇·肃州卫》，第2981页。

③ 胡汝砺：（弘治）《宁夏新志》卷一《建置沿革》，中国方志丛书影印明抄本，台北成文出版社有限公司1968年版，第20页。

④ 郭红：《明代都司卫所建置研究》，博士学位论文，复旦大学，2001年，第78、79页。

甘肃高台）置于三十年（1397）。[①] 陕西行都司也于洪武二十六年（1393）迁至甘州。[②]

而在洪武时期分封体系之中，西部边疆不仅分封较晚，而且是位次相对靠后的庆王、肃王分封之地。

与宁夏、甘肃尚被划为军事边疆，得到相当程度的军事经营相比，西域在明朝地缘政治版图之中，地位更低，明朝一直都未有用兵西域的打算。洪武中期，在甘肃众设卫所之后，明军才开始向哈密进军。洪武十三年（1380），“丁亥，都督濮英复请督兵略地，开哈梅里之路，以通商旅。上赐玺书曰：‘报至，知所获人畜。略地之请，听尔便宜，但将以谋为胜，慎毋忽也。’”[③] 蒙元时期，哈密由察合台后王的一支——出伯后裔所控制，是元朝皇室制约察合台汗国的工具。此次明军进军哈密，虽然进入西域，但仍然是在故元境内活动。洪武后期，明军再次进军哈密。洪武二十四年（1391）八月，“乙亥，命左军都督佥事刘真宋晟率兵征哈梅里。先是，西域回纥来朝贡者多为哈里梅王兀纳失里所阻遏，有从他道来者，又遣人邀杀之，夺其贡物。上闻之，乃遣真等往征之”[④]。但仍未有进一步西进的打算。终洪武一朝，明朝的西部边疆经营，一直限于故元境内，而未对东察合台汗国采取军事行动，更遑论以西的帖木儿帝国了。明朝虽然用兵哈密，但仅满足于和其建立松散的宗藩关系，以西的其他地区，更是如此。可见，洪武时期明朝相对于汉唐王朝在西域的积极经营，呈现出巨大的历史倒退。永乐时期，明朝虽然一度实行边疆扩张，但在西部边疆，也仅在故元甘肃境内，在洪武时期设置的安定卫、阿端卫、曲先卫、罕东卫基础上，增设赤斤蒙古卫、沙州卫、哈密卫，从而形成羁縻性质的“关西七卫”（又称“西北七卫”“蒙古七卫”），相对于洪武时期的西北政策，并

---

① 《明史》卷四二《地理志三·陕西》，第 1014 页。《皇明九边考》的记载明显有误，不知何据。“洪武九年，设甘州等五卫于张掖，设肃州卫于酒泉，设西宁卫于湟中，又设镇番、庄浪二卫。又于金城设兰州卫，皆置将屯兵拒守。”（明）魏焕辑：《皇明九边考》卷九《甘肃镇·甘州城·保障考》，《四库全书存目丛书》影印国立北平图书馆善本丛书影印明嘉靖刻本，齐鲁书社 1996 年版，第 91 页。

② 梁志胜：《洪武二十六年以前的陕西行都司》，《中国历史地理论丛》1999 年第 3 期。

③ 《明太祖实录》卷一三一，洪武十三年夏四月丁亥，第 2078 页。

④ 《明太祖实录》卷二一一，洪武二十四年八月乙亥，第 3138 页。

未有明显改变。

在西部边疆，有如同中部边疆、东部边疆的开平、东胜、大宁一样的战略枢纽，这便是亦集乃。亦集乃，位于今内蒙古额济纳旗东南，不仅是沟通甘肃、蒙古高原、西域的交通枢纽，而且拥有天然湖泊居延海，适于开展农牧经济。鉴于其战略地位，两汉时期在此先后设置居延塞、居延县。西汉武帝时期，霍去病统率军队，曾与匈奴在此开展大规模战争。元狩二年（前121），“将军（霍）去病、公孙敖去北地二千余里，过居延，斩首虏三万余级”①。唐陈子昂对于这一地区的战略枢纽地位，曾有论述。唐朝在此设置同城守捉，睿宗垂拱四年（685），陈子昂奏：“臣伏见今年五月敕，以同城权置安北府。此地逼碛南口，是制匈奴要冲。国家守边，实得上策。”② 西夏在此设置黑水城，元设亦集乃路，元朝不仅在此屯田，③ 而且设置甘肃行省分省，称“亦集乃甘州分省”或“亦集乃分省”。④

但明朝却将亦集乃弃于境外，并未将之划入军事边疆，而将之作为与蒙古之间的“缓冲边疆”。明洪武五年（1372）西路军北伐时，曾短暂占领亦集乃。“至亦集乃，乃败俞宝兵，分兵守扼关塞。冯胜乃遣友德又率兵追击俞宝于瓜、沙州”⑤。但在“岭北失利”冲击之下，明军很快从这一地区撤退回来。北元军队鉴于亦集乃优越的生态环境，从而再次占据这一地区，将之作为进攻明朝西北边疆的根据地。为消除北元军队对西北边疆的威胁，洪武中期，明朝曾两次进攻这一地区，皆获得了战争的胜利。洪武十三年（1380）三月，“西平侯沐英师至灵州，遣候骑侦知脱火赤等兵

① 班固：《汉书》卷六《武帝纪》，中华书局1962年点校本，第176页。

② 陈子昂撰，徐鹏校点《陈子昂集》卷八《上西蕃边州安危事》，上海古籍出版社2013年版，第212页。

③ 至元二十二年七月，“分甘州屯田新附军三百人，田于亦集乃之地”。《元史》卷一三《世祖纪十》，第278页。至元二十四年八月，“亦集乃路屯田总管忽都鲁请疏浚管内河渠，从之”。《元史》卷一四《世祖纪十一》，第300页。至元二十五年四月，“命甘肃行省发新附军三百人屯田亦集乃”。《元史》卷一五《世祖纪十二》，第312页。

④ 李逸友：《黑城出土文书（汉文文书卷）》，科学出版社1991年版，第79页。张笑峰：《黑水城所出〈肃州路官员名录〉新考》，载刘迎胜主编《元史及民族与边疆研究集刊》（第29辑），上海古籍出版社2015年版，第85页。

⑤ 《龙飞纪略》，第574页。

次亦集乃路，英遂率师渡黄河，经宁夏，历贺兰山，涉流沙凡七日夜，至其境。去穹庐五十里，分军为四道，至夜衔枚而进，合围之，擒脱火赤、爰足等，尽获其部曲以归"①。洪武十七年（1384）五月，"丙寅，命凉州卫指挥使宋晟等率师讨西番叛酋，兵至亦集乃路，擒故元海道千户也先帖木儿、国公吴伯都剌赤、平章阿来等及其部属一万八千七百余人，收其壮士九百八十人，余悉放还"②。

但在获取战争胜利之后，明朝并未如同这一时期在中部边疆、东部边疆军事胜利之后，实行政治进占政策，而是再次撤退回来。可见，洪武时期明朝一直都未有固定驻扎亦集乃的想法。一方面，这可能与冯胜首次攻占亦集乃时，采取了挖掘沟渠，引黑水灌亦集乃，从而对亦集乃城池构成极大破坏，③ 驻守难度相应有所增加有关；但更源于明朝在"东北边疆时代"背景之下，对这一地处西部边疆的荒远之地，秉持漠视态度。

永乐四年（1406）闰七月，宋晟曾有固定驻守亦集乃的打算。"丁卯，甘肃总兵官西宁侯宋晟奏：亦集乃旧城隘小，请发卒增广之，及召商人于亦集乃中纳盐粟以实边储。又请给屯军农具，及授忠顺王部下头目官。"④ 却被朱棣所拒绝。"上曰：'亦集乃荒漠之地，筑城必用数万人，商人纳粟中盐，道远难致，皆不可从。'命工部如所奏给屯军农具，兵部量授忠顺王头目官。"⑤ 朱棣仅将亦集乃视作明朝与蒙古的中间地带。永乐七年（1409）正月，在时任甘肃镇总兵何福的请求下，朱棣命军队巡逻亦集乃。"甘肃总兵官左都督何福请设永昌苑，置官给印，专牧孳生马，并令都指挥刘广等出塞巡逻亦集乃等处。悉从之。"⑥ 同月，"戊午，命凉州都督佥事吴允诚等率骑士，会都指挥刘广等，往亦集乃觇虏情实"⑦。由于亦集乃处于西北边疆的交通枢纽，永乐时期漠西蒙古归附明朝

① 《明太祖实录》卷一三〇，洪武十三年三月壬子，第 2074 页。
② 《明太祖实录》卷一六二，洪武十七年五月丙寅，第 2514 页。
③ 黄文弼：《河西古地新证》，载氏著《西北史地论丛》，上海人民出版社 1981 年版。
④ 《明太宗实录》卷五七，永乐四年闰七月丁卯，第 836 页。
⑤ 《明太宗实录》卷五七，永乐四年闰七月丁卯，第 836 页。
⑥ 《明太宗实录》卷八七，永乐七年春正月辛亥，第 1153 页。
⑦ 《明太宗实录》卷八七，永乐七年春正月戊午，第 1154 页。

时，便时常驻牧于亦集乃，等候明朝的回复。比如永乐七年（1409）七月，“甘肃总兵官左都督何福奏：鞑靼脱脱卜花王，把秃王，都督伯克帖木儿，都督挥哈剌你，敦国公赛因帖木儿，司徒撒儿桃赛罕，知院都秃阿鲁、把撒儿等，各率所部来归，今止于亦集乃。”① 朱棣遂就地安置其于亦集乃。②

丘福北征失利之后，为防范蒙古南下进攻，朱棣虽曾一度命甘肃镇总兵何福驻扎于亦集乃，但仍未有固定统治这一地区的想法，在边疆局势稳定之后，很快便将何福调回。永乐七年（1409）十一月，“庚午，敕甘肃总兵官宁远侯何福还甘州，时福领兵驻亦集乃之地”③。事实上，在朱棣的北疆战略中，并未有亦集乃的一席之地。永乐八年（1410），朱棣首次北征时，曾列举了在北部边疆重点经营的战略要地，其中并无亦集乃。“灭此残虏，惟守开平、兴和、宁夏、甘肃、大宁、辽东，则边境可永无事矣。”④

仁宣时期，伴随明朝开始实行边疆收缩政策，对于边疆地区的控制逐渐下降，被安置于亦集乃的蒙古部落，开始逐渐脱离明朝的管束。宣德五年（1430）正月，“陕西守将言麦克零部属今居亦集乃，迁徙无时，恐为边患。上命遣人招谕，如其来归，即与官赏，择善地处之”⑤。宣德末年，鞑靼在瓦剌驱迫之下，向南迁移，沿明朝边境，一路向西，英宗即位之后，亦集乃在这股潮流之中，被鞑靼所占据，成为其不断进攻甘肃

---

① 《明太宗实录》卷九四，永乐七年秋七月丁亥，第1248页。

② “上遣右春坊右庶子兼翰林院侍讲杨荣，赍敕谕福曰：‘脱脱卜花等既来，而止于亦集乃迟回，日久或至生变。尔可与杨荣计度，从长行事。其哈剌你、敦伯克帖木儿，初与把都帖木儿同来，已而叛去，今者复来，必心未安，故徘徊近塞，欲进未果。朕于远，人来即抚之，未尝尤其前过。可遣把都帖木儿及将校数人，往亦集乃，以朕意谕之，或与俱来，或令居亦集乃，招抚归附之众，用安边陲。尔等须斟酌权宜，处之务在得当。’”《明太宗实录》卷九四，永乐七年秋七月丁亥，第1248页。

③ 《明太宗实录》卷九八，永乐七年十一月庚午，第1289页。

④ 金幼孜：《北征录》，载薄音湖、王雄编辑点校《明代蒙古汉籍史料汇编》，内蒙古大学出版社2006年第2版，第33页。

⑤ 《明宣宗实录》卷六一，宣德五年正月庚戌，台北“中研院”历史语言研究所1962年校印本，第1445页。

的据点。[①] 正统时期，明朝派遣兵部尚书王骥，督率西北边疆军队，驱逐了盘踞在甘肃以北的鞑靼势力，亦集乃再次回到明朝控制之下。在整个明中期，亦集乃从而一直充作归附明朝的蒙古部落驻牧之地。比如弘治八年(1495)，“北虏野乜克力之地其酋长曰亦剌思王，曰满哥王，曰亦不剌因王，各遣其头目川哥儿等三十四人，款肃州塞，言为迤北大达子劫杀，欲避之近边住牧，恐中国不信，乞容入贡及互市”[②]。明朝从而命其“有难之时，暂就境外威远城藏避。无事时，仍在亦集乃等地方往来住牧”[③]。明中后期，在“伊斯兰东扩”时代潮流下，哈密不断面临土鲁番之侵逼，被迫内迁至嘉峪关以内。嘉靖初年，陈九畴曾有将哈密王族北迁亦集乃的提议，杨一清认为这反而可能造成哈密与鞑靼联合，从而表示反对，明朝由此作罢。“初，哈密二种避仇内徙，一居肃州东关，一居金塔寺诸处。陈九畴请移肃州北境弃地，以杜后患。大学士杨一清以各部一旦外徙，不北合瓦剌，必西连察台，徒足召隙。议遂寝。”[④] 所谓“肃州北境弃地”，所指正为亦集乃。

与亦集乃相似的是，在其北部丰州滩，虽然生态环境同样十分优越，适宜于开展农牧经济，是中古以前中原王朝重点经营之地，却同样被明朝弃于疆域之外。事实上，明朝甚至在甘肃境内的贺兰山以西黄河弯曲之广阔空间，包括腾格里沙漠及其以南，都长期未曾置防，即使沙漠以南的河湾，也仅在洪武初年一度开展屯田，进行军事经营。“及我朝略定河西，复我旧疆，故今扒沙、摆坝等川斥堠、疆□宛然具在，传之故老，云：‘凉州屯种处也’。惟是胜国时戎马在郊，生齿孑遗，仅传亭燧耕牧。此中

① “行在兵部言：镇守甘肃沿边凉州等七卫地方，相去一千八百余里，虏寇出没，殆无虚月。凉州之东铁门关外，有朵儿只伯，镇夷之北亦集乃路有阿端只，肃州之西河州徼外有猛哥卜花乘间伺隙，为边境患，军士缺马骑操。上命行在兵部计议，乃发陕西见贮官布于军民之家，市马给之。”《明英宗实录》卷三，宣德十年三月庚辰，台北“中研院”历史语言研究所1962年校印本，第67页。

② 《明孝宗实录》卷一〇一，弘治八年六月甲寅，台北“中研院”历史语言研究所1962年校印本，第1847页。

③ 《明孝宗实录》卷一〇一，弘治八年六月甲寅，第1848页。

④ 谷应泰：《明史纪事本末》卷四〇《兴复哈密》，中华书局1977年版，第595页。

莽路旷衍，视为瓯脱，屏弃不田。”①

明朝漠视西部边疆，虽与明代气候寒冷的自然变化脉络暗合，但根源却并不在此。气候变迁对古代欧亚大陆农业政权边疆盈缩的影响，一直深受关注。美国学者牟复礼讨论了明代北疆收缩与气候的关系，指出：“与南方和西南国势增强形成有趣的相对应的情况，是北方——特别是在西北——防区的收缩和衰弱。气候的变化可能使整个边境线的勉强维持生计的农业产量降低，但社会因素也起了作用。”② 主张自然与社会因素在明朝北疆内缩中共同发挥了作用。中国学者也对明清时期的北疆内缩与游牧族群南下的气候背景进行了讨论，大体也持与牟复礼相似的立场。③

明朝放弃西域，在气候方面具有一定的合理性。明代气候变冷，直接导致祁连山雪水融化减少，由于河西走廊农业灌溉主要依靠祁连山雪水，雪水减少会直接导致农业发展丧失水源；而且沙州以西便是塔克拉玛干沙漠，雪水减少会引起沙漠化的加剧，促使河西走廊生态环境进一步恶化。由于沙州地处塔克拉玛干沙漠边缘，最容易受到气候变冷的影响，农耕条件最为脆弱。元代西域生态条件便已趋于恶化。④ 明人也几乎视嘉峪关内外为两个完全不同的空间，以永乐年间出使西域的陈诚态度为例。“（永乐十二年正月）十七日，晴。过嘉峪关，关上一平冈，云即古之玉门关，又云榆关，未详孰是。关外沙碛茫然。约行十余里，至大草滩沙河水水边安营。”⑤ 故而，明朝放弃沙州，符合生态环境的变迁趋势。

但另一方面，陈诚这种生态观恐怕并非纯粹的景观描述，应掺杂了文化观念，以嘉峪关外为“化外之地”，生态环境在其观念中也相应变得“荒漠化”。其实嘉峪关以内也存在严重的沙化。如凉州。“凉州砂碛之区，

① 佚名：《庄浪总镇地里图说·松山新边图说》，载孙靖国《舆图指要：中国科学院图书馆藏中国古地图叙录》，中国地图出版社 2012 年版，第 131 页。

② ［美］牟复礼：《导言》，载［美］牟复礼、［英］崔瑞德编，张书生等译，谢亮生校《剑桥中国明代史》，中国社会科学出版社 1992 年版，第 9—10 页。

③ 邹逸麟：《明清时期北部农牧过渡带的推移和气候寒暖变化》，《复旦学报》1995 年第 1 期；程龙：《兀良哈三卫南迁气候寒冷说质疑》，《中国史研究》2001 年第 1 期。

④ 泰定三年五月，“甘肃行省臣言：‘赤斤储粟，军士度川远给不便，请复徙于曲尤之地。’从之”。《元史》卷三〇《泰定帝纪二》，第 669 页。

⑤ 陈诚著，周连宽校注：《西域行程记》，中华书局 2000 年版，第 33 页。

近城四面皆沙石，大小磊磊，无一寸土壤，掘地至丈许，尚皆大石。”① 肃州起初也不适合农耕，后经发展水利灌溉，俨然一幅美妙的田园风光。“（肃州）其地四时鲜雨，惟恃天山雪水灌溉，民亦稀事耕稼，粟麦多贵。”②“而其（毛凤仪）功最大而利最久者，莫如开垦王子庄地，招民居种，浚渠引水，以数百年龙荒沙漠之区，一旦而化为鸡犬桑麻之境。平畴弥望，烟火相错，上裕国赋，下育黎元。”③

沙州虽然沙漠化严重，但元、清两朝皆在此屯垦，④ 明朝为何不能像经营凉州、肃州那样经营沙州呢？而且明朝最初似乎曾在沙州屯田。“甲午，以指挥佥事藏卜所领故元时部属答失里伯帖木儿、阿力从等为千户、

① 冯一鹏：《塞外杂识》，丛书集成初编本，上海商务印书馆1936年版，第4页。

② 何衍庆修，吴人寿纂：《肃州新志·因丰阁记》（毛凤仪撰），《中国西北文献丛书第一辑·西北稀见方志文献》第四十九卷，兰州古籍书店1990年版，第59页。

③ 《肃州新志·毛公墓志铭》（杨俊烈撰），第63页。

④ 元朝在沙州屯垦情况在《元史》中有系列记载。至元十三年正月，“戊子，中书省臣言：‘王孝忠等以罪命往八答山采宝玉自效，道经沙州，值火忽叛，孝忠等自拔来归，令于瓜、沙等处屯田。’从之”。宋濂等：《元史》卷九《世祖纪六》，中华书局1976年点校本，第177页。关于瓜、沙屯田产量较低，参见李正宇《敦煌历史地理导论》，台北新文丰出版有限公司1997年版，第98页。至元十八年五月，“甲辰，遣使赈瓜、沙州饥。……己酉，禁甘肃瓜、沙等州为酒”。《元史》卷一一《世祖纪八》，第231页。至元二十二年五月，“敕朵儿只招集甘、沙、速等州流徙饥民”。《元史》卷一三《世祖纪十》，第277页。至元三十一年七月，“给瓜、沙之民徙甘州屯田者牛价钞二千六百锭”。《元史》卷一八《成宗纪一》，第385页。元贞元年正月，“罢瓜、沙等州屯田”。《元史》卷一八《成宗纪一》，第390页。元贞二年六月，“给瓜州、沙州站户牛种田具”。《元史》卷一九《成宗纪二》，第404页。大德元年十一月，“总帅汪惟和以所部军屯田沙州、瓜州，给中统钞二万三千二百余锭，置种、牛、田具”。《元史》卷一九《成宗纪二》，第414页。大德元年闰十二月，“瓜州屯田军万人贫乏，命减一千，以张万户所领兵补之”。《元史》卷一九《成宗纪二》，第416页。大德二年二月，“甘肃省沙州鼠伤禾稼”。《元史》卷一九《成宗纪二》，第418页。大德七年，“六月己丑，御史台臣言：‘瓜、沙二州，自昔为边镇重地，今大军屯驻甘州，使官民反居边外，非宜。乞以蒙古军万人分镇险隘，立屯田以供军实，为便。’从之”。《元史》卷二一《成宗纪四》，第452页。大德十一年七月，“诸王出伯言：‘瓜州、沙州屯田逋户渐成丁者，乞拘隶所部。’中书省臣言：‘瓜州虽诸王分地，其民役于驿传，出伯言宜勿徙。’”《元史》卷二二《武宗纪一》，第483页。至大二年八月，中书省臣言：“沙、瓜州摘军屯田，岁入粮二万五千石，撒的迷失叛，不令其军入屯，遂废。今乞仍旧遣军屯种，选知屯田地理色目、汉人各一员领之。”“皆从之”。《元史》卷二三《武宗纪二》，第514页。延祐元年十月，“丙申，复甘肃屯田，置沙、瓜等处屯储总管万户府，秩正三品”。《元史》卷二五《仁宗纪二》，第566页。泰定四年十月，“增置肃州、沙州、亦集乃三路推官”。《元史》卷三〇《泰定帝纪二》，第682页。天历二年九月，“赈甘肃行省沙州、察八等驿钞各千五百锭”。《元史》卷三三《文宗纪二》，第740页。关于清朝在新疆之屯垦情况，参见王希隆《清代西北屯田研究》，新疆人民出版社2012年版。

镇抚，俾居沙州，与汉军相参屯田。”① 况且沙州虽不适合农耕，但越过沙漠，到达吐鲁番，却十分适合农耕。这从《长春真人西游记》所载沿路景观变化便可看出。② 其实明朝放弃西域并非是出于生态原因，从经济角度考虑的结果；而是出于地缘政治，从政治角度选择的结果。两汉关于在西域是否屯田的争论，所围绕者同样是政治、军事层面，而非经济层面。③ 可见，明朝从建国伊始，在政治重心向东部转移的地缘格局之下，鉴于蒙古政治重心同样向东转移，对于西部边疆的关注程度，明显不如中部边疆、东部边疆，甚至直到正统时期，出没于阴山与黄河之间的塔滩蒙古，才最终归附明朝。④ 明代西部边疆地缘政治上的“差缓”与“次后”特征，鲜明地反映出明代“东北边疆时代”特征。

四　洪永之际西部边疆由“差缓地带”至“首要地带”的转变与甘肃镇的建立

洪武中后期，明朝在重点经营中部边疆、东部边疆的同时，也开始对西部边疆有所经营。宋晟在这一过程之中，发挥了重要作用。宋晟，定远人，不仅是朱元璋的同乡，而且在朱元璋诛邵荣事件中，与父亲宋朝开，扮演了告密者的角色，属于朱元璋的嫡系武将。⑤ 洪武中期，宋晟长期执掌位于甘肃东部，土地最广⑥、颇宜农业⑦的凉州卫。

---

① 《明太祖实录》卷二〇三，洪武二十三年秋七月甲午，第3036页。

② 李志常述，王国维校注：《长春真人西游记》卷上，载丘处机著，赵卫东辑校《丘处机集》，齐鲁书社2005年版，第263—277页。

③ 余英时著，邬文玲等译：《汉代贸易与扩张》，上海古籍出版社2005年版，第125页。

④ 周松：《明初河套周边边政研究》，甘肃人民出版社2008年版，第200—246页。

⑤ 李新峰：《邵荣事迹钩沉》，《北大史学》第8辑，北京大学出版社2001年版。

⑥ 正统十年，参赞军务副都御史曹翼奏：“甘肃卫分，惟凉州土地最广，洪武中旧设九所，及带管土民七里，其后次第迁调，今止余四所，城内实多隙地，郭外广有闲田。”《明英宗实录》卷一三二，正统十年八月丙辰，第2628页。

⑦ 正统、天顺时期，两次到凉州的张楷，便曾写下“绿水绕畦瓜未熟，黄云翻垄麦初成。解鞍偶向河桥息，几处讴歌贺偃兵”的诗句。清代乾隆年间诗人沈翔也咏叹道：“山开地关结雄州，万泒寒泉日夜流。峰向南来皆有雪，城当下面独无楼。市廛人语殊方杂，道路车声百货稠。塞北江南称此地，河西千里尽荒陬。”

> （洪武）十二年，（宋晟）掌凉州卫。十三年，逐北虏至白城，获其人马甚众。十五年，父病，召晟还侍。又三年，父殁。既襄事，复镇凉州。虏时数为边患，晟率兵讨之，追至亦集乃之地，斩其凶渠也速儿监等，及其众无筭，余悉生縶送京师。又招降虏伪国公吴把都等万八千人，而送其酋长工不答儿等百五十人诣京师，简其壮者补卒伍，余悉处之善地，俾耕牧自便。驿召晟还京，奖谕再四，赐赍甚厚。复镇凉州。十九年，召还，升骠骑将军，右军都督佥事，赐钞文绮，以其官赠其三代，仍镇凉州。①

宋晟不断征讨、招抚周边北元残众，将明军势力向北扩张至亦集乃。洪武后期，宋晟又两度充作征伐总兵，节制凉州、山丹军队，“上以西凉、山丹等处远在西陲，凡诸军务宜命重臣专制之，乃命都督宋晟为总兵，都督刘真副之，遣使制谕曰：‘其西凉、山丹诸卫军马，凡有征调，悉听节制。’”② 征伐西域，从而将明军势力向西扩张至哈密。

> 二十三年夏，遣中使就赐白金及钞。至秋，复三遣，赐钞、文绮，授制谕，充总兵官，征哈密，破之。哈密者，去肃州千余里，虏所城也。诛其伪王子别列怯等三十余人，获虏众千三百人，及金印一，银印二，悉送京师，所获马牛羊，咸给将士。二十五年，复充总兵官，征罕东西番叛寇，诛擒七千五百余人，获马二千五百，牛羊十万，遂还京师。二十七年，调中军都督府。③

在长期征战甘肃的过程中，宋晟不仅从边疆族群获取了大量马匹，而且积极招徕边疆族群进入军队系统，从而建立起多族群、机动化的军队。洪武三十年（1397）七月，“甘肃西凉守将宋晟、庄德、张文杰等尝征讨边夷，

---

① 黄金：《皇明开国功臣录》卷二〇《宋晟传》，明代传记丛刊，台北明文书局 1991 年版，第 225—226 页。

② 《明太祖实录》卷二一六，洪武二十五年二月癸酉，第 3183 页。

③ 《皇明开国功臣录》卷二〇《宋晟传》，第 226 页。

多获马匹，牧于塞上。又以所虏胡人为家奴，待如亲属”①。

可见，洪武时期，明朝不仅经营西部边疆相对较晚，而且倚重宋晟这样的中低级武将，与中部边疆、东部边疆很早便派遣开国勋贵重点经营相比，西部边疆战略地位较低。洪武二十七年（1394），明朝始派遣勋贵后裔赴甘肃。“命曹国公李景隆佩平羌将军印，往甘肃镇守。调都督宋晟、刘贞率马步壮士缉捕盗马寇边。”② 李景隆之所以佩“平羌将军印”，应在于两汉时期，西部族群由诸羌组成，此后的中原王朝对之有笼统，出现将西部族群惯称“羌”的现象。比如被分封至甘肃的肃王，其后裔便曰：“太祖高皇帝分封我庄祖王于甘肃，以御戎羌。”③ 朱元璋既然命李景隆镇守甘肃，遂佩此印。

李景隆虽佩印镇守，但在洪武时期分封制度之下，甘肃军权实由肃王掌握，李景隆并未专制一方，而仍受肃王牵制甚至统属。可见，这一时期甘肃并未出现独立的镇守总兵制度，相应也未设立军镇。次年，明朝整顿陕西行都司军队，洪武二十八年（1395）六月，“丁亥，敕曹国公李景隆整饬陕西属卫士马”④。肃王便负责甘肃大部分卫所，“惟陕西行都司甘州五卫及肃州、山丹、永昌、西宁、凉州诸卫从肃王理之”⑤。庆王负责宁夏、陕北卫所，“庆阳、宁夏、延安、绥德诸卫从庆王理之”⑥。而李景隆仅负责洮河流域卫所。“其余卫所除屯种外，马步军士悉令训练，以俟征调。”⑦ “曹国公李景隆理巩昌、岷州、洮州、临洮、河州五卫。”⑧

伴随洪武末年明朝与西域蒙古的交恶，朱元璋为防范西域蒙古的东进，开始加强甘肃的防御。洪武末年，东察合台汗国扣留了明朝的使节。洪武二十七年（1394），明朝便不再将东察合台汗国列为藩属国。“西域之

① 《明太祖实录》卷二五四，洪武三十年秋七月乙丑，第3663页。
② 《明太祖实录》卷二三一，洪武二十七年春正月辛酉，第3375页。
③ 肃府本《淳化阁帖》朱识鋐跋，转引自林健《明代肃王研究》插图，甘肃人民出版社2005年版。
④ 《明太祖实录》卷二三九，洪武二十八年六月丁亥，第3477页。
⑤ 《明太祖实录》卷二三九，洪武二十八年六月丁亥，第3477页。
⑥ 《明太祖实录》卷二三九，洪武二十八年六月丁亥，第3477页。
⑦ 《明太祖实录》卷二三九，洪武二十八年六月丁亥，第3477页。
⑧ 《明太祖实录》卷二一七，洪武二十五年三月癸未，第3187页。

部也，西天泥、八剌国、朵甘、沙州、乌思藏、撒立、畏兀儿、撒来、撒马儿罕。”① 洪武三十年（1367），朱元璋再次派遣使节，出使东察合台汗国，对其这一做法，加以谴责。“丁丑，遣使谕别失八里王黑的儿火者。先是遣主事宽彻等使哈梅里、别失八里及撒麻儿罕的地。宽彻至别失八里，而黑的儿火者拘留之，副使二人得还，至是复遣使持书往谕之。”② 作为对东察合台汗国的报复，明朝扣押了前来经商的东察合台汗国商人一段时间。“是以近年回回入边地者，且留中国互市，待宽彻归，然后遣还。”③ 最终朱元璋决定主动修复与东察合台汗国的关系，送还被扣押的该国商人。“及回回久不得还，称有父母妻子。朕以人思父母妻子，乃其至情。逆人至情，仁者不为，遂不待宽彻归而遣之。”④ 在示好的同时，朱元璋对东察合台汗国也进行了恐吓。“是用复遣使赍书往谕，使知朝廷恩意，毋使道路闭塞，而启兵端也。”⑤ 但终洪武一朝，明朝与东察合台汗国也未能重新回到宗藩关系的轨道上来。

洪武后期，帖木儿帝国以继承成吉思汗伟业为政治目标，通过不断战争，不仅先后吞并中亚的花剌子模与西亚的伊利汗国、钦察汗国，成为亚洲内陆中西部霸主，而且有向东进攻明朝，从而恢复蒙古帝国庞大疆域的想法，因此开始中止与明朝之间的宗藩关系。洪武二十八年（1395）、洪武三十年（1397），帖木儿帝国两次扣留明朝使者。“（洪武）二十八年遣给事中傅安、郭骥等携士卒千五百人往，为撒马儿罕所留，不得还。三十年又遣北平按察使陈德文等往，亦久不还。”⑥ 在这一地缘背景下，西部边疆战略地位遂由“差缓地带”一举转变为“首要地区”，成为明朝北部边疆地缘政治的重心。

鉴于东察合台汗国、帖木儿帝国的强势威胁，朱元璋遂在洪武三十年（1397），派遣开国勋贵中仅存的两位——耿炳文、郭英充征伐总兵，往赴

① 《明太祖实录》卷二三二，洪武二十七年夏四月庚辰，第 3395 页。
② 《明太祖实录》卷二四九，洪武三十年春正月丁丑，第 3611 页。
③ 《明太祖实录》卷二四九，洪武三十年春正月丁丑，第 3612 页。
④ 《明太祖实录》卷二四九，洪武三十年春正月丁丑，第 3612 页。
⑤ 《明太祖实录》卷二四九，洪武三十年春正月丁丑，第 3612 页。
⑥ 《明史》卷三三二《西域传四・哈烈》，第 8609 页。

甘肃。“长兴侯耿炳文佩征西将军为总兵官，武定侯郭英为副，往陕西及甘肃选精锐步骑，往西北边以备胡寇。”① 耿炳文佩“征西将军印”，反映出朱元璋此次派军出征，实为了防御东察合台汗国与帖木儿帝国。

这一时期蒙古高原政治中心的西移，也在一定程度上提升了西部边疆的战略地位。脱古思帖木儿被杀之后，阿里不哥系蒙古与瓦剌由于势力分布于蒙古高原西部，遂再次恢复蒙古帝国初期和林的政治中心地位。达里扎布指出脱古思帖木儿汗被杀之后，瓦剌所立五汗（不包括脱脱不花），斡耳朵皆在三河之源。② 在这一地缘格局之下，大量蒙古部众开始在甘肃境外活动。有鉴于此，朱元璋也开始加强对甘肃的关注。

> 洪武二十七年六月初七日，后军都督府差舍人张忠为军务事到来启：本年五月三十日，于右顺门，钦奉圣旨：如今问出宁夏来降达达只儿吉歹，说也速迭儿的儿子差来哨探的马军，去年在也儿焦地面，将甘肃搬盐的几名旗军拿去问这里的消息，说他哪里有三万人马，在边上出哨。着那边止守御的官军每，好生用心谨慎，设法关防堤备。钦此。③

在甘肃战略地位逐渐提升的地缘背景下，建文元年（1399），明朝在甘肃首次实行独立的镇守总兵制度，命宋晟镇守甘肃。“以中军都督佥事宋晟充总兵官，镇守甘肃。”④镇守总兵驻所设于甘州卫。“靖难之役”中，建文朝廷征调北部边疆大量军队，加入对燕王的战争，却一直未征发甘肃军队，⑤ 可能鉴于甘肃距离遥远，也可能考虑到甘肃担负着抵御帖木儿帝国

① 《明太祖实录》卷二四九，洪武三十年春正月丙辰，第3605页。

② 达力扎布：《北元汗斡耳朵游牧地考》，南京大学元史研究室编《内陆亚洲历史文化研究——韩儒林先生纪念文集》，南京大学出版社1996年版。

③ 朱元璋：《太祖皇帝钦录》，载张德信《太祖皇帝钦录及其发现与研究辑录——兼及〈御制纪非录〉》，朱诚如、王天有主编《明清论丛》第6辑，紫禁城出版社2005年版，第93页。

④ 屠叔方：《建文朝野汇编》卷二《建文元年》，北京图书馆古籍珍本丛刊影印明万历刻本，书目文献出版社1989年版，第36页。

⑤ 《皇明开国功臣录》卷二〇《宋晟传》，第227页。姜清：《姜氏秘史》，《四库全书存目丛书》影印北京图书馆藏清初钞本，齐鲁书社1996年版，第722页。

与阿里不哥系蒙古、瓦剌的边防重任。建文时期虽然分封制度逐渐瓦解，肃王已非甘肃最高军事长官，宋晟从而独立镇守甘肃，但由于并未佩印，因此甘肃尚非完全意义上的军镇。

朱棣即位后，鉴于帖木儿帝国东进明朝之势逐渐明显，蒙古大汗窝阔台后裔鬼力赤也不断南下，西部边疆面对越来越大的边防压力，从而延续建文时期的甘肃镇守总兵制度，并进一步赋予宋晟将印，从而正式确立了甘肃的军镇地位。永乐元年（1403）正月，“丁酉，命后军左都督宋晟佩平羌将军印，充总兵官，镇甘肃”①。甘肃镇由此成为明代九边最早建立的军镇。②

五　明前期甘肃镇地缘定位的确立

永乐二年（1404）底，帖木儿率兵20万，号称百万，向东进攻明朝。朱棣听闻这一消息之后，命甘肃、宁夏二镇严加防备。永乐三年（1405）二月，“敕甘肃总兵官左都督宋晟曰：‘回回倒兀言撒马儿罕回回与别失八里沙迷查干王假道率兵东向。彼必未敢肆志如此，然边备常不可怠。昔唐太宗兵力方盛，而突厥径至渭桥，此可监也。宜练士马、谨斤堠、计粮储，预为之备。’”③ 但帖木儿在二月十八日，行至讹答剌（花剌子模境内，今哈萨克斯坦境内）时病死。15世纪初年亚洲两大霸主的正面对决，尚未

① 《明太宗实录》卷一六，永乐元年春正月丁酉，第296页。

② 关于甘肃建镇标志与时间，学界持有不同意见。艾冲指出：“大约在洪武十二年定设镇守甘肃等处地方总兵官，沿为制度。卫、所的城池也渐次营建，这是甘肃镇建立的标志。”艾冲：《明代陕西四镇长城》，陕西师范大学出版社1990年版，第9页。胡凡以洪武十二年，陕西行都司设于庄浪，作为甘肃建镇的标志。参见胡凡《明代洪武永乐时期北边军镇建置考》，《文史》2006年第4期。于默颖认为甘肃建镇经历了长期的过程。“甘肃镇的创设最早应追溯到西安行都卫的设立，正式设立应以陕西行都司的复建为标志，移治甘州及诸卫的增设则是其最后形成。洪武二十七年，以李景隆为平羌将军，镇甘肃，永乐初以宋晟佩平羌将军印充总兵官镇甘肃，甘肃称镇。”参见于默颖《明蒙关系研究——以明蒙双边政策及明朝对蒙古的防御为中心》，博士学位论文，内蒙古大学，2004年，第102页。余同元认为甘肃建镇于洪武年间。参见余同元《明代九边述论》，《安徽师范大学学报》1989年第2期。韦占彬认为甘肃镇设于永乐元年。参见韦占彬《明代“九边”设置时间辨析》，《石家庄师范专科学校学报》2002年第1期。范中义认为甘肃镇初建于洪武二十五年，完成于正统元年。参见范中义《明代九边形成的时间》，《大同高等专科学校学报》（综合版）1995年第4期。

③ 《明太宗实录》卷三九，永乐三年二月庚寅，第658—659页。

发生便戛然而止，此后帖木儿帝国陷入汗位之中，四分五裂，从而被明朝再次纳入宗藩体系之中，再未对明朝构成严重威胁。宣德时期，西域各国普遍与明朝建立了宗藩关系。“地大者称国，小者止称地面。迄宣德朝，效臣职、奉表笺、稽首阙下者，多至七八十部。”①

伴随帖木儿帝国威胁的解除，甘肃镇战略地位有所下降。永乐五年（1407）六月，宋晟病重，朱棣命晟子、驸马都尉宋琥前往探视病情，并协助宋晟处理军镇事务。

> 壬寅，遣驸马都尉宋琥省其父西宁侯晟疾。就令赍敕谕晟曰：“卿久在边，劳身焦思，招怀抚辑，使朕无西顾之忧，朕甚赖之。近闻得风疾，妨起处，朕心惓惓，特遣琥侍疾。卿宜强饮食、进医药，用副倚注之重。琥年少，智识未充，宜遂教以边务，然大事须自处置，不可忽也。”②

七月，宋晟病死，③朱棣遂命宋琥临时接任甘肃镇总兵。“丁卯，命驸马都尉宋琥佩平羌将军印，充总兵官，镇甘肃，节制陕西都司及行都司。”④同时节制陕西都司与陕西行都司两大都司，以防止西北边疆由于宋晟的去世，而发生动乱。

应是鉴于宋琥尚年轻识浅，未曾历练边事，朱棣并未将之作为继任甘肃镇总兵的人选，而是选择了这一时期镇守宁夏，与宋晟一同负责西北防务的何福。永乐五年（1407）八月，“乙酉，敕宁夏总兵官右军都督府左都督何福往镇甘肃，令驸马都尉宋琥以父丧还京师”⑤。

虽然帖木儿帝国的威胁得以解除，不过蒙古仍不断对甘肃镇造成军事威胁。永乐五年（1407）十一月，朱棣听闻蒙古有南下甘肃等地的计划，从而命何福加强战备。“丙子，敕甘肃总兵官左都督何福曰：‘近得降虏朵

① 《明史》卷三三二《西域传四·俺的干》，第8616页。
② 《明太宗实录》卷六八，永乐五年六月壬寅，第961—962页。
③ 《明史》卷一五五《宋晟传》，第4246页。
④ 《明太宗实录》卷六九，永乐五年秋七月丁卯，第975页。
⑤ 《明太宗实录》卷七〇，永乐五年八月乙酉，第981页。

儿只，言北虏备挤马干粮，期冰冻时南寇东胜，亦欲寇甘肃、哈密，尔须坚壁清野以待。若来，慎毋轻出兵击之，虑有诈也。戒慎戒慎！”① 永乐六年（1408），鬼力赤被杀，鞑靼部众迎立居于别失八里的北元昭宗爱猷识理达腊之孙本雅失里，继承大汗之位，沿途可能会经过甘肃境外。甘肃镇遂严阵以待，提防战争的发生。② 不过本雅失里可能为了防范明军的中途劫杀，最终未选择这一线路。③

永乐八年（1410）四月，何福追随朱棣北征，都指挥佥事史昭充总兵官，临时负责甘肃镇军务。“壬戌，车驾至玄云谷，闻凉州土鞑军叛，命都指挥佥事史昭充总兵官，操练陕西行都指挥司司军马，并统领陕西都司河州诸卫步骑三千人镇守凉州等处，凡土军、土民有便命者即剿之。”④ 七月，朱棣正式命宋琥充任甘肃镇总兵。⑤ “遣使赍制谕，命驸马都尉西宁侯宋琥佩征虏前将军印，充总兵官镇甘肃。”⑥ 史昭改充其部属。十月，“甘肃总兵官驸马都尉西宁侯宋琥奏调都指挥丁刚镇凉州，王贵镇肃州，史昭守镇番。从之”⑦。值得注意的是，宋琥未像之前甘肃镇总兵那样，佩“平羌将军印”，而是改佩“征虏前将军印”，即军事经营的重点不再是“羌”即西部族群，而是“虏”即蒙古。之所以有此改变，应是在永乐北征的时代背景下，朱棣将甘肃镇的定位，从控遏西北，临时转变为充作永乐北征的侧翼力量。

两宋灭亡原因之一，是数量巨大的禁兵队伍，给国家财政造成了沉重

---

① 《明太宗实录》卷七三，永乐五年十一月丙子，第1021—1022页。

② “甲子，遣太监王安等往别失八里。时鸿胪寺丞刘帖木儿不花等使迤西，还言：‘本雅失里初居撒马儿罕，后奔别失八里，今虏遣人迎立之。边将亦报谍闻本雅失里事，且云本雅失里若立，则诸虏拥之北行，必先掠边境，请选劲骑出塞，觇伺或要击之。’上曰：‘此虏果立，亦未能大肆其志。姑遣人潜察所向如何。’遂遣安往别失八里，而敕总兵官都督何福等遣人往哈密等处买马，以觇本雅失里动静。令所遣者必与安声势相接，迤西诸卫所则发兵护送。”《明太宗实录》卷七五，永乐六年春正月甲子，第1030—1031页。

③ “己亥，太监王安奏：本雅失里自别失八里从他道北行，不经哈密。令其所部鞑靼十八人在哈密窥探边事，忠顺王羁之以俟命。上敕忠顺王遣人送至总兵官都督何福所，令福俟至询其实，即赐赍遣之。遂召安还。”《明太宗实录》卷八〇，永乐六年六月己亥，第1073页。

④ 《明太宗实录》卷一〇三，永乐八年夏四月壬戌，第1342—1343页。

⑤ 《明史》卷六《成祖纪二》，第88页。

⑥ 《明太宗实录》卷一〇六，永乐八年秋七月丁卯，第1367页。

⑦ 《明太宗实录》卷一〇九，永乐八年冬十月己亥，第1405页。

负担。与两宋不同，朱元璋建国之后，对军队规模加以控制，即使被设定为军事重心的北部边疆，明初也仅驻扎40万左右的士兵。“明初边备，自辽东而大宁，而开平，而宣府，而丰胜，而大同，而宁夏，而甘肃，东西延亘，指臂相依，称全盛焉。故合边卒之数，不过四十万，较之宋人备西夏一路犹七十万者，盖倍蓰也。”① 军队规模得以控制，虽然有利于财政平衡，却会时常造成兵力不足的问题。针对于此，明朝不断征调内地军队，轮番到北部边疆协助防御，这便是所谓的“班军”制度。② 明代班军制度出于节约成本与增强适应性的考虑，采取就近征调的原则，比如派遣至甘肃的班军，便主要从邻近省份，即陕西、山西、河南等地征调。永乐八年（1410）十二月，“己酉，命都督费瓛、都指挥胡原、陈怀率陕西都司马步军五千、河南都司三千、山西都司二千在甘肃操备者，听总兵官驸马都尉西宁侯宋琥节制”③。

宋琥凭借其父威望与自己的驸马身份，充任甘肃镇总兵，颇为自傲，与其父相比，在军务处理上缺乏稳重与谨慎，很快便遭到朱棣的严厉批评，永乐八年（1410）十二月，

> 敕甘肃总兵官西宁侯宋琥曰：“尔前奏曲先卫头目有久居沙州，令至甘肃者。既至，则当即送朝廷，乃留之不遣，何也？《礼》：臣子无外交。虽为边将，非有警急及受命权宜行事，宜谨守常法，不宜轻易遣人出境。盖尔年少，涉事未广，致有此失。闲暇宜学问，亲贤人智士，以知古名将及国朝老成如中山王数人行事，而取法之，必无失矣。昔中山王守北京十余年，未尝轻遣一人出塞外。当时边圉无事，中山王亦安享富贵，令名无穷。尔能遵朕训，则边境可安，尔之富贵亦永远矣。”④

---

① 顾祖禹撰，贺次君、施和金点校：《读史方舆纪要·舆图要览·九边总图》，中华书局2005年版，第6028页。

② 参见彭勇《明代班军制度研究：以京操班军为中心》，中央民族大学出版社2006年版；彭勇《明代北边防御体制研究：以边操班军的演变为线索》，中央民族大学出版社2009年版。

③ 《明太宗实录》卷一一一，永乐八年十二月己酉，第1420页。

④ 《明太宗实录》卷一一一，永乐八年十二月甲寅，第1422—1423页。

迅速失去了朱棣的信任，永乐十年（1412），西部边疆部分族群归附明朝，朱棣并未如之前那样将甘肃镇军务完全委任宋晟，而是另外派遣李彬充任征伐总兵，与宋琥一同处理相关事宜。“十年，命往甘肃与西宁侯宋琥经略降酋。”① 甘肃镇诸多武将脱离宋琥节制，改归李彬统率。永乐十年（1412）三月，“命丰城侯李彬充总兵官，率兵讨甘肃叛寇捌耳思朵罗歹等，恭顺伯吴允诚、都指挥刘广、史昭、满都悉听节制”②。虽然朱棣为维护宋琥的尊严，在颁旨甘肃时，将宋琥列于前，将李彬列于后，但权力受到侵夺的宋琥，仍对李彬颇有怨言，二者从而产生矛盾。永乐十年（1412）八月，

> 丁丑，上闻甘肃总兵官西宁侯宋琥与丰城侯李彬不协，赐敕谕琥等曰：“尔等俱以重臣膺受边寄，正宜同心协谋，以成国事，何得互有猜疑，行事之际，各怀私见，论议纷纷，久而不定。自今宜改心易虑，务在和协，庶克成功。不然，或误边事，罚有所归。”③

最终朱棣命李彬取代宋琥，充任甘肃镇总兵。永乐十一年（1413）正月，“辛丑，召甘肃总兵官驸马都尉西宁侯宋琥还，命丰城侯李彬佩征虏前将军印，充总兵官，镇守甘肃，节制陕西行都司各卫所官军”④。

永乐十二年（1414），李彬追随朱棣北征，都督费瓛接任总兵官。“甲午，命都督费瓛、刘江俱充总兵官，瓛镇守甘肃，陕西、河南、山西调到备御官军听其节制，江镇守辽东，其都司属卫军马听其节制。”⑤ 由于“征虏前将军印”仍由李彬掌握，费瓛也非勋贵，朱棣遂未授予费瓛将印。虽然权位不如将军总兵，但费瓛同样全权负责甘肃镇一切军务，拥有“便宜

① 《明史》卷一五四《李彬传》，第4234页。
② 《明太宗实录》卷一二六，永乐十年三月丁亥，第1575页。
③ 《明太宗实录》卷一三一，永乐十年八月丁丑，第1620—1621页。
④ 《明太宗实录》卷一三六，永乐十一年春正月丁酉，第1658页。
⑤ 《明太宗实录》卷一五五，永乐十二年九月甲午，第1791页。

行事”权力，比如拥有财政权、司法权。①

仁宗即位后，对全国军镇制度进行统一梳理，由于对蒙古的大规模征伐已经结束，甘肃镇定位遂从北征侧翼，再次回归到控遏西北的基本定位，相应甘肃镇总兵佩印由“征虏前将军印”，再次恢复为“平羌将军印”。② 终明一代，甘肃镇一直承担着北御蒙古、西御西域的双重职责，这是甘肃镇地缘政治的核心与实质，也是不同于九边其他军镇之处。“甘肃一镇，最为孤悬，而防范机宜，尤当严密，所以然者何也？盖各边止知防秋，而甘肃四时皆防；各边止知防虏，甘肃则又防番、防回。兵马奔驰，殆无虚日。”③ 甘肃镇有时被明人简称为“甘镇”。④

蒙古大汗之位再次回到忽必烈系之后，蒙古高原政治重心再次呈现东移趋势。在这一地缘背景下，地处极西的甘肃镇，由于长期并不充作抵御蒙古的前沿阵地，西域地区又长期与明朝保持了相对和平的关系，因此战略地位再次回到洪武时期的“差缓地带”。由于长期无警，甘肃镇防务逐渐松弛。宣德以后，卫所制度逐渐废坏。⑤ 虽然明朝逐渐实行召募制度，但全国军队数量逐渐减少，却是不争的事实。嘉靖时期，甘肃镇所节制的十五卫所，兵力大体缩减至明初的三分之一。“河西十五卫所原额军士六万八千有余，见今止有二万九千余人。”⑥ 正统初年，兵部尚书王骥前来巡边，便发现了这一状况。“骥至甘肃稽阅边备，见庄浪、永昌、山丹路俱废烽堠，军无纪律。”⑦

---

① “戊戌，敕甘肃总兵官都督费瓛曰：‘甘肃凉州缘边诸卫所骑士，常令操备，于步卒中选其半，精壮者守御，余皆下屯。’”《明太宗实录》卷一五七，永乐十二年冬十月戊戌，第1800页。“甘肃总兵官都督费瓛奏凉州有遗弃闲田，宜令军士耕种，以备储积。从之。”《明太宗实录》卷二二一，永乐十八年闰正月戊寅，第2189页。“敕甘肃总兵官都督费瓛曰：‘今后陕西行都司所属军余人等有犯笞杖徒流迁徙罪者，就发本地极边处瞭守烟墩。其为事官以下犯死罪者送京师。’”《明太宗实录》卷二二二，永乐十八年二月己未，第2194—2195页。

② 《明仁宗实录》卷七上，洪熙元年二月辛丑朔，第228—229页。

③ 张玿美修，曾钧等纂：《五凉全志》卷三《永昌县志·文艺志·明嘉靖四十二年巡抚都御史戴才议处极边紧要地方兵以将弭外患以图久安疏》，中国方志丛书影印清乾隆十四年刊本，台北成文出版社有限公司1976年版，第427页。

④ 姜埰著，印晓峰点校：《敬亭集》卷七《探本自强疏》，华东师范大学出版社2011年版，第197页。

⑤ 王毓铨：《明代的军屯》，中华书局1965年版。

⑥ 《军政条例续集》，第488—489页。

⑦ 严从简著，余思黎点校：《殊域周咨录》卷一七《鞑靼》，中华书局1993年版，第558页。

也正是有鉴于此，宣德九年（1434），鞑靼在与瓦剌、鞑靼脱脱不花大汗联合势力的战争中失败。“今年二月，瓦剌、脱脱不花王子率众至哈海兀良之地，袭杀阿鲁台妻子部属，及掠其孳畜。”① 太师阿鲁台遂率众南下阴山南疆，进至明朝境外，在沿途明军抵御之下，一路向西，迁移到兵力最弱的甘肃镇境外。阿鲁台最终被瓦剌杀死。“阿鲁台与失捏干止余人马万三千徙居毋纳山、察罕脑剌等处。七月脱欢复率众袭杀阿鲁台、失捏干，其部属溃散。”② 毋纳山在今内蒙古乌拉山，察罕脑剌在今内蒙古包头西至乌拉山一带，即皆在黄河以北。但包括阿鲁台所拥立的阿台大汗在内的鞑靼残部，却仍长期盘踞这一地区。“阿鲁台所立阿台王子止余百人遁往阿察秃之地，完者帖木儿遂南行至哈剌脱欢山为寇。”③ 阿察秃、哈剌脱欢山所在地不明，但阿鲁台所部既一直由东北向西南逃遁，这两个地区应仍在甘肃镇境外。

对于鞑靼残部，明朝采取征讨与招抚两种形式。当年十月，甘肃镇军队便曾进击鞑靼残部，并获得了一定胜利，“已遣千户王敬等领兵追之，斩首十一级，生擒完者帖木儿及男妇二十人，械送京师”④。在明军与瓦剌夹缝之中，部分鞑靼部落也一度曾归附明朝。正统元年（1436），兵部尚书王骥奏：“虏阿鲁台为瓦剌所破，其部落溃散，外惧瓦剌，内畏官军，不得已内附。”⑤ 但伴随瓦剌北归，鞑靼残部利用归附明朝所获得的物资与空间，逐渐收聚、恢复，蔚然而成甘肃镇境外的一大势力，对甘肃镇形成了很大威胁。可资佐证的是，当年十二月，原属阿鲁台的朵儿只伯便开始进攻甘肃镇的东部凉州。⑥ 其中为首者便是阿台与朵儿只伯。“达贼阿台、朵儿只伯等不顺天道，罔感国恩，屡寇边境。”⑦ 进攻主要目标集中于甘肃

① 《明宣宗实录》卷一一三，宣德九年冬十月乙卯，第2545页。

② 《明宣宗实录》卷一一三，宣德九年冬十月乙卯，第2545页。

③ 《明宣宗实录》卷一一三，宣德九年冬十月乙卯，第2545页。

④ 《明宣宗实录》卷一一三，宣德九年冬十月乙卯，第2545页。

⑤ 《明英宗实录》卷二三，正统元年冬十月辛未，第459页。

⑥ “初，朵儿只伯从阿鲁台归款，已命为都督。阿鲁台既为瓦剌所败，朵儿只伯奔走无所依，尝寇掠凉州。边将获其甥，上怜而不杀留之。至是，惧朝廷追剿，故遣脱火赤等来，以款我师，且观朝廷所以处之如何。”《明宣宗实录》卷一一五，宣德九年十二月己未，第2586页。

⑦ 《明英宗实录》卷一〇，宣德十年冬十月庚子，第185页。

镇东北部。“时复突入凉州、镇番境内为患。”①

明朝有鉴于此，开始加强甘肃镇东部的经营，从而在凉州卫设置副总兵，甘肃镇形成东西并重之势。② 在明军不断驱逐之下，阿台、朵儿只伯部进一步向西北迁移，从而到达亦集乃。正统元年（1436）二月，甘肃左副总兵刘广奏：“比闻来降胡妇脱欢等言贼首阿台并朵儿只伯等向被大军杀散，各遁于亦集乃并亦不剌山潜住。”③ 阿台等以此为据点，不断向东南进攻甘肃、宁夏二镇。正统二年（1437）底，明朝派遣兵部尚书王骥总率甘肃、宁夏二镇军队，将阿台、朵儿只伯驱逐出这一区域，④ 才最终解决了鞑靼残部对明朝西北边疆的威胁。但伴随这一短暂危机的解决，甘肃镇再次回到松弛的状态，周边的蒙古、西番势力开始向内渗透，甘肃镇从而逐渐形成胡汉并居之势。明中期第七代秦王朱诚泳便咏叹道：“一从结发戍凉州，铁甲磨穿已秃头。儿孙养得解胡语，不如陇水解东流。”⑤ 反映出当时胡汉之间语言交流的事实。

六　甘肃镇长城的修筑

艾冲指出甘肃镇长城大约始建于弘治十五年（1502）至十八年（1505），并对此后甘肃镇长城的修筑过程与起至走向，进行了系统梳理。⑥ 弘治十五年七月之前，甘肃镇曾有在东起庄浪（今甘肃永登县），西至嘉峪关的甘肃全境，征发民众，用三年的时间，修筑边墙、增筑墩台之议。“甘肃一带孤悬河外，前镇、巡官议自庄浪接宁夏冈子墩起，至肃州嘉峪关讨来河止，修筑边墙总二千六百七十八里，连增移墩台。首末须三年告完。该用人夫九万。”⑦ 但并未被采纳。弘治十六年（1503）五月，继任的

① 《明英宗实录》卷一〇，宣德十年冬十月壬寅，第 187 页。

② “起为事官李安为行在右军都督府都督佥事，充副总兵，往甘肃同总兵官都督同知刘广提督操备。先是凉州等卫，屡有警。”《明英宗实录》卷四，宣德十年夏四月辛酉，第 88 页。

③ 《明英宗实录》卷一四，正统元年二月丁巳，第 267 页。

④ 《明英宗实录》卷三五，正统二年冬十月甲子，第 678—679 页；卷四一，正统三年夏四月乙卯，第 790—791 页。

⑤ 朱诚泳：《经进小鸣集》。需查

⑥ 艾冲：《明代陕西四镇长城》，第 98—112 页。

⑦ 《明孝宗实录》卷一九九，弘治十六年五月己巳，台北“中研院”历史语言研究所 1962 年校印本，第 3681—3682 页。

甘肃镇总兵官刘胜重提此事，不过改而建议由军队系统与民政系统，共同修筑。“今陕西行都司所属卫所除马队外，见在步队并杂差旗军止一万六千余人，乞量于腹里起倩人夫三五万，各委州县佐贰官管领，布、按二司委堂上官，同本边分守、守备等官提督修筑。”[①] 对此，兵部表示同意，陕西三边总制秦纮命陕西四镇总兵、巡抚商议是否可行。[②] 最终在秦纮的主持下，明朝不仅在甘肃镇，而且在其他西北三镇，大规模修筑修筑，不仅修筑墙体，增筑城堡，而且铲削山崖。“乃命三边与腹里修城堡、关隘，以处计万四千二百九；铲山崖，以里计三千七百余。”[③] 弘治十七年（1504）闰四月最终修成，秦纮奏：“臣尝督修诸边城堡一万四千余处，边堑六千四百余里，于靖虏、金汤及打狼川诸要地，益设险隘，以阻寇冲。”[④]

嘉靖十年（1531）四月，明朝在巡按陕西御史方远宜的建议下，在甘肃再次修筑边墙、挖掘壕堑，以阻挡蒙古骑兵的南下。“修垒堑以便固守。兰州至甘凉，俱依山为险，无坛堑不可防御。往者，总兵刘文修花马池，而虏不敢窥。宜按其故事，增修垒堑，分布官军，居高临下以御之。”[⑤] 嘉靖十五年（1536）十二月，在甘肃镇巡抚赵载的建议下，明朝重修、增修了两段一百余里的边墙。“凉州西北三岔起，至茨湖墩，边壕坍塌三十余里，宜行修浚。镇番临河墩起，至永昌城东百余里，原无壕墙，宜行创筑，使有险可恃，居人便于耕牧，此一劳永逸计也。”[⑥] 嘉靖十八年（1539）九月，行边使兵部尚书翟銮鉴于嘉峪关地处九边防线最西端，战略地位十分重要，建议壕堑之内，修筑边墙、墩台，完善防御体系，获得了明世宗的同意。“丙申，行边使兵部尚书翟銮言：嘉峪关最临边境，为河西第一隘，而兵力寡弱，墙濠淤损，乞益兵五百防守，并修浚其淤损者，仍于壕内添筑边墙一道，每五里设墩台一座，以为保障。上从其

① 《明孝宗实录》卷一九九，弘治十六年五月己巳，第3682页。

② 《明孝宗实录》卷一九九，弘治十六年五月己巳，第3683页。

③ 刘敏宽纂次，牛达生、牛春生校勘：（万历）《固原州志》下卷《文艺志第八·总制秦公政绩碑记略》，宁夏人民出版社1985年版，第227页。

④ 《明孝宗实录》卷二一一，弘治十七年闰四月乙亥，第3942页。

⑤ 《明世宗实录》卷一二四，嘉靖十年四月甲子，台北“中研院”历史语言研究所1962年校印本，第2976—2977页。

⑥ 《明世宗实录》卷一九四，嘉靖十五年十二月丁未，第4112页。

议。”[①] 嘉靖二十六年（1547）七月，在甘肃镇巡抚杨博的建议下，明朝修缮了高台、五坝地区的边墙。“巡抚甘肃右佥都御史杨博言：高台千户所及五坝等堡，悬隔黑河南北，正当虏冲，而边垣久颓，宜及时修筑。从之。”[②]

甘肃镇、宁夏镇之间的巨大空间，即乌鞘岭、贺兰山之间，是腾格里沙漠。明朝将腾格里沙漠视作阻隔蒙古骑兵南下的天然屏障，因此对于其南侧的大、小松山，并未措意经营。而大、小松山不仅地势平坦，[③] 利于骑兵奔驰；[④] 而且水草丰茂，农牧皆宜，[⑤] 山上又有各种猎物，可供充饥，[⑥] 非常适宜蒙古骑兵补充给养。正由于此，明中后期，蒙古将大小松山视作撕破明朝西北防线的重要通道，不断由此驰骋南下。[⑦] 有鉴于此，

① 《明世宗实录》卷二二九，嘉靖十八年九月丙申，第4731页。

② 《明世宗实录》卷三二五，嘉靖二十六年七月癸亥，第6020—6021页。

③ 正统三年，凉州右副总兵都督同知赵安奏：“镇番、永昌抵庄浪、黄河千有余里，无高山险阻，贼人出没路多而哨备军少。”《明英宗实录》卷三一，正统二年六月庚午，第614页。

④ 贺兰山最初森林茂密，成为阻止蒙古军队进入之障碍，但由于不断砍伐，这一阻碍亦不复存在。正统五年，“参赞宁夏军务右佥都御史金濂言贺兰山所以障腹里要害，往者林木生翳，骑射碍不可通。比来官校多倚公谋私，深入斩伐，至五六十里无障蔽。有如樵采者，猝为虏所得，致知我虚实，豕突入寇，即无以阻遏之。请自今凡百材木需，用于雪山取之，不得于贺兰山纵伐，以规利目前，贻患无穷。上从之，敕宁夏总兵官都督史昭严加禁约”。《明英宗实录》卷七二，正统五年冬十月甲午，第1403页。

⑤ “《五边考》：‘卫东百二十里有大小二松山，东扼黄河，南缀兰、靖，北阻贺兰，延袤千余里，号为沃壤。……’”《读史方舆纪要》卷六三《陕西十二·甘肃镇》，第2998页。

⑥ “米哈山，在（兰）州北二百余里。即大小松山，扒里扒沙山之北。胡人谓肉为‘米哈’，言此山多禽兽，可资肉食也。今复其地入新疆。”顾炎武：《肇域志·陕西行都指挥使司·兰州》，上海古籍出版社2012年版，第2638—2639页。

⑦ “癸亥，靖远伯王骥奏：黄河迤北地名速罕秃，正系冲要去处，达贼不时出没。宜修整城堡，于靖虏卫摘拨官军屯守。其附近田地拨与耕种，子粒量为轻减，官军该追马匹乞为宽免。从之。”《明英宗实录》卷一二六，正统十年二月癸亥条，第2521页。“先是，靖远伯王骥言陕西黄河迤北速罕秃，地面要害，宜析靖虏卫中所官军，于彼建立千户所。其靖虏卫地非要害，乞将全卫移立于扒沙，以扼虏冲。敕命参赞军务副都御史曹翼督治之。至是，翼奏：扒沙在凉州东南二百五十里，庄浪西北二百里，应理州西南四百余里，于此屯兵，实足以控御外夷、屏蔽内地。所惜者屯种之地颇狭，不足以供赡军士，而速罕秃地面狭隘尤甚，宜将原调靖虏卫中所于扒沙，筑城建置，而罢速罕秃之役。”《明英宗实录》卷一三二，正统十年八月丙辰条，第2627页。而速罕秃便位于大小松山以南。“又有速罕秃地在卫东南，黄河北岸，亦为要害，议筑城于此，以遏寇冲。”《读史方舆纪要》卷六三《陕西十二·甘肃镇》，第3000页。“嘉靖七年十一月十五日，套虏六七千骑自宁夏东北镇远关南路，踏冰过黄河，循贺兰山南行。……杭雄等结营固守，余众幸得保全，贼遂由贺兰山南赤木口出境。……套虏踏冰过河，由宁夏境贺兰山内入庄凉始于此。”王琼：《北虏事迹》，《中国野史集成》影印金声玉振集本，巴蜀书社2000年版，第616—617页。

可将这一通道称作“松山走廊”。①

关于明朝何时失去对松山走廊的控制，《临洮志》与李汶有不同的看法。前者认为成化年间，蒙古盘踞河套之后，就已经控制了松山走廊。“自成祖逐胡虏于三受降城外，河套尚无虏，松山皆为内地。至成化初，东胜地一失，孛罗据套，松山尽为虏有。”② 而后者认为在这一时期，明朝还没有完全失去松山。“照得自国初驱胡虏于三受降城，外则河套贺兰尚且无虏，松山故自宁区。即成化初虏据套，虽或不无西讧，然王住有时，松山亦非瓯脱。”③ “隆庆和议”之后，蒙古以朝贡为接口，长期占据松山走廊，明朝才完全失去了对这一地区的控制。“惟是隆、万间款市一起，招致宾酋等盘窟其中，庄浪从此遂成一线，而兰、靖、庄、凉则无处无时不荼毒。”④ 万历后期成书的《庄浪总镇地里图说》，也持这一观点。“嘉、隆之季，有套酋宾兔者，藉款市之隙，率部落来，便安水草，因驻牧不去，邀宾穿塞，掠番劫汉，日与我争利肆螫，而河西脊脊多事。”⑤ 无论如何，明中后期蒙古已实现了对松山的实际控制，这一地区的经济方式，

① 1985年，费孝通从民族学的角度，将青海与陕西交界的地带称作“陇西走廊”。“我这次从兰州去甘南是沿洮河，靠着陇西黄土高原西部边缘南下的。到合作就跨入了青藏高原的东界。紧接青藏高原的这一线黄土地区出现了一条成分复杂、犬牙交错的民族地带，不妨称之为陇西走廊。在现有的分省地图上，这条走廊正是甘、青两省接壤地区，往南延伸便到云贵高原的六江流域。这里是对民族研究工作者具有吸引力的地区。”费孝通：《费孝通民族研究文集·甘南篇》，民族出版社1988年版，第415页。1987年，又在考察撒拉族的途中，进一步说明了陇西走廊的性质。“我这几年多次去甘肃、青海，目的是想了解一下处于青藏牧区和中原农区之间的那一条历来是农牧桥梁的陇西走廊。”费孝通：《费孝通文集》第十一卷《撒拉餐单》，群言出版社1999年版，第109页。当年，又在考察甘肃临夏途中，进一步界定了陇西走廊的范围。“这条走廊沿着甘青两省边界，北起祁连山，南下四川，接上横断山脉的六江流域。民族成分颇为复杂。”《费孝通文集》第十一卷《临夏行》，第113页。贾敬颜又提出“河湟走廊”的概念，但并未界定。“河湟走廊与河西走廊呈丁字形，都是中外交通、民族混杂的地区，汉人以外，更多的是少数民族。”贾敬颜：《历史上少数民族中的“汉人成分”》，载费孝通等著《中华民族多元一体格局》，中央民族大学出版社1989年版，第166页。本文所提出之“松山走廊”，在部分地域与“陇西走廊”有所重合，不过显然二者前者尚包括甘肃、宁夏交界处，后者尚包括四川部分地区；前者系从军事角度着眼，后者系从民族角度着眼。因此，两种概念皆充分注意到了甘肃、陕西之间水道之重要性，但显然问题意识与地理范围有不小区别。

② 顾炎武：《天下郡国利病书·陕西备录下·临洮志》，上海古籍出版社2012年版，第2113页。

③ 《天下郡国利病书·陕西备录下·万历二十七年李汶疏》，第2129页。

④ 《天下郡国利病书·陕西备录下·万历二十七年李汶疏》，第2129页。

⑤ 佚名：《庄浪总镇地里图说·松山新边图说》，载孙靖国《舆图指要：中国科学院图书馆藏中国古地图叙录》，中国地图出版社2012年版，第131页。

也呈现出很强的游牧特征。晚明《六研斋笔记》就描绘了这种经济景观。①

总之，明中后期，蒙古沿松山走廊南下，突破了明朝的西北防线，对西北边疆构成了严重威胁。“甘、宁间有松山，宾兔、阿赤兔、宰僧、著力兔等居之，屡为两镇患。”② “洪武以来，虏出入河套，往来甘凉，皆自贺兰山后取道。自总兵杭雄败后，遂以山前为通衢。”③ “北虏犯镇番、凉州、庄浪、中卫、靖虏、兰州等卫地方，必由此而后视各镇虚实，以为抄掠之趋避也。”④ 不仅俨然有切断河西走廊与明朝联络之势，“唯松山在甘肃镇，自为虏寇宾兔所据之后，内地仅有一线之通。先朝西方名将如马芳，滨死犹以不及恢复松山为恨”；⑤ 而且南下陇中高原、西海地区，⑥ 打通了这两个地区的蒙古、西番与蒙古高原之间的联系，形成北方族群的内外呼应之势。清修《明史》，指出明朝设立甘肃镇，目的便在于隔绝蒙古与西番。“原夫太祖甫定关中，即法汉武创河西四郡隔绝羌、胡之意，建重镇于甘肃，以北拒蒙古，南捍诸番，俾不得相合。”⑦ 而这一战略目的，伴随松山走廊的失去，已经失去其本意。可见，明中后期蒙古之占据松山走廊，极大地改变了西北边疆的战略态势。

为解决这一边疆危机，万历时期，明朝派遣大军，一举收复松山，并构建长城防御体系，实现了有效控制。

① “赵文敏公为仲信写二羊，展卷间，如行河湟道中，与旃裘索带之牧羝奴，逐水草而栖止。”李日华撰，郁震宏、李保阳点校《六研斋笔记》卷二，凤凰出版社2010年版，第192页。

② 《明史》卷二三九《达云传》，第6224页。

③ 《九边图论·宁夏》。

④ 顾炎武：《肇域志·陕西行都指挥使司·兰州》，上海古籍出版社2012年版，第2638—2639页。

⑤ 沈德符：《万历野获编》卷一七《兵部·克复松山》，元明史料笔记丛刊，中华书局1959年版，第448页。

⑥ “弘治末，虏之强臣亦不剌酗酒，斩小王子使者，率其部落度庄浪古浪峡，南走雪山，往往侵暴西番族帐。……自嘉靖以来，吉囊承火筛余烈，据河套，有众四、五万数，自贺兰山后度古浪峡，穿黑松山，入西海伐之（亦不剌）。亦不剌死，长子斡耳朵笃思、其二弟析而为三。嘉靖二十四年，吉囊侵西海，虏斡耳笃思全部以归，居之贺兰山后，以为右部。自此，宁夏赤木、黄峡之口无宁日矣。其二弟愈南徙，直松潘永宁山外，绝不与虏通。”赵时春撰，杜志强整理：《赵时春文集校笺》卷七《北虏纪略》，天津古籍出版社2012年版，第320页。

⑦ 《明史》卷三三〇《西域传二·西番诸卫》，第8549页。

近日万历戊戌，三边督臣李次溪汶、甘肃抚臣田东州乐、甘肃总兵达云、道臣刘敏宽等，厚集夷汉将士，尽锐劓杀，虏众举族遁去，大小松山尽入版图，建筑城堡。以芦塘等城属固原镇，红水河等属临洮镇，河坝岭等处属甘肃镇。其地东阻黄河，北控宁夏之贺兰山，西连接庄羌兰靖诸边，延袤千余里，遂号为沃土。于是甘肃千四百里之冲，俱安枕矣。①

万历二十六年，凭藉庙灵，诸文武殚力经画，鸠两河七道之师，一举而扫空之，筑障置戍，西起凉州泗水堡，东抵靖虏之黄河索桥，纡曲逶迤，凡四百余里，山谷纠错，松菁蔽虧，中多美水草，盖仿之祁连、焉支者也。②

《五边考》："隆、万间番部宾兔盘踞其中，时肆侵掠，内地削弃，仅存一线。万历二十六年抚臣田乐克复其地，建堡筑城，屯戍相望，乃割芦塘等处属固原，红水河、三眼井等处属临洮，阿坝岭、土门儿等处属甘肃，自靖远卫界黄河索桥起，至土门山共长四百里，而兰、靖、庄浪千四百里之冲边始安。第芦塘、三眼井等处土疏易圮，时费修葺。……"③

但仍然损失了一部分疆土。"若按初年旧址，自镇蕃直接宁夏中卫通树长边，则外钥尤壮矣，盖弃地犹六七百里云。"④

七 甘肃镇疆域的变迁

甘肃镇设置之后，由于不断面对蒙古、西域势力的冲击，管辖疆域逐渐缩减。晚明成书的《武备志》记载甘肃镇的疆域范围是："东自松疆阿

① 《万历野获编》卷一七《兵部·克复松山》，第448—449页。

② 《庄浪总镇地里图说》，载孙靖国《舆图指要：中国科学院图书馆藏中国古地图叙录》，第134页。

③ 《读史方舆纪要》卷六三《陕西十二·甘肃镇·庄浪卫》，第2998—2999页。

④ 《读史方舆纪要》卷六三《陕西十二·甘肃镇·庄浪卫》，第2999页。

坝岭起，临洮双墩子界，西至嘉峪关，边长一千八百余里。”① 有明一代，甘肃镇西界一直限于嘉峪关，并无变化，这也是明朝正式疆域的西界。永乐时期，明朝虽在嘉峪关以西设置关西七卫，并责成甘肃镇管理，但由于关西七卫属于羁縻卫所，相应并非明朝正式疆域，而是羁縻边疆，自然也不是甘肃镇辖境。

“土木之变”前，关西七卫中的三卫已经归附瓦剌。正统九年（1444），瓦剌已经控制了哈密卫、沙州卫、赤斤蒙古卫。“沙州赤斤皆与结亲，哈密忠顺王兄弟亦为所劫制。”② 并开始授予沙州卫官职。甘肃镇总兵任礼奏：“今年七月，瓦剌也先遣人授沙州等卫都督佥事喃哥等伪官。”③ 英宗也敕曰：“今年七月间，脱脱不花王并也先差人来尔处，着喃哥做平章，锁喃奔做王，撒力做三平章，别立哥做右参政，锁可帖木儿做大使等情。”④ 所封官爵有至王者，地位甚高。⑤ 除了沙州卫、赤斤蒙古卫之外，蒙古还交接罕东卫。“时兀良哈已阴附瓦剌，而沙州、罕东、赤斤蒙古三卫亦将附之。上遣都指挥季铎、哈剌苦出，往谕三卫，未报。而沙州卫头目薛令来，言也先遣人至三卫，授喃哥等以平章等官。”⑥

鉴于已经无法控制沙州卫，明朝于是决定将其内徙沙州。七月，“甘肃总兵官宁远伯任礼等奏：沙州卫都督佥事喃哥等阴有叛附瓦剌之意，恐构成边患。上敕礼等相机收捕，回甘州居住，善加抚恤，毋致失所，果有怀异心者，起送来朝，密奏处置，毋令蛊惑众心”⑦。“先是，甘肃总兵官任礼等以沙州卫都督喃哥兄弟乖争，部众离贰，欲乘其饥窘，迁之塞内。适喃哥来言，欲入居肃州之小钵和寺。礼等遂令都指挥毛哈剌、赵哈剌不花等偕南哥先至沙州，抚谕其众，而率大众随其后。”⑧ 虽然沙州卫部众更

---

① 茅元仪：《武备志》卷二〇八《占度载·镇戍五·甘肃》，《四库禁毁书丛刊》影印北京大学图书馆藏明天启年间刻本，北京出版社2000年版，第303页。

② 《明英宗实录》卷一二〇，正统九年八月甲戌，第2430页。

③ 《明英宗实录》卷一二二，正统九年冬十月庚午，第2453页。

④ 《明英宗实录》卷一二四，正统九年十二月癸亥，第2481页。

⑤ “甘肃总兵官宁远伯任礼奏：沙州卫内附，都督喃哥言其弟锁南奔先聘罕东卫指挥撒巴女为妻，今往彼处成婚。臣访得锁南奔曾受瓦剌伪封祁王，恐有他变。上命礼遣人往罕东卫招抚之。”《明英宗实录》卷一四五，正统十一年九月壬午，第2859页。

⑥ 《明英宗实录》卷一二二，正统九年冬十月甲戌，第2457页。

⑦ 《明英宗实录》卷一四三，正统十一年秋七月甲申，第2831页。

⑧ 《明英宗实录》卷一四五，正统十一年九月丙子，第2854页。

想归附瓦剌，但明军采取强制内徙的措施，将之迁徙至甘州南山。

> 比至，喃哥阴持两端，其部人多欲奔瓦剌。礼等进兵迫之，遂收入塞，居之甘州，凡二百五户，千二百三十余口。及是，奏至。上敕礼等曰："尔等相宜调度，不伤一卒，旬日之间，致其全部，朕甚嘉之。所议欲以甘州南山一带给之耕牧，俟其志向安定，收为土官、土民，随军操调，皆姑从尔议。"①

成化十年（1474）十月，甘肃镇总兵鲍政等便奏赤斤蒙古卫首领擅入甘肃境内。"乙未，甘肃总兵官都督同知鲍政等奏：八月间，赤斤蒙古卫左都督赏卜答儿等，率骑一千，入境往来，云欲与阿年簇仇杀，贻书欲责之。"② 兵部也将赤斤蒙古卫视为"外夷"。"此虽外夷自相仇杀，然擅入我境，当严其禁。"③ 万历时期，陕西督抚李汶也将关西七卫在内的西部族群，视为"外臣"。万历二十三年（1595），"陕西督抚李汶以番族归降，上分处事宜，言河西属番，祖宗朝领敕纳马，不侵不畔，实为外臣。东起金城，西抵哈密"④。明中后期，在西域势力不断威逼之下，关西七卫逐渐内徙甘肃镇与青藏高原东部。⑤ 嘉靖时期，鉴于土鲁番不断东进，明朝最终完全放弃嘉峪关以西之地，封闭嘉峪关。

《武备志》所载甘肃镇"东起阿坝岭"，是从甘肃镇东南疆界着眼的论

① 《明英宗实录》卷一四五，正统十一年九月丙子，第2854页。

② 《明宪宗实录》卷一三四，成化十年冬十月乙未，台北"中研院"历史语言研究所1962年校印本，第2518—2519页。

③ 《明宪宗实录》卷一三四，成化十年冬十月乙未，第2519页。

④ 《明神宗实录》卷三〇八，万历二十五年三月乙卯，台北"中研院"历史语言研究所1962年校印本，第5770页。

⑤ "祖宗之时，关外设立七卫，以捍蔽西戎，今百余年来，渐以凋敝灭，无复生聚。阿端一卫不知所往矣，曲先则南入乌思藏矣。赤斤、安定、罕东，或数十百为族，数十为落，皆内附肃州境土，如野鸟惧物为害，依人居之，衰败凋残，厌厌游游，止存气息，夫安望其振厉？惟罕东左卫，少壮可战者仅有一二千人，即今亦来内附，而瓜沙空虚矣。"（明）王廷相著，王孝鱼点校：《王氏家藏集》卷二七《与张元杰》，载《王廷相集》，中华书局1989年版，第527页。"（罕东）卫无城郭、宫室，以毡帐为庐舍，逐水草孳牧畜，与曲先、安定、阿端、辅车相依，而各分地要不离乎青海左右。"梁份：《秦边纪略》卷一《西宁近疆》，史料六编，台北广文书局1974年版，第37页。

述，可见甘肃镇东南界止于洮水流域。甘肃镇东至黄河，最东部关隘是金城关。① 嘉靖三十八年（1559）四月，“壬戌，总督陕西三边侍郎魏谦吉奏：甘肃孤悬河外，东起金城，抵玉关，地广兵稀”②。金城关依山面河。《大明一统志》记载：“金城关，在兰县北二里，黄河西北山要隘处。宋绍圣四年置，据河山筑城以为固。今于河南置巡检司。”③ 控制着甘肃、陕西之间的黄河渡口，当地流传着“先有金城关，后有兰州城”的俗语。

与明代甘肃镇东、西之界一直未有变化不同，南、北二界则不断收缩。明初以来，明朝在西北地区，一直仅将河西走廊视作正式疆域，而将北山以北地区，则长期作为与蒙古之间的“缓冲边疆”，虽然不断派军巡逻，但并不固定驻扎。因此，虽然终明一代，明朝一直大体保持着对亦集乃的控制，但这一地区并不属于明朝的正式辖区。相应，甘肃镇北界最初在合黎山、龙首山、红崖山、阿拉古山等组成的北山一线。正统、天顺时期，曾两次到包括甘肃在内的陕西提督屯田、督理粮饷的张楷，便写下“曾听凉州惜远征，马蹄今过武威城。番兵共指山为界，邮传皆凭堠记程”④ 的诗句。这里的山，应是武威北的红崖山。但伴随蒙古不断进入甘肃地区，北山南缘地区逐渐被明朝所放弃。比如地处肃州卫东北的威远

① 罗哲文认为甘肃镇疆域为：“甘肃镇总兵驻地在今甘肃张掖，管辖的长城东起甘肃金城县，西至嘉峪关，全长一千六百余里。”罗哲文：《长城》，北京出版社 1982 年版，第 48—49 页。

② 《明世宗实录》卷四七一，嘉靖三十八年四月壬戌，台北“中研院”历史语言研究所 1962 年校印本，第 7920 页。

③ 李贤等：《大明一统志》卷三六《临洮府·关梁》，影印明天顺五年内府刻本，三秦出版社 1985 年版，第 2543 页。

④ 正统五年正月，张楷任陕西按察司佥事。《明英宗实录》卷六三，正统五年春正月丙寅，第 1209 页。张楷的职责是提督屯种，供应边饷。作为边地的甘肃镇，自然是张楷重点供职之地。“吏部言：旧差都察院右佥都御史曹翼、程富，岁一更番，往甘肃参赞军务。今程富往云南公干未回，总兵官宁远伯任礼等奏保陕西按察司佥事张楷，改授京职，与曹翼更代。缘楷专督屯种，供给边储，不为不重，卒难迁易。上曰：‘参赞军务乃重任，朝廷自有裁处，曹翼方升副都御史，姑令理前事，俟程富回，仍与之更代。’”《明英宗实录》卷一二六，正统十年二月庚戌，第 2513—2514 页。正统十年升为副使。“升陕西按察司佥事张楷为副使。楷提督屯田，适本司缺督理粮储副使，军民千余人合保楷。镇守陕西兴安侯徐亨具以言，故有是命。”《明英宗实录》卷一三五，正统十年十一月丁丑，第 2682 页。正统十二年召回京师。“陕西按察司副使张楷在边督理粮饷，镇守中官荐其博通儒书，兼晓武略，乞量升大任，以尽其才。上命召试之。”《明英宗实录》卷一六一，正统十二年十二月乙酉，第 3137 页。《明英宗实录》卷二九三，天顺二年秋七月庚戌，第 6266 页。“调都察院右佥都御史张楷于南京都察院，先是楷往陕西整理军饷，及是还京，故改之。”《明英宗实录》卷三〇二，天顺三年夏四月己巳，第 6403 页。

城，便逐渐被甘肃镇所放弃。“明初立为所，后废。其地有旗杆山，即当时立旗招叛民之处。”[①] 甘肃镇东北界至于镇番卫。正统时期，明朝曾打算在镇番卫东北速罕秃之地设置卫所，但最终并未实行。[②]

万历时期甘肃镇边墙外分驻两个蒙古部落。“丢儿盖朝库儿台吉，见在，子一。在甘肃永昌边外昌宁湖一带住牧。”[③] “宾兔台吉，授指挥同知。故，子三。在甘州庄浪边外松山住牧。”[④] 伴随万历二十七年（1599）明军收复大小松山，甘肃镇东北界向外有所拓展，“河坝岭等处属甘肃镇”[⑤]，“阿坝岭、土门儿等处属甘肃”[⑥]。

甘肃镇南界同样呈现了很大变化。甘肃镇南界最初止于祁连山。由于祁连山雪水不断融化，周边生态环境较好，适宜游牧，关西七卫从而不断向这一地区迁移，并有对抗甘肃镇军的行为。宣德七年（1432）九月，

> 镇守肃州都督王贵奏：肃州西北极边，昨遣人往各处戒饬官军守备。惟一人还哨，探至寒水石口，见同差之人皆被杀。疑赤斤蒙古卫都指挥且旺失加部属所为。此皆提督守备指挥许旨不严警逻所致，请治其罪。仍遣人往且旺失加所根究，以戒后来。上曰：“杀人当问罪，但疑似之间，不可不审。令与刘广、王安详议而行。许旨失机，就治其罪。[⑦]

① 和珅等：《大清一统志》卷二一二《肃州·古迹》，文渊阁《四库全书》，台湾商务印书馆1986年版，第477册，第726页。

② “先是，靖远伯王骥言：陕西黄河迤北速罕秃，地面要害，宜析靖虏卫中所官军于彼，建立千户所。其靖虏卫地非要害，乞将全卫移立于扒沙，以扼虏冲。敕命参赞军务副都御史曹翼督治之。至是，翼奏：‘扒沙在凉州东南二百五十里、庄浪西北二百里、应理州西南四百余里，于此屯兵，实足以控御外夷、屏蔽内地。所惜者屯种之地颇狭，不足以供赡军士。而速罕秃地面狭隘尤甚，宜将原调靖虏卫中所于扒沙筑城建置，而罢速罕秃之役。’……上曰：‘备边之策，莫良于屯守，翼议良是。但不知彼处人情事势如何，兵部其移文陈镒，俾躬诣凉州，会刘广等熟计以闻。”《明英宗实录》卷一三二，正统十年八月丙辰，第2627—2628页。

③ 萧大亨：《北虏世系》，载薄音湖、王雄编辑点校《明代蒙古汉籍史料汇编》第2辑，内蒙古大学出版社2000年版，第256页。

④ 《北虏世系》，载《明代蒙古汉籍史料汇编》第2辑，第256页。

⑤ 沈德符：《万历野获编》卷一七《兵部·剋复松山》，中华书局1959年版，第448页。

⑥ 《读史方舆纪要》卷六三《陕西十二·甘肃镇·庄浪卫》，第2998—2999页。

⑦ 《明宣宗实录》卷九五，宣德七年九月己未，第2145—2146页。

所谓寒水石口，是肃州卫（今甘肃酒泉）“南一百五十里，与红山相连”[①]寒水石山的口隘，地处祁连山以北，有红水（今红水坝河）流过，是水草丰茂之地，相应吸引了关西七卫不断前来游牧。不仅关西七卫，而且来自青藏高原的“西番”，也不断北上，侵占祁连山以北草场。成化十三年（1477）十二月，

> 甘肃总兵官都督佥事王玺奉敕上边备事宜：黄河以西自庄浪以抵肃州南山一带，为阿吉等二十九簇之地。洪武间各立界碑，以分疆场，不许过疆樵采。年久湮没，各夷往往侵入，以趁水草为名。而中国无赖之人，亦潜与交通。彼狼子野心，万一阴蓄异谋，为患非细。乞敕边臣召西番诸簇，谕以界石废弛，恐官军欺凌尔辈，今复立之，仍听尔等于界外住牧。如有互市，于各关验入，庶官军无所嫌疑，尔辈得以休息。其有越界往来，得以军法从事。且请选将才以储用，搜军士以立功。兵部具拟以闻，诏准议。[②]

虽然明朝再次申明疆界，[③] 正德前期明朝也仍大体控制祁连山以北，[④] 但正德后期，亦不剌、卜儿孩等鞑靼部落，从蒙古高原陆续南下，迁至青藏高原东麓的“西海”，也即今青海，不仅与西番联合起来，逐渐降服内迁的关西卫所，“及亦卜剌、阿尔秃斯来侵，残掠其众，罕东之人徙就西宁，沿边流为生番，为降夷卫，乃名存实亡矣。”“正德四年，亦卜剌及阿尔秃斯据其地，罕东之人皆徙近内地，卫遂虚。”[⑤] 而且三者一同由南向北，进

① 许容等监修，李迪等编纂：（雍正）《甘肃通志》卷六《山川·肃州》，文渊阁《四库全书》，台湾商务印书馆1986年版，第557册，第258页。

② 《明宪宗实录》卷一七三，成化十三年十二月乙巳，第3124页。

③ 《中国历史地图集》将甘肃镇疆界划在祁连山以南托南群山之界，可能便以此为据。谭其骧主编《中国历史地图集·明时期·陕西二（陕西行都司）》，中国地图出版社1982年版，第61页。

④ 正德九年，户部议覆督理陕西粮饷右侍郎冯清建言备边事宜，其中一条称“甘肃地多肥美，虏寇侵扰，农事不修。宜令守臣，严督军民，及时播种，量出官军防护。去城远者为之筑立团庄，守望应援。其灌溉皆资南山河泉诸水，宜责管屯等官往来巡视，严曲防之禁，使耕者乐业。”《明武宗实录》卷一一七，正德九年冬十月壬辰，台北“中研院”历史语言研究所1962年校印本，第2361—2362页。

⑤ 《秦边纪略》卷一《西宁近疆》，第37—38页。

逼甘肃镇。“切以陕西甘肃一镇，孤悬腹里之外，北连大虏之寇，南有西海之贼，横冲其中。”[①] 甘肃镇实际控制地域遂不断缩小，河西走廊呈现明朝与蒙古、西番、罕东蒙古卫共有的格局。嘉靖三十一年（1552）成书之《军政条例续集》记载：“东北则套贼纵横，西南则海寇盘踞。内而白城山驻牧番夷，乘间窃发；外而土鲁番纠连回虏，窥伺地方。”[②] 万历十八年（1580），明朝为消除西海蒙古的威胁，“命兵部尚书郑洛兼都察院右都御史，经略陕西四镇及宣大山西等处边务。”[③] 郑洛抵达金城关时，便已感受到明朝与西北族群共有河西走廊的区域氛围，在奏疏中称：“臣初至金城，知河西四郡流虏浸淫，殊失前代断匈奴右臂之意。故廓清两川，须先堵截流虏。”[④] 伴随明朝的灭亡，西北族群遂大规模进入河西走廊。顾炎武撰《肇域志》，记载：“今（肃）州所居番人，盈城遍野。考之《春秋》谨华夷之辨，无乃其不然乎！即至无不覆载，今番人居内，疆域虽与我同，而政教实不加焉，亦非覆载之意。”[⑤]

八　结论

洪武前中期，由于北元政治重心处于蒙古高原东部，西域各政权也处于不断内讧之中，因此西北边疆并未遭受亚洲内陆政治势力的严重威胁，相应是明朝北疆经营中的“差缓地带”与“次后地区”，明朝仅在西北边疆设立陕西行都司，将其定位为“军事边疆”；对于地处西北边疆，沟通甘肃、大漠与西域的亦集乃，仅将其定位为“缓冲边疆”。

洪武、永乐之际，亚洲内陆地缘政治发生重大变化。一方面，帖木儿帝国统一中亚，结束了14世纪后期蒙古帝国衰落后，西域各国内讧相战的历史，为东进明朝消除了后患；另一方面，阿里不哥系蒙古与瓦剌借北元

① 王廷相著，王孝鱼点校《浚川内台集》卷二《覆奏语略共三十三件》，载《王廷相集》，中华书局1989年版，第1077页。

② 孙联泉：《军政条例续集》，《天一阁藏明代政书珍本丛刊》影印明嘉靖三十一年江西臬司刻本，线装书局2010年版，第484页。

③ 《明神宗实录》卷二二五，万历十八年七月己巳，第4193页。

④ 《明神宗实录》卷二四〇，万历十九年九月戊辰，第4459—4460页。

⑤ 顾炎武：《肇域志·陕西行都指挥使司》，上海古籍出版社2012年版，第2622页。

衰败之际东进岭北中部；北元残众在明军漠东进攻下，也向西迁移至岭北中部。在这一东西并进历史脉络下，明朝西部边疆从洪武前中期明朝、北元、西域三方势力皆无暇顾及的“差缓地带”，一转而为三方势力争夺的“首要地带”。

建文元年（1399），明朝首次在甘肃实行独立的镇守总兵制度，命宋晟充总兵官，镇守甘肃。但由于宋晟并未佩印，因此此时甘肃尚非完全意义上的军镇。朱棣即位后，鉴于帖木儿帝国东进明朝之势逐渐明显，蒙古大汗窝阔台后裔鬼力赤也不断南下，西部边疆面对越来越大的边防压力，从而在永乐元年（1403），进一步赋予宋晟“平羌将军印”，正式确立了甘肃的军镇地位，甘肃镇由此成为明代九边最早建立的军镇。明初西北边疆战略地位不断变化，以及率先建镇的历史，反映出地理空间是流转不息、因时而变的动态空间，而非固定不变的静态空间。

但永乐三年（1405）帖木儿在东征途中突然死去之后，明朝在西北边疆所面临的军事威胁骤然减轻，战略地位从而再次下降，甘肃作为军镇的地位，一度有所动摇，不过在仁宗即位后，军镇地位都得以确立，此后甘肃镇总兵官佩“平羌将军印”。甘肃镇除承担防御蒙古职责之外，还负责防御西域，这是不同于九边其他军镇之处。甘肃建镇之后，不断修筑长城，增强、完善了甘肃的军事防御体系。

明代甘肃镇疆域经历了不断变化的过程。甘肃镇西界止于嘉峪关，以西的羁縻卫所关西七卫所控制地区属于“羁縻边疆”，更西的西域地区仅属与明朝维持松散宗藩关系的“外围边疆”。甘肃镇东南至于洮水流域，东至黄河，最东部关隘是金城关。与东、西之界一直未有变化不同，甘肃镇南、北二界不断收缩。虽然明朝一直对“缓冲边疆”亦集乃维持了大体控制，但伴随蒙古不断南下，由北山即合黎山、龙首山等山脉充当的正式边界，不断遭到蒙古的蚕食，北山南缘地区逐渐被明朝放弃。甘肃镇南界最初止于祁连山，由于关西七卫不断向这一地区迁移，甘肃镇实际控制地域不断缩小，河西走廊呈现明朝与蒙古、西番、罕东蒙古卫共有的格局。

（作者单位：中国社会科学院古代史研究所）

明故南京内官监太监殷忠墓志考略

邵　磊

明代南京内官监太监殷忠墓志的传主殷忠其人，即天顺末季一度扶摇于权力角逐风口浪尖的宦官王伦。王伦的政治沉浮对明代宫廷历史发展与走向的影响显而易见，史籍对此虽多有触及，但却语焉不详。殷忠墓志所述王伦景泰、天顺年间的经历，则客观揭示出宪宗行将登基之际朝臣循故事料定王伦“必柄用”而“预为结纳”的真相。然而王伦未及“柄用”即遭贬斥南京闲住，可能是由于缺少京畿宦官支持的缘故，但种种迹象显示出更可能与王伦交通钱溥意图干预宪宗与万氏的畸恋有关。王伦宣德元年从大学士陈山在文华殿东庑读书，继而于正统年间又进入司礼监内书堂学习的经历，对于探讨明代宦官教育制度的形成与发展、明代宦官与宦官教习之间的师承关系等，尤其具有重要的考察价值。

2017 年 6 月，南京市博物馆与南京市文化遗产保护研究所配合文物行政执法工作，调查发现了一批古代墓志，其中有早年出土明代南京内官监太监殷忠墓志一合，以其内容于明朝宣德至天顺年间的宫廷史事多有补益，值得珍视。墓志为青石质，长、宽皆 74.8 厘米，其中盖厚 10.5 厘米，底厚 11.2 厘米。志盖阴刻篆书“故南京」内官监」太监殷」君圹志” 4 行 12 字（图一）。志文共计 34 行，满行 32 字（图二），标点如下：

明故南京内官监太监殷君圹志」嘉议大夫、南京吏部左侍郎、前翰林侍读学士、」国志总裁、直文华殿、赐一品服、东吴钱溥撰文」奉天翊卫、推诚宣力武臣、特进、荣禄大夫、宣城伯、掌」南京后军都督府事、云间卫颖篆盖」从仕郎、中书舍人、直文渊阁、金陵梁萳书丹」君姓殷，讳忠，字克钦，自号佩韦居士，世为吴兴安吉县鱼池乡人。曾祖五朝奉，」祖十提领，父三提举，皆务本力农，为乡善士。君永乐十四年丙申九月六日生，」生五岁而孤，从养父姓王名伦，气质英敏异常；二十二年甲辰，选入」内廷。宣德九年丙午，」宣宗以君秀雅，储养待用，命从尚书陈山读书于」文华殿东庑，造诣日深。正统十二年丁卯，升长随，涖事。十四年己巳，恭侍」皇上于青宫，辅导启沃，颇效勤劳。景泰三年壬申，擢典膳局典膳。天顺改元丁丑，进」典乘局丞，寻迁典玺局丞。八年甲申，诖误，谪南京新房闲住。成化五年己丑，升」南京内官监左监丞，督造洪武门。十年甲午，乞复姓，」上允之，赐今名，进左少监。十一年乙未，有干公务，仍令闲住。十四年戊戌三月，复本」监左监丞，掌承运库事。君自谪居以来，杜门省愆，唯取西门豹佩韦故事，以缓」其性。抱疾淹淹，忽自叹曰："罪自己招，万死奚赎！允赖」圣德如天，保此首领，以获全于牖下，幸矣！"遂卒，其年八月七日也，享年六十有三。讣」闻，」上甚悼惜，赠本监太监，赐谕祭一坛，工部造坟，宝镪一万贯。录其姪瓒为百户，带俸」于南京锦衣卫，以守其墓。」恩至渥矣。司礼监太监覃昌有同家之好，御用监太监廖恭有同门之谊，各遣人」来治丧。复嘱同门典玺局郎覃吉状其行实请于」上，付瓒来乞文，以志于圹。呜呼！君始自东庑读书，继入内书馆，」英宗特于进士中召试溥为翰林检讨以教之，既而同侍」皇上于青宫七年。每遇年假，必出拜。时溥与内阁陈文邻居，拜必与之同。会」英宗晏驾，文知君有事，遂捏溥曾草遗诏，与君有阴挤李贤之谋。亶讯无迹，犹寘死」狱。幸蒙」皇上悯从轻典，以君谪南京，以溥谪岭表，不相闻者数年。后起任南院，君每出，亦复」来拜，溥欲避不能。然每见君一茶一饭，未尝不俯泣于地，感仰」圣恩，生死肉骨以存残喘。呜呼！君今已矣，而其刚明之气、英毅之灵，虽不遂于生前，」而能受恩知报于死后而无穷也，不尤可尚矣哉！君之坟，造于都城南王母」山之阳，以卒之明年二月十五日葬焉，故为志以纳圹中。金陵杨林镌。」

传主殷忠，即以典玺局丞辅佐明宪宗于东宫的王伦。天顺末季，英宗不豫，内官外臣“希进用、觊后福者”，包括屡兴酷狱夙为满朝文武忌惮的锦衣卫都指挥佥事门达，循故事皆以身为潜邸旧人的王伦“必柄用”而“预为结纳”①。王伦“亦以例当柄用，骄矜恣肆”②，并私诣业师钱溥问计“东宫纳妃如何”，钱溥谓之“当奉遗诏行事”。英宗晏驾，深孚众望的内阁大学士李贤当草遗诏，钱溥邻居、内阁学士陈文竟夺其笔而告之以王伦、钱溥密谋定计，将以钱溥代李贤、以兵部右侍郎韩雍代兵部尚书马昂云云，李贤遂怒发王伦、钱溥交通之事。而原本就担心遭王伦倾轧的司礼监太监牛玉，也乘机向宪宗告发王伦，力请严惩。内官外臣交通勾连是很严重的罪错，法司依律拟斩，会赦例从轻发落：王伦降为内使发南京闲住，钱溥降顺德县知县，涉事者如兵部右侍郎韩雍、南宁伯毛荣、锦衣卫都指挥佥事门达、顺天府尹王福、尚宝司丞朱奎与晋州知州邹和以及都督马良、冯宗、刘聚等，皆降调外任。③ 王伦在天顺末季的沉浮一定程度上影响了明代宫廷历史的发展与走向，本文对殷忠（王伦）墓志的解读，即基立于这一主线，在揭示王伦遽起遽落的深层原因的同时，并探究相关的典制与史事。

一 王伦的家世与籍贯

据墓志，王伦原姓殷，世为吴兴安吉县鱼池乡人，出身农家，五岁失怙，从养父更姓名为王伦。成化十年（1474）乞复旧姓，宪宗并赐名“忠”。辅佐宪宗于东宫、一度曾是权力角逐风口浪尖上的焦点人物的王伦，其名讳在史籍中却歧异不一，若《明史》《明宪宗实录》及王世贞

① 《明史》卷三〇七《佞倖》，中华书局1974年标点本，第7881页。

② 语出《明宪宗实录》卷一，天顺八年正月壬午，台北“中研院”史语所1962年校印本，第29页。

③ 《明史》卷一六八《陈文传》，第4521页。又及，王伦私诣钱溥问计“东宫纳妃如何”，钱溥谓以“当奉遗诏行事”云云，明人陆釴《病逸漫记》作“（钱）溥坐交通预草上继位诏”，而非遗诏，《丛书集成初编》之《三余赘笔及其他二种》，商务印书馆1959年补印本，第3页。

《弇山堂别集》等皆作“王纶”[①]，沈德符《万历野获编》卷六《内臣交结》作“王抡”[②]。凡此种种，与“时近迹真”的殷忠墓志自署“王伦”不合，皆当从改。

天顺八年（1464）牛玉、李贤共同驱逐王伦、钱溥的政治风波，其实也是宪宗登基前后朝堂新旧两股势力博弈的结果。王伦与钱溥之所以在这一幕政治角力中败北，最直接的因素固然是两人勾结交通被告发，但其他方面的因素也不容忽视，如墓志所述王伦“世为吴兴安吉县鱼池乡人”，或即其一。

关于明代宦官的来源，余继登《典故纪闻》卷十四记载道：“祖宗以来，凡阉割火者，皆罪极之人，或俘获之掳。”[③] 所谓“罪极之人”，确切地说是获罪的令族子弟，如成化朝以“性忠鲠无所挠”而称的司礼监太监怀恩，本为“兵部侍郎戴纶族弟也。宣宗杀（戴）纶，并籍（怀）恩父太仆卿（戴）希文家。恩方幼，被宫为小黄门，赐名怀恩”[④]。至于“俘获之掳”则是战争掳掠的外籍或僻远地区的幼童，如永宣时期七下西洋的内官监太监郑和与同僚都知监太监杨庆等，便是洪武年间征伐云南残元势力之际被掳归[⑤]。宣德年间得到重用的宦官范弘、王瑾、阮安等，均是永乐五年（1407）成国公朱能与英国公张辅出兵安南、改安南为交趾布政使司之际，所掳回的“交童之美秀者”[⑥]。

除了“罪极之人”与“俘获之掳”，明太祖朱元璋亦往往阉割域外的

---

① 以“王伦”而为“王纶”者，如《明史》卷一六八《陈文传》暨卷三〇七《佞倖》等，第4521、7881页；《明宪宗实录》卷一，第29、30页；王世贞《弇山堂别集》卷九二《中官考三》，中华书局《中国历史文集丛刊》本，1985年，第1755页。

② 沈德符《万历野获编》卷六《内臣交结》以“王伦”而为“王抡”，《历代史料笔记丛刊》本，中华书局1959年版，第159页。

③ 余继登撰：《典故纪闻》卷一四，中华书局《历代史料笔记丛刊》本，1981年，第251页。

④ 《明史》卷三〇四《宦官一》，第7777页。

⑤ 内官监太监郑和被掳掠之事，郑鹤声先生曾有所论述，参见氏编《郑和下西洋资料汇编》上册《故马公（哈只）墓志铭》之编者按，齐鲁书社1980年版，第9、10页。与郑和等同以靖难之功而“恩升太监”的都知监太监杨庆亦“泒出南滇”，详见邵磊《明代宦官杨庆墓的考古发掘与初步认识》，《东南文化》2010年第2期。

⑥ 语出《明史》卷三〇四《宦官一》，第7771页。

异族孩童以充内廷，具体表现为多次向安南、高丽等藩国征索阉竖。[①] 不过，到了宦官需用渐多之时，仅凭上述三条途径难免捉襟见肘，于是被视为国家基石的汉族子弟亦纷纷得以自宫求效。之前的研究认为，宦官人选物色标准的这一变化大致形成于明代中期的成化朝及其以后。[②] 但王伦墓志却揭示出，早在永乐二十二年（1424）就已有出身农家的汉族子弟被选入内廷而为小黄门，可见明朝宦官人选的物色标准至迟在永乐末季已经放宽，其实这正是明成祖朱棣倚重内监日甚于外官的必然结果[③]。

燕王朱棣发动“靖难”之役，由于“不可为名，士大夫多缩匿，而诸阉无所顾惜，会又多域外人，文皇既借其锋”[④]。朱棣登基后投桃报李，对这些卓有军功的异族宦官委以重任，而民族信仰的优势，更使得这些异族出身的宦官群体在永乐朝对外开放的国策之下应势而起，此即所谓“当成祖时，锐意通四夷，奉使多用中贵。西洋则（郑）和、景弘，西域则李达，迤北则海童，而西番则率使侯显”[⑤]。然永乐后期迁都北京以后，对宦官需求日甚，汉族平民子弟出身的宦官逐渐充斥内廷，且由于地利上的优势，天子脚下的京畿宦官势力日益膨胀，逐渐取代了异族宦官的地位。试

---

① 从洪武十六年（1383）至十九年（1386），安南向明廷进阉竖共计 74 人，参见：A.《明太祖实录》卷一五五，洪武十六年六月“壬午，安南陈炜遣其通奉大夫黎与义等上表，进阉竖二十五人，赐以文绮钞锭”。台北“中研院”史语所 1962 年校印本，第 2412 页；B.《明太祖实录》卷一六九，洪武十七年十二月，“是月，国子助教杨盘等使安南还，陈炜复遣其臣黎亚夫等随盘进表，贺明年正旦，且贡阉竖三十人”。第 2580 页；C.《明太祖实录》卷一七九，洪武十九年十二月戊申，“安南陈炜遣中大夫杜英弼等奉表，贡金银酒器三十三事，并阉竖一十九人”。第 2717、2718 页。洪武年间向高丽征索阉人虽只有一次，但索取数量甚多，此即洪武二十四年（1391）四月遣宦者前元中政院使韩龙黄、秃蛮等向高丽“各官处需阉人二百名”，据吴晗辑《朝鲜李朝实录中的中国史料》第 1 册录《高丽史》引，中华书局 1980 年版，第 88 页。

② 周裕兴：《由南京地区出土墓志看明代宦官制度》，载朱诚如主编《明清论丛》第 1 辑，紫禁城出版社 1999 年版，第 135—143 页。

③ 明太祖朱元璋鉴于汉唐宦官擅权之失，对宦官予以种种制约，建文帝嗣位后，谨奉太祖谕训，对宦官的管束依旧严厉。朱棣原本就信任身边的郑和、孟骥、李谦、云祥、田嘉禾、王彦等内官，及至兴兵“靖难”之际又得到来自朝廷宦官的助力，故入继帝统后对宦官遂委以重任，或出镇边陲要隘，或以监军身份傲然凌驾于军将及地方有司之上，至如郑和七下西洋、李兴使暹罗、李达使西域、海童使迤北、侯显使西番等，类皆如是。详见查继佐《罪惟录》列传卷之二十九《宦寺列传上·郑和》，浙江古籍出版社 1986 年版，第 2603、2604 页。

④ 查继佐：《罪惟录》列传卷之二十九《宦寺列传上·郑和》，第 2605 页。

⑤ 《明史》卷三〇四《宦官一》，第 7768 页。

观明代中期至明末炙手可热的大珰如王振、曹吉祥、蒋琮、张永、冯保、魏忠贤、李永贞之流，皆占籍京畿，可为明证。[①] 与之相对的是，京畿以外的汉族宦官由于缺乏这样的群体优势，相对而言较难跻身大珰之列，偶或有之，即便如武宗朝权倾一时的“九千岁”刘瑾，最终也还是在与内官外臣尤其是京畿宦官张永等的争斗中败下阵来。由此可见，“世为吴兴安吉县鱼池乡人”的王伦，虽然有侍太子朱见深于青宫的优势，但由于缺少象征群体利益的背景与势力，使得他在与占籍涿州的司礼监太监牛玉[②]所代表的京畿宦官的角逐中，殊难有胜出的可能。

二　王伦侍东宫的经历与朝臣对其“必柄用”的揣度

王伦侍宪宗青宫并在朱见深登基之初遭贬谪的始末与影响，前引《明宪宗实录》卷一所述颇详。[③] 但不免让人感到困惑的是，天顺年间侍宪宗青宫的宦官毕竟不止王伦一人，何以满朝文武“希进用、觊后福者”，多认为王伦“必柄用”而“预为结纳”呢[④]？传世文献对此都无明言，而墓志条列王伦入宫以后的经历，足以揭示王伦“必柄用”的背景因素。

据墓志，王伦生于永乐十四年（1416）九月六日，卒于成化十四年（1478）八月七日，享年六十三岁。以此推算，王伦永乐二十二年被选入宫时九岁，值宣宗朱瞻基命从尚书陈山于文华殿东庑读书之际不过十岁，[⑤] 正统十二年（1447）升长随，则为王伦结束学业获得晋身之阶的起官。

正统十四年（1449）八月十五日的土木堡之变，使明朝遭遇了空前的

① 史载，明朝中、后期的巨珰，如王振为蔚州人、曹吉祥为滦州人、蒋琮为大兴人、张永为保定新城人、冯保为深州人、魏忠贤为肃宁人、王体乾为昌平人、李永贞为通州人，悉占籍北京近畿及其邻近地区。

② 据考古出土牛玉墓志记载，其“先世世居龙门，吴元年始徙实京师，占籍涿州”，是属不折不扣的京畿宦官。详见保定地区博物馆（徐明甫执笔）：《明两京司礼监太监牛玉墓发掘简报》，《文物》1983 年第 2 期。

③ 《弇山堂别集》卷九二《中官考三》亦抄撮《明宪宗实录》卷一而述此事颇详，第 1755 页。

④ 语出《明史》卷三〇七《佞倖》，第 7881 页。

⑤ 关于王伦宣德年间从尚书陈山读书的时间，墓志记载有矛盾之处，考详见后。

军事溃败，连御驾亲征的明英宗朱祁镇也蒙尘被俘。土木堡之变发生后，宣宗孙皇后为了确保皇室血脉的纯正，在立监国的郕王朱祁钰为皇帝之前，便预先册立年仅三岁的英宗长子朱见深为太子，并派自己的侍女万氏侍太子于青宫[①]。而时年三十二岁的宦官王伦亦值此危难之际而“恭侍皇上（朱见深）于青宫”。对王伦的这一任命可能也来自宣宗孙皇后，换言之，宦官王伦与宣宗孙皇后侍女万氏同为辅佐太子朱见深的重要成员。

景泰三年（1452）五月，在司礼监太监兴安、内阁学士陈循等人的策划之下，朱见深的太子名位不出所料被景泰帝之子朱见济所取代。直至英宗于南内复辟，才又重立朱见深为太子。有意味的是，据墓志记载，王伦恰在朱见深被剥夺太子名位的景泰三年擢典膳局典膳。典膳局是负责太子日常饮食的东宫六局之一，王伦为废太子的“患难之交”，应无可能被信任并得到经办新太子朱见济膳食的机会。那么墓志记载王伦景泰三年擢典膳局典膳，可能只是彼时王伦仍承命废太子朱见深饮食起居的委婉或隐晦的说辞。王伦未曾在景泰年间改弦易辙，也可从英宗复辟改元后，王伦相继迁擢东宫典乘局丞与东宫典玺局丞的经历得到验证。

明宪宗朱见深对万氏的畸恋与成化年间万氏（万贵妃）的独断专宠，容易给人造成一个片面的印象，即景泰年间废太子朱见深身边除了悉心照料他的万氏一人之外，早已众叛亲离。但王伦墓志揭示出，除了宣宗孙皇后的侍女万氏，宦官王伦也在景泰年间负责照顾朱见深的生活起居，则宪宗与王伦之间感情匪浅。特别是墓志记述王伦“（正统）十四年己巳，恭侍皇上于青宫，辅导启沃，颇效勤劳……”尤其值得重视，据此可知，王伦不仅在景泰年间关照宪宗的膳食，更主要的还在于有着内书堂出身经历的王伦，责无旁贷地肩负起对朱见深“辅导启沃”的责任，这一情形大致与“宣德中侍太子讲读”而“太子雅敬惮之”的大珰王振相仿佛。[②]王振既与时为东宫太子的英宗朱祁镇有师生之谊，王伦亦曾在景泰年间“辅导启沃”彼时岌岌可危的（废）太子朱见深，并且“颇效勤劳”，从这个意

① 沈德符撰、谢兴尧整理：《万历野获编·补遗》卷一《宫闱·万妃晚倖》，中华书局 1959 年版，第 804 页。

② 查继佐：《罪惟录·宦寺列传下·王振》，第 2617 页。

义上来说，王伦不啻也是宪宗朱见深的启蒙老师。另一方面，王振“侍英宗东宫为（典玺）局郎”[①]，这也是东宫内臣最为煊赫的职位，与之相似，王伦在天顺年间亦由典乘局丞迁任掌太子玺印的典玺局丞。综上所述，可见王伦侍宪宗东宫的种种际遇，与王振侍英宗东宫的经历冥然相契，甚至几乎可以说是王振事迹的翻版。鉴于英宗登基之后对王振言听计从而王振遂权倾朝野的故事，众多内官外臣在宪宗朱见深行将登基之际断定王伦“必柄用”而“预为结纳”，也就不难理解的事了。

三　王伦获谴的真相及其在南京的行实

牛玉、李贤合力驱逐王伦、钱溥，实质上无非先皇旧臣与跃跃欲试的新贵们的一场博弈。按理，与王伦交谊深厚的宪宗朱见深的倾向性应是显而易见的。不过正如前文所析，王伦的籍贯与出身或许是他在宦官势力内部与司礼监太监牛玉争锋的一个不利因素，而李贤值英宗不豫之际竭力保荐时为太子的宪宗顺利即位，可能也会让宪宗颇图感戴。但问题是，只要宪宗的态度稍许暧昧，这内官外臣交通的一幕恐亦仅止于流言而已。那么，宪宗缘何果于斥逐患难相交且待以师友之敬的王伦呢？

史载英宗大殓之际，王伦“衰服袭貂”让宪宗“见而恶之”[②]，似乎是宪宗决意斥逐王伦的直接因素。不过，英宗、宪宗父子之间并不融洽：宪宗尚在襁褓之际，英宗便做了俘虏，不久后虽“回銮”却被尊为太上皇幽禁于南内。这期间宪宗的太子名位也遭废黜，直至英宗夺门复辟宪宗才又被立为太子，但宪宗却并未见宠于父皇，以至英宗不豫，颇为谗言所惑，在传位太子的问题上举棋不定。[③] 可以说，终景泰、天顺二朝，宪宗多是在由于父皇直接或间接引发的忧惧交织的惶恐不安中度过。因此，王伦值英宗大殓时“衰服袭貂”的轻佻不恭，能引起宪宗多大程度的不满？也很微妙。至于墓志所述王伦谪居南京以后的行实，也耐人寻味。王伦、

① 《明史》卷三〇四《宦官一》，第 7772 页。
② 《明史》卷一六八《陈文传》，第 4521 页。
③ 《明史》卷一七六《李贤传》，第 4676 页。

钱溥原本"依律拟斩"，但均被从轻发落，王伦"谪南京新房闲住"[①]，其间仍一再得到迁擢，如成化五年（1469）升南京内官监左监丞，十年（1474）擢南京内官监左少监，后虽"有干公务，仍令闲住"，然成化十四年（1478）三月又恢复南京内官监左监丞，卒赠南京内官监太监。此外，王伦成化十年进南京内官监左少监之际曾"乞复姓"，而"上允之，赐今名"，这便是王伦又名"殷忠"的由来。有明一朝，皇帝为宦官赐名是很引人瞩目的恩典，适亦可见明宪宗对千里之外的王伦眷顾殊深。综上所述，则明宪宗登基之初斥逐王伦之举，恐非文献记载的那样简单，而实有难言之隐。

如前所述，由于景泰、天顺二朝坎坷曲折的经历，使朱见深对照料他的宣宗孙皇后侍女万氏产生了深深的依恋，故朱见深即位后，年逾三十的万氏也公然成为十八岁皇帝的情人。另一方面，由于英宗遗命太子需在登基百日内完婚，并预为选中吴、王、柏三女留置宫中，只是由于孙太后与英宗相继晏驾而未定名分。宪宗甫登基即选定吴氏为皇后，由于吴氏不满万氏擅宠，加以杖责，触怒了与万氏情逾母子的宪宗，遂不惜一纸诏书将册立尚不足一月的吴皇后废黜，并辨称英宗生前选定的太子妃其实是上元王镇的女儿，而司礼监太监牛玉因收受吴废后家的贿赂，将英宗本已选退的吴氏在孙太后面前"朦胧奏请"，蒙混过关。[②] 于是在王伦被贬谪南京闲住仅半年之后，力逐王伦的牛玉因"坏朝廷大婚"也步王伦后尘，被发往

① 有明一朝，对获罪宦官的处分，除坐法当死者外，据沈德符《万历野获编补遗》卷一《内竖·内臣罪谴》记载："内臣得罪，祖宗时俱下法司，近代以来多自内批出。其轻者云，降作奉御，私宅闲住，盖犹为六品官也。又，降奉御者，或云发南京新房闲住，……其重者降作小火者，发去南京孝陵司香，则无官矣。又重者，则云降充净军，发去南京孝陵卫种菜。……闻之中官辈云，种菜者至南京，其守备大珰坐堂皇，喝云：'取职事来。'则净军肩一粪桶并趋前而去，虽司礼首珰得罪亦然。又昼夜居菜圃，非赦不得越寸步。"中华书局1959年版，第815页。据此可见，对于获罪宦官而言，"谪南京新房闲住"，犹为相对较轻的惩罚。

② 《明宪宗实录》卷八：天顺八年八月"癸卯，废皇后吴氏居于别馆。初，上在东宫，英宗为择配，榜谕中外，分命中官往采得十二人皆至，英宗亲选王氏、吴氏、柏氏三人留于宫。……而立吴氏，王氏、柏氏皆入副宫。俄有旨：牛玉坏朝廷大婚，下都察院狱，并吴熹鞫之。玉、熹皆太监也。玉辞连后父都督同知俊，逮俊及其子雄下狱，狱词谓将立后时，玉以王氏非其所选，说太后欲易之，而俊、雄以玉尝选吴氏，因熹赂玉，故卒立后。……后立未逾月而废，当时传言或谓后宫先有擅宠者，被后杖责故及。然宫禁事秘莫得而详。"第188、189页。

南京孝陵种菜。其实明眼人一看便知，吴废后与司礼监太监牛玉都不过是万妃擅宠的牺牲品，而这一切，对于探讨之前王伦被贬谪一事，也不无启益。

明宪宗与万氏的畸恋，在朝堂内外早已人所共知，与明宪宗几乎朝夕相接的王伦更是耳濡目染，以至在英宗尚未咽气时便与钱溥计议“帝不豫，东宫纳妃如何?”可以想见，王伦、钱溥值英宗不豫之际所谋划的内容，不会仅仅是史籍记载的欲以钱溥代李贤、以韩雍代马昂之类，可能还包括王伦欲使宪宗祗奉英宗遗诏纳妃成婚，意图藉此规避万氏及其家族势力对宪宗、对朝政的控制与影响，或许这才是让宪宗与万氏最为恼火的。而王伦的下场也足以表明，任何企图妨碍万氏专宠的人和事，对于宪宗与万氏而言，都是不可容忍的，即便像王伦这样的潜邸旧人也不例外。以此而言，宦官王伦遭贬斥的背后，应亦有万贵妃的影子。墓志还述及，王伦“自谪居以来，杜门省愆，唯取西门豹佩韦故事，以缓其性”，并“自号佩韦居士”，自当是其追悔昔日在东宫纳妃问题上的操之过急。但正所谓皇帝不急太监急，明宪宗朱见深终其一生对万氏用情之专之深，庶非旁人所能预料。

王伦降内使谪居南京之初，应是寄衔于南京内官监。明代内官监“掌木、石、瓦、土、塔材、东行、西行、油漆、婚礼、火药十作，及米盐库、营造库、皇坛库，凡国家营造宫室、陵墓、并铜锡妆奁、器用及冰窨诸事”①，故明代内官监太监多精擅工程造作之辈，如永宣之际守备南京的内官监太监郑和与王景弘曾先后奉敕修缮南京宫殿，② 南京大报恩寺也是在郑和与另一位内官监太监汪福的提调之下完工的。③ 宣德改元（1426）

① 《明史》卷七四《职官三·宦官》，第1819页。

② 《明宣宗实录》卷八，洪熙元年八月甲午，“太监郑和等奏奉敕理南京宫殿，当用金箔，请令有司市买。命于天财库支钞买用，须依时值，勿亏小民。”台北“中研院”历史语言研究所1962年校印本，第219页。

③ 葛寅亮《金陵梵刹志》卷二《钦录集》：“大报恩寺起工之初，监工官内官监太监汪福等……奉敕按月给粮赏。三月十一日，敕太监郑和等：‘南京大报恩寺，自永乐十年十月十三日兴工，至今十六年之上，尚未完备。盖是那监工内外官员人等，将军夫、人匠役使占用，虚费粮赏，以至迁延年久。今特敕尔等，即将未完处所，用心提督，俱限今年八月以里，都要完成。延误了时，那监工的都不绕。’”南京出版社2011年版，第88页。

守备南京的内官监太监罗智“尤精于造作，凡陵庙殿宇城垣修创之工，必躬亲提督，制度规模坚完壮丽，超轶往古”①。成化十八年（1482）卒赠内官监太监的张端，于正统年间曾随“范太监（弘）建永安寺于香山，其山水环回襟带，他匠所作图皆不惬范意，惟公经画规模，某宜居，某宜门，一一合俱，寺乃成，遂大有贤誉于时”②。故墓志记载王伦成化五年（1469）被起用为南京内官监左监丞即“督造洪武门”，亦职责所在。洪武门为南都皇城的正南门，位于正阳门内。洪武门后为南北向的千步廊御街（即今御道街），御街两侧为南京五部六府官衙，继向北过五龙桥便抵宫城正门承天门。洪武门系洪武十九年（1386）十二月由中军都督府督造，③入清后或已在改筑满城的过程中遭拆毁。至晚清民国时期，人们已普遍将正阳门误作洪武门④，直至正阳门更名光华门，才没有再以讹传讹下去。

洪武门既是洪武十九年由中军都督府督造，何以王伦成化五年以南京内官监左监丞再行“督造洪武门”？除非遭遇毁灭性的外力，否则坚固的城垣门道应不至败落到需重新起造的地步，因此王伦“督造”的或是洪武门门道之上的木构门楼。有明一朝，南京皇城、宫城门楼之毁圮不绝于载，如郑晓《今言》卷三记载：“南京大内近多圮坏，……今端门楼已毁，承天门楼将倾，数年之后当大坏。”《双槐岁钞》卷五亦载：正统十四年（1449年）六月丙辰“夜二鼓，南京雷电震，烈风雨骤作，……奉天诸门亦皆毁尽”。具体到王伦墓志记载的成化五年，是年二月甲寅“夜，南京大雨，雷震山川坛、具服殿之兽吻”⑤，可以想见，这样的豪雨惊雷，对位于城垣之上的门楼等木构建筑有所触动，也是题中应有之意，这或许便是

① 邵磊：《明代南京守备、内官监太监罗智墓志考释》，《郑和研究》2010年第3期。

② 语出《赠内官监太监张公（端）墓志铭》，据任昉《北京地区新出土明代宦官墓志零拾》附录志文引，载王春瑜主编《明史论丛》，中国社会科学出版社1997年版，第365页。

③ 《明太祖实录》卷一七九：“洪武十九年十二月乙酉，诏中军都督府督造通济、聚宝、三山、洪武等门”，第2714页。

④ 顺治年间，清廷在南京明皇城的基础上改筑八旗驻防城，其南抵明城墙之正阳门，与正阳门处于同一轴线、位置更偏北的洪武门或于此际被拆毁。但洪武门门废而名存，只是被错误地安在了正阳门的头上，正阳门之名反而鲜有提及。如1928年4月，南京特别市市长何民魂呈报国民政府，谓洪武门月城年久坍坏，提议拆砖用于修筑燕子矶、观音门一带马路。其所述含有“月城”之洪武门，实为设置一重瓮城的明初南京京城正阳门。

⑤ 《明宪宗实录》卷六三，成化五年二月乙卯，第1293页。

王伦成化五年“督造洪武门”的背景所在，而这对于揭示南京明皇城的建置沿革也有拾遗补阙的价值。

至成化十四年（1478）三月，王伦复为南京内官监左监丞，并受命“掌承运库事”。承运库，即内承运库，系洪武六年（1673）六月更内府库而来，掌收支供御金银、缎匹、珠玉、象牙诸宝货之物，或与南京宦官诸监同位于明故宫北安门（后宰门），南京市博物馆早年曾在后宰门内至宫城御河（玉带河）之间偏西位置发掘出占地宏阔的明代仓储建筑基址，可能即是南京内承运库所在。此外，南京内承运库尚有“南京供应机房太监一员，则本库外差，有敕谕关防，所谓汉府织造是也。其署，汉庶人高煦遗址”①，即今南京汉府街一带。

四　从王伦行实看明代宦官教育制度

通常认为，明太祖朱元璋惩汉唐宦官擅权之祸，为杜绝宦官干政，曾规定内臣不许读书识字，② 但并未能真正得以落实。③ 成国公朱能与英国公张辅永乐五年出兵安南，“以交童之美秀者还，选为阉，（范）弘及王瑾、阮安、阮浪等与焉。占对娴雅，成祖爱之，教令读书，涉经史，擅笔札，侍仁宗东宫”④。至此，明太祖“内臣不许读书识字”的禁令已名存实亡。宣德元年（1426）七月初三日，在礼部侍郎张瑛的推荐下，宣宗改行在刑部陕西清吏司主事刘翀为行在翰林院修撰，“令专授小内使书”⑤。宣德四年（1429）十月十七日，又“命行在户部尚书兼谨身殿大学士陈山专授小内使书”⑥。宣德以后，随着宦官地位的提升，宦官教育的组织与规模益形

① 刘若愚：《酌中志》卷一六《内府衙门职掌·内承运库》，北京古籍出版社1994年版，第113页

② 《明史》卷七四《职官三·宦官》暨卷三〇四《宦官一》，第1826、7766页。

③ 据前引南京守备内官监太监罗智墓志记载，宦官罗智洪武十九年（1386）入内廷后“攻习书史，日有进益，至于道经释典，靡不博览”，这是迄今所见明代宦官最早打破“内臣不许读书识字”戒律的例证。

④ 语出《明史》卷三〇四《宦官一》，第7766页。

⑤ 《明宣宗实录》卷一九，宣德元年七月甲申，第494、495页。

⑥ 《明宣宗实录》卷五九，宣德四年十月庚寅，第1407页。

扩大，宦官“用是多通文墨，晓古今，逞其智巧，逢君作奸。数传之后，势成积重，始于王振，卒于魏忠贤。考其祸败，其去汉、唐何远哉”[①]。

由于永乐至天顺年间宦官教育机构的名实迁改频仍，几经反复，很容易造成误会。如明末宦官刘若愚撰《酌中志》记载：明代宦官教育机构内书堂早在宣德年间即已设立，[②] 而《明史》等对《酌中志》之说踵袭相沿，对后人误导尤深。[③] 其实，明人黄瑜《双槐岁钞》对此有颇为详明的钩沉辨析。[④] 据以可知，明代宦官教育大致可划分为五个阶段：

第一阶段，“永乐中，令听选学官入教小内侍”，施教对象应即明成祖郡县安南之际掳掠的“交童之美秀者”如范弘、王瑾、阮安、阮浪之流，但相对固定的施教地点不得而知。第二阶段始于宣德初，施教者先后有修撰刘翀、大学士陈山与郑雍言、王一宁、朱应、康振、韩玺、卜谦等，并“开席于文华殿东庑”，受教者俱为“内侍之秀慧者”。第三阶段始于正统元年（1436）二月以后，由于明英宗的经筵场所也设在文华殿，位于文华殿东庑的宦官教习场所遂回避而更易别处，故“正统初，太监王振开设书堂，择翰林检讨钱溥、吏部主事宋琰辈轮日入值，名为内府教书，实则与国初异矣”。司礼监太监王振开设的书堂，即《酌中志》等书记载的司礼监内书堂，也称内书馆或内馆等，不一而足。第四阶段，土木堡之变后，郕王朱祁钰以监国入纂，在保留司礼监内书堂的同时，又“选小内侍黄赐、覃昌等七人，俾中允倪谦、吕原教之，亦于文华殿东庑，天顺后罢之”。顾起元《客座赘语》亦见载。[⑤] 第五阶段，明英宗夺门复辟后，由于

① 语出《明史》卷三〇四《宦官一》，第7766页。

② 刘若愚：《酌中志》卷一六《内府衙门职掌》：“内书堂读书，自宣德年间创建，始命大学士陈山教授之，后以词臣任之。凡奉旨收入官人，选年十岁上下者二、三百人，拨内书堂读书。”第97页。

③ 《明史》卷三〇四《宦官一》所述：“后宣宗设内书堂，选小内侍，令大学士陈山教习之，遂为定制。”第7766页。

④ 黄瑜：《双槐岁钞》卷五《内府教书》，中华书局1999年版，第84页。

⑤ 顾起元撰，张惠荣校点：《客座赘语》卷六《倪公迁学士》：“景泰中，迁内侍之秀异者四五人，进学于文华殿之侧室。倪文僖公谦与吕文懿公原实教之。上时自临视，命二人讲。倪讲《国风》，吕讲《尧典》。”凤凰出版社1999年版，第211、212页。

皇太子讲读地点选定在文华殿东庑，[①] 且明中叶以来，得以入选内书堂的小宦官数量既众，若将内书堂仍设于宫禁之内也不合时宜，自是宦官教习场所遂迁出文华殿东庑，惟设于司礼监内书堂，专命翰林官往教，遂为定例。

据墓志记载，王伦永乐二十二年入宫后，便以“秀雅”而为宣宗“储养待用”，先入文华殿东庑受教，师从大学士陈山，这一经历验证了黄瑜《双槐岁钞·内府教书》关于明代前期宦官教育的记载。为了突出自己的作用，钱溥在墓志后段又不厌其烦地记曰：“君始自东庑读书，继入内书馆，英宗特于进士中召试溥为翰林检讨以教之”，谓王伦在结束文华殿东庑的学习之后，继而又入内书馆（堂）师从翰林检讨钱溥。从墓志记述王伦在内廷接受教育的步骤与过程来看，他应是亲历了上述明代宦官教育机构名实迁改的第二、第三阶段，而这两个阶段恰恰是明代宦官教育制度由初创步入正轨的关键时期，殊值留意。

关于王伦入宫后进学于文华殿东庑之始，墓志谓：“（永乐）二十二年甲辰选入内廷。宣德九年丙午，宣宗以君秀雅，储养待用，命从尚书陈山读书于文华殿东庑，造诣日深。”按，宣德元年为丙午，九年为甲寅，故墓志此处显然系笔误或刻工杨林误镌。以王伦生于永乐十四年推算，若是宣德九年始被“命从尚书陈山读书于文华殿东庑”，则已届十九岁，年齿壮大，不仅早过了从学之龄，况且值宣德九年十一月，陈山亦已疏陈致仕并卒于途[②]，焉何得而教之？庶几可知，墓志所镌“宣德九年”实为“宣德元年”之误，也就是说，王伦初于文华殿东庑从陈山读书时年方十岁，正是启智从学之龄，与后来选年十岁上下的小内侍拨司礼监内书堂读书的惯例相合。

关于明廷始任的专职宦官教习，固为宣德元年（1426）七月初三日改

---

① 《明英宗实录》卷二九〇，天顺二年夏四月“乙丑，赐文武百官宴。皇太子初讲学于文华殿……是后，每日读书习字，常在殿之东厢，即所谓左春坊也。以上退朝必御文华殿阅奏牍，故避居此云”。台北“中研院”历史语言研究所1962年校印本，第6194页。

② 《明宣宗实录》卷一一四，宣德九年十一月庚子，第2574页。

修撰的刘翀,[①] 行在户部尚书兼谨身殿大学士陈山宣德四年（1429）十月十七日亦受命“专授小内使书”[②]，然而通过对王伦墓志内容的辨析，可证王伦从户部尚书兼谨身殿大学士陈山读书于文华殿东庑，亦始于宣德元年丙午。也就是说，大学士陈山教习小内侍殆与修撰刘翀同为宣德元年，并非史籍所谓的宣德四年十月十七日。那么，该如何理解这一歧异呢？窃以为，在明初宦官教育制度尚未称完备之时，宦官教习或许存在“专授”暨与之相对的“兼授”的情形，因而不能排除陈山在宣德四年之前，就曾兼任施教像王伦这样以“秀雅”而为宣宗“储养待用”的小内侍的可能性。其实，明代黄瑜《双槐岁钞·内府教书》亦已流露出这一方面的消息，只是多为人忽略[③]。而与这一推断相契合的是，陈山早在宣德元年升户部尚书兼谨身殿大学士入阁之时，遂日侍文华殿。由此可见，则宣德年间宦官施教地点一度设于文华殿东庑，也可能与陈山宣德元年的这一任职经历有关。[④]

关于明代宦官专职教育机构——内书堂（馆）的学制问题，史籍失载。据新发现曾守备凤阳的明代南京司礼监太监倪文墓志,[⑤] 明载倪文值天顺七年入宫后即肄业于内书堂，至成化二年（1466）进司礼监东房载笔治内文书，则倪文在内书堂从学的时间约为三年光景。明万历后期的大珰

---

① 《明宣宗实录》卷十九，宣德元年秋七月甲午，“改行在刑部陕西清吏司主事刘翀为行在翰林院修撰……仍给主事禄，令专授小内使书”。第 495 页。

② 《明宣宗实录》卷五九，宣德四年十月庚寅，命“行在户部尚书兼谨身殿大学士陈山专授小内使书”。第 1407 页。

③ 据黄瑜《双槐岁钞》卷五《内府教书》记载：“宣德初，九真判官刘翀服阕来朝，以旧学之臣，改主事，寻改行在修撰。会大学士陈山离间赵邸，上疏薄之，命解内阁几务，与翀同教内侍之秀慧者，开席于文华殿东庑。后益以主事王一宁，给事中朱应、康振。”玩味其语境可推知，刘翀与陈山均是在宣德初开始教授以“秀慧”或曰“秀雅”而为宣宗喜爱的小内侍的，之后又增补了主事王一宁与给事中朱应、康振。如果刘翀执教于宣德元年，陈山执教于宣德四年，前后相差三年之久，恐怕就谈不上是“同教”了。

④ 雷礼撰：《资政大夫户部尚书兼谨身殿大学士半溪陈公山传》：“陈山，字汝静，福建延平府沙县人……宣德元年，升户部尚书兼谨身殿大学士入阁，诏领大学士日侍文华殿，充两朝实录总裁。”载明人焦竑编《献徵录》卷一二《内阁一》，《续修四库全书》，史部第 525 册，上海古籍出版社 2002 年版，第 412、413 页。

⑤ 邵磊：《南京市博物馆旧藏明代宦官墓志考释》，《故宫学刊》第 14 辑，故宫出版社 2015 年版，第 131—153 页。

冯保自承嘉靖十五年（1536）选入内中馆（即内书堂）读书，十七年（1538）拨司礼监六科廊写字，[①] 揭示出冯保在内书堂接受教育也是三年。倪文与冯保的从学经历揭示出，明代宦官教习自明英宗正统年间惟设于司礼监内书堂后，其学制才相对稳定为三年左右。

然据王伦墓志，王伦宣德元年“始自（文华殿）东庑读书”，正统年间“继入内书馆，英宗特于进士中召试（钱）溥为翰林检讨以教之”。按，王振于正统初开设内书堂的具体时间虽不可考，但第一任教习宋琰、钱溥被简命的时间则为正统五年（1140）四月初十日。[②] 而据黄瑜《双槐岁钞·内府教书》所述，在宣宗晏驾之后至宋琰、钱溥被简命执教司礼监内书堂之前，宦官教习犹为宣德年间文华殿东庑的旧人，如宣德十年（1435）三月英宗登基之初，改王一宁为翰林修撰，朱应、康振俱为翰林检讨，未几，朱应卒，刘翀与康振皆擢佥事去，独王一宁累迁少宗伯兼学士入阁，时论谓“盖受业者之力也”，意指王一宁教授的宦官弟子得道后投桃报李。因此，从王伦于宣德元年从尚书陈山受教于文华殿东庑，至正统五年四月复于司礼监内书馆从师钱溥而言，不难想见，王伦的从学经历即便是断断续续，也属相当长久。这或许反映出了两方面的情形：其一，宣德以迄正统年间，得以从师问学的宦官，都系精挑细选而出，并采用了因人施教、因材施教的形式，与后世内书堂内动辄面对数百人规模的宦官学员群体集中宣讲的情形不可同日而语，故彼时对宦官的培养犹属精英教育；其二，明代前期宦官教育制度在由初创步入正轨这一转变过程中的学制，具有很大的不确定性，至天顺一朝即上述明代宦官教育机构名实迁改的第五阶段，才是明代宦官学制发展至相对规范、稳定的重要分水岭。

五　王伦墓志所涉其他人物

王伦墓志所涉的相关人物，对于史载亦多有补证。

---

① 王世贞撰，魏连科点校：《弇山堂别集》卷一〇〇《中官考十一》，第1913页。

② 《明英宗实录》卷六六，正统五年四月辛巳，第1267页。

王伦墓志的撰者钱溥，字原溥，号九峰，一号瀛州遗叟，卒谥“文通”，松江华亭人。正统四年（1439）进士，正统五年四月以试《蔷薇露诗》称旨而授翰林检讨，遂命教授王伦等内书堂小内侍。天顺元年（1457）升侍读学士，赐二品服，充东宫讲读官；六年（1462）使安南封黎灏为王，赐一品服。成化中累迁南京吏部尚书。弘治元年（1488年）五月卒，享年八十一岁，有《朝鲜杂志》三卷、《使交录》一卷。

钱溥是天顺八年（1464）与王伦交通而遭贬逐的主要当事人，故在王伦墓志中对他自己与王伦交通被贬谪一事亦多有辨白，其间的是是非非，固与史载大相径庭。如墓志声称：天顺年间钱溥与王伦同侍宪宗于青宫七年，王伦“每遇年假，必出拜”，而钱溥每次也都会携邻居、内阁学士陈文与会。值英宗驾崩，陈文察言观色，推断掌太子玺印的王伦或有异动，于是捏造钱溥与王伦炮制遗诏（一说太子即位诏）意欲排挤内阁大学士李贤云云。言辞之间，完全否认自己与王伦曾密谋计议，并将一切都归之于“（陈）文知君（王伦）有事”。至于墓志所谓两人“后起任南院，君（王伦）每出，亦复来拜，溥欲避不能”云云，愈益可见钱溥溢于言表的自矜之意。然史籍谓王伦与钱溥交通而遭贬逐，实肇自“有入阁觊”的钱溥料定王伦日后“必预机务”，遂指使“俱交厚”的尚宝司丞朱奎与王伦暗通款曲，王伦因偕朱奎私诣钱溥计议，遂为内阁学士陈文察觉而发露。

钱溥才华出众，夙负文誉，四方以得其文与字为荣，但其人却因热衷结纳宦官汲汲钻营而饱受诟病。英宗不豫之际，钱溥处心积虑地交结东宫典玺局丞王伦欲遂入阁之觊，遭贬谪后，又凭借在内学堂教书时出其门下的司礼监太监怀恩“援引以至要路，当时亦有入阁之议，而时望皆归吕文懿、岳蒙泉，毕竟用此二公”。后人评骘钱溥“盖结交内臣，文通之得力处在此，而损名处亦在此，士君子深当以此为鉴！”① 从钱溥一贯不遗余力地交结官宦以求晋升之阶的情形看，很难想象他在天顺末季与王伦的交往

① 何良俊：《四友斋丛说》卷一六，中华书局1959年版，第137页。

是完全被动的。[①] 所以说，钱溥所撰的王伦墓志在这一方面虽然提供了迥异于史传的说辞，但充其量只能是聊备一格，尚不足以撼动旧说。

钱溥在内书堂所授小内侍多贵幸，然为史籍所明载者，无非王伦与怀恩两人，所谓“其出以附王伦，其入以怀公（恩）之力”[②]，王伦墓志对此颇有补充。据墓志记载，王伦死后，“司礼监太监覃昌有同家之好，御用监太监廖恭有同门之谊，各遣人来治丧。复嘱同门典玺局郎覃吉状其行实请于上。”据以可知，成化年间的御用监太监廖恭、东宫典玺局郎覃吉与王伦皆为同门，而司礼监太监覃昌与王伦亦甚亲近。

御用监太监廖恭其人，史载甚简，廖恭从子廖玘成化二十一年（1485）闰四月被封为锦衣卫百户，廖恭于例亦当于此际告老或卒葬[③]。据王伦墓志可知，廖恭正统年间曾与王伦一并在司礼监内书堂同学钱溥，这为探讨正统年间进学司礼监内书堂的小宦官的成长与发展，不啻又提供了一份确切的材料。廖恭生前有所赐庄地五顷，死后一度有旨令入官充公，给民佃种。但廖恭从子、已升锦衣卫镇抚的廖玘“乞复赐管业”，户部虽不同意，但孝宗仍“特与之”，体现了孝宗对廖恭这位前朝老阉的礼敬[④]。

东宫典玺局郎覃吉，传附《明史·宦官一》之《怀恩传》，谓“同时有覃吉者，不知所由进，以老阉侍太子。太子年九岁，吉口授《四书》章句，及古今政典。宪宗赐太子庄田，吉劝毋受，曰‘天下皆太子有也。’太子偶从内侍读佛经，吉入，太子惊曰：‘老伴来矣。’亟手《孝经》。吉

---

① 陆容：《菽园杂记》卷六：“钱原溥学士回自谪所，道江西，布政使翁公世资作诗送之。序云：‘天顺间，先生尝谓兵部尚书陈汝言曰：方今论功行赏，殆无虚日。而母后徽号未加，得非阙典与？汝言即以先生之言入奏，英宗大加称赏，随付史氏以行。岁甲申，英庙上宾，先生遂为权贵所挤，而有顺德之行。皇上一日御经筵，阅讲臣，独以先生不在为问。遂下吏部召还，复旧官。’予尝以是质之内阁供奉谢伯寮，云岁甲申以下一段失实。盖原溥尝在内书堂教书，今之近侍若怀恩辈，皆多出其讲下。其出以附王伦，其入以怀公之力也。”按，出自翁世资之手的诗序虽竭尽所能为钱溥隐恶扬善，但却欲盖弥彰，钱溥品行为人鄙薄，于兹可知。中华书局1985年版，第73页。

② 怀恩从师钱溥，亦见载《罪惟录》列传卷之二十九上《宦寺列传上·怀恩》亦曾述及：“怀恩者……少受业于学士钱溥，通典故。”第2610页。

③ 《明宪宗实录》卷二六五，成化二十一年闰四月“辛卯，……是日，（覃）昌又传奉圣旨，升羽林前卫副千户杨玉为锦衣卫正千户，御用监太监廖恭从子玘为锦衣卫百户”。第4490、4491页。

④ 《明孝宗实录》卷一二二，弘治十年二月甲午，台北“中研院”历史语言研究所1962年校印本，第2188页。

跪曰：‘太子诵佛书乎?’曰：‘无有，《孝经》耳。’吉顿首曰：‘甚善，佛书诞，不可信也。’弘治之世，政治醇美，君德清明，端本正始，吉有力焉”①。据王伦墓志，覃吉正统年间亦与王伦、怀恩同于司礼监内书堂受业于钱溥，据以可知，《明史》覃吉传附怀恩传后，不是偶然的。清代查继佐《罪惟录》亦为覃吉立传，且序于怀恩传之前，所述事迹与《明史》大同小异。覃吉亦明代宦官中少有的贤良之士，时人谓其“识大体，通书史，议论方正，虽儒生不能过”②。值得一提的是，王伦墓志中涉及生平的“行状”，其实也是由覃吉撰写并“请于上”，这对于探究明代宦官的艺文而言，也是颇为重要的补充。

墓志所谓与王伦“有同家之好”的司礼监太监覃昌，亦是成化年间大珰级的宦官。据覃昌墓志记载，覃昌与弟覃旺于正统十二年（1447）入宫，同学内书堂，受业于尚书刘定之与学士林文两人，景泰年间覃昌与黄赐等小内侍七人复被选拔进学于文华殿东庑，受教于学士吕原、少保倪谦。③ 也就是说，覃昌亲历了前述明代宦官教育机构名实迁改的第三、第四阶段，其中，覃昌在第三阶段即司礼监内书堂受业于尚书刘定之与学士林文，大致与王伦在司礼监内书堂受业于钱溥的经历相重合，但覃昌墓志所记载的历任授业恩师中并没有钱溥。庶几可见，虽然是在同一个屋檐下，但教习王伦、怀恩、覃吉、廖恭学业的钱溥却并未曾教习覃昌，这种情形一方面可能由于覃昌入司礼监内书堂较晚之故，另一方面也可能是其时任职司礼监内书堂教习的“翰林检讨钱溥、吏部主事宋琰辈轮日入直”之故。④ 可见，由覃吉提供“行状”的王伦墓志提及覃昌只说“有同家之好”，而非同门之谊，不是没有缘故的。覃昌在明代中叶诸阉中亦以贤德称誉于时，后人将其与王岳、徐智、范亨、怀恩等同视之，以为内臣中之

① 《明史》卷三〇四《宦官一》，第7778页。

② 关于这一点，明人陆釴《病逸漫记》曾记载一则轶事，其时“东宫出讲，吉必使左右迎请讲官，讲毕则语东宫官云‘先生喫茶’。局丞张端颇不以为然，吉曰：‘尊师重傅，礼当如此。’”商务印书馆《丛书集成初编》之《三余赘笔及其他二种》，1959年补印本，第31、32页。

③ 徐溥撰：《司礼监太监葵庵覃公昌墓志》，载明人焦竑编《献徵录》卷一一七《寺人》，《续修四库全书》，史部第531册，上海古籍出版社2002年版，第589、590页。

④ 语出《双槐岁钞》卷五《内府教书》，第84页。

“忠良廉靖，缙绅所不及也”①。徐溥所撰覃昌墓志谓其成化元年（1465）进司礼监右少监，成化二十一年（1485）“命掌本监（司礼监）印”。但据王伦墓志可知，成化十四年（1478）覃昌遣人来南京为王伦治丧之际，业已署记为司礼监太监。

值得一提的是，覃昌与覃吉同出广西覃姓，且同为明代中叶宦官中的忠良廉靖之辈，故在史籍里颇易混淆。如《明史·汪直传》记载，成化十三年（1477）五月，大学士商辂与刘珝、万安、刘吉疏劾西厂汪直，“帝震怒，命司礼太监怀恩、覃吉、黄高至阁下，厉声传旨，言：‘疏出谁意？’”②然《明史·汪直传》校勘记指出，此同一史事，《明史稿》传一七八《汪直传》与《明宪宗实录》卷一六六“成化十三年五月丙子条”则以“覃吉”为“覃昌”③。今据王伦墓志，可证覃昌至迟在成化十四年之前已升司礼监太监，而覃吉同年犹以典玺局郎侍孝宗东宫，则《明史·汪直传》所谓成化十三年与怀恩等同至阁下厉声传旨之“覃吉”，显为“覃昌”之误。类似的事例，尚见《罪惟录·怀恩传》，谓“时言路大开，或指中官为刀锯之余，覃吉见奏大怒。恩曰：‘吾侪辈刑余，何怒？’”④结合文意来看，此“见奏大怒”并与怀恩对话的覃吉，应当也是覃昌。

王伦墓志的篆盖者宣城伯卫颖，字源正，为永乐十八年（1420）镇压唐赛儿起义擢山东都指挥使的卫青次子，天顺元年（1457）以“夺门”功封宣城伯，《明史》传附《卫青传》后。据李东阳《怀麓堂文后稿》卷二十二《宣城伯赠宣城侯谥壮勇卫公颖墓志铭》记载，卫颖于成化十三年（1477）亦即王伦卒葬前一年，始“调掌南京后府事，协练京营兵习水战”，而之前的履历尚看不出与身为内臣的殷忠（王伦）之间有何瓜葛。值得注意的是，钱溥与卫颖同籍松江华亭，故卫颖为殷忠（王伦）墓志篆盖，或为钱溥以同乡之谊延邀。不仅如此，成化年间南京清凉寺“殿宇脱

① （明）郑晓：《今言》卷二：“近见叙名臣者，多不及武臣，……即内臣，如王岳、徐智、范亨、怀恩、覃昌，镇守陕西晏宏，河南吕宪，皆忠良廉靖，缙绅所不及也。”中华书局1984年版，第68页。

② 《明史》卷三〇四《宦官一》，第7779页。

③ 《明史》卷三〇四《宦官一》之“校勘记”，第7797页。

④ 《罪惟录》之《宦寺列传上·怀恩传》，第2612页。

落漫漶”，卫颖同主僧德广“捐赀重建”，以成化十五年三月工毕，时已为南京吏部尚书的钱溥亦撰《重修清凉寺碑略》以纪其盛，可见两人交谊匪浅。①

为王伦墓志书丹的梁荫，是一个以进奉得官，多倚权幸声势的市井小人。② 据王伦墓志上的署衔“从仕郎中书舍人直文渊阁”，推知梁荫擅长“台阁体”故而在文渊阁承应缮写之职。梁荫是金陵人氏，则其成化二十二年“发原籍为民”，应是发回南京。明代中叶的南京适亦有梁姓巨室，这一家族以洪武初选补锦衣力士占籍南京的梁贵为始祖，至成化年间，梁贵第三子梁昇复选补而改役牺牲所，供太常祀事。梁昇“自宰家政，分遣子姪服贾事，懋迁有无于南北，岁积益丰。乃构厦屋，美轮奂，……子姪皆命应例为义官，享有章服之荣”③。梁昇的子侄辈多输粟于官而恩荣冠带，与梁荫以进奉得官并无不同，故颇疑梁荫与此“富饶之名闻于留都”的梁昇或有关联，可能出于梁荫“妄言惊惑人心”下锦衣卫狱以至“刑部比律论罪当死”的忌讳，故梁昇父子墓志对梁荫皆予回避。

（作者单位：南京市博物馆）

① 葛寅亮：《金陵梵刹志》卷一九《重修清凉寺碑略》，第370页。

② 《明宪宗实录》卷二八三，成化二十二年冬十月丁酉，“中书舍人梁荫有罪，除名。荫本市井小人，以进奉得官，多结权幸，倚其声势，比数夸于人言。尹旻父子之去，已实发其事，且言其党犹有当黜者。缉事官校廉得之，下荫锦衣卫狱。刑部比律论罪当死。有旨：荫妄言惊惑人心，本当重治，但系比律，姑贷其死，发原籍为民”。第4797页。

③ 语出弘治九年《明金陵处士梁启明（昇）墓志铭》，志石现藏南京市博物馆。

明代商人财富增殖的过程及方式

——以明人文集为研究中心

常文相

明代商人通过各种经营活动积累了大量财富，这是当时社会变迁中一个引人注目的现象。先前研究因考察视角的区别，而在问题认识的侧重点上呈现一定差异。如“资本主义萌芽”视角强调商人的阶级属性及其生产方式的性质，这类研究多着眼于商业资本向产业资本的转化，大致以是否使用雇佣劳动进行商品生产为依据，论证商人阶层的内部分化以及各自对于社会演进起到的不同的历史作用。韩大成《明代社会经济初探》一书里列有“关于明代高利贷资本的几个问题”与“明代的富商巨贾”两个专题，即指出彼时虽有部分高利贷资本投资商业或开办手工工场，但同时也激化了社会矛盾，造成小生产者处境日益困苦，且富商巨贾利用不正当手段获取惊人财富，又将相当一部分用于购买土地和拉拢官府，延缓了资本主义萌芽的发育。[①] 吴慧主编《中国商业通史》第 3 卷中的明代部分，认为传统商人依靠政治特权和经济优势，把商业、土地、高利贷三者结合在一起，表现出保守落后性，而新型商人从商品流通领域进入生产领域的表现，加速了自然经济分解，代表了资本主义前进方向。[②]“社会转型”视角注重探讨传统中国能否实现向西方模式的现代社会成功转型，就问题指向言，其与“资本主义萌芽”视角趋于一致，若由思路取径看，则更倾向展

---

① 参见韩大成《明代社会经济初探》，人民出版社 1986 年版。

② 参见吴慧主编《中国商业通史》第 3 卷，中国财政经济出版社 2005 年版。

现商人行为理念对既有体制和传统文化的突破，并揭示这种突破中实际仍存在不可避免的历史局限性。如唐力行《商人与中国近世社会》表示，明代商人对传统文化加以熔铸改造，融会了启蒙性、科学性、实用性、通俗性等时代特征，乃至将中国早期启蒙思潮提升到一个新高度，然而却终归缺乏独立品格，无法担负起变革社会的重任，难以走出近世社会的怪圈。① 张明富《明清商人文化研究》从正反两方面总结明清商人文化的特点及社会影响，提出其重利尚义、崇人文顺自然与僭越礼制、迷恋权力并存，形成了既自尊自信又自卑自贱的二重性商业观，这些要素共同决定了他们的历史命运。②

以上研究尽管对商人活动的关注重点不尽相同，但大体都参照西方社会发展模式，从商品经济同既有国家社会体制间矛盾对立的角度立论，由此商人角色被附加了一层本该推动社会走向现代资本主义道路却最终未能完成其历史使命的悲剧色彩。③ 不过，主要就明人文集记载所见，伴随商业财富的扩张，当时商人虽然提高了自身的社会地位与权力，但并未显示出与既有体制构成本质冲突的特征。故而从历史演进意义上说，古代中国商人、商业与帝制体系的基本关系，仍有重新审视的必要。本文拟通过梳理明代商人财富增殖的过程及方式，以期为这一问题的检讨提供一种能够基于中国本土经验的观察视角。

一　贩运四方

明代商人财富的积累和增长，离不开他们的成功经营。当时多有由小贾起家，贸迁化居，终至富足者。如明初苏州常熟商人瞿嗣兴，孝养父母，富而好德，其传称："父失官而贫，嗣兴折弓矢，躬力穑，与其妻苏氏孝事二亲，无所不至。久之贫益甚，嗣兴曰：'贫亦当之，奈养父母何？'携家入苏州，诣富家贷钱，为小贾，转息为生，乃稍裕。久之居积

① 参见唐力行《商人与中国近世社会》，浙江人民出版社 1993 年版。

② 参见张明富《明清商人文化研究》，西南师范大学出版社 1998 年版。

③ 参见王家范《帝国时代商人的历史命运》，《史林》2000 年第 2 期。

为中贾，又久之则大富。于是致养于父母，又行广施。”[①] 再如嘉、万时徽商程君，“年甫髫而从其舅江淮间，为下贾，已进为中贾”，复“转赀湘楚，稍稍徙业二广，珠玑、犀象、香药、果布之凑，盖不数年而成大贾”[②]。时黄长公既厌苦科举，则贾于闽越间，“久之业息什倍，为闽越大贾”，后游秦楚，与诸豪相悦，又成当地大贾，“于是长公之名，所至藉藉矣”[③]。又有福建泉州商人小楼公，“始窥邑市岁酤所出入，赢得三之，为小贾……继行旁郡国，岁转毂以百数，赢得五之，为中贾……最后四方郡国无所不至，珠玑、犀角、玳瑁、丝枲、果布之贸，转毂以千万数，赢得十之”[④]。

可见，彼时商人积居转贩，为获巨利，他们常常赍资携货遍行南北，游历四方。北方如山西蒲州之民“挟轻赀、牵车牛走四方者，则十室而九”，其人“跋涉南北，历五方都会，纵观天下实藏”，是以“西则秦陇甘凉瓜鄯诸郡，东南则淮海杨（扬）越，西南则蜀，其相沿若此耳”[⑤]。又陕西地区，“自昔多贾，西入陇、蜀，东走齐、鲁，往来交易，莫不得其所欲”，甚乃“若汉中、西川、巩、凤，犹为孔道，至凉、庆、甘、宁之墟”[⑥]。长江以南，“荆、楚当其上游……其民寡于积聚，多行贾四方”，而“四方之贾，亦云集焉”[⑦]。沿江东向，“自安、太至宣、徽，其民多仰机利，舍本逐末，唱棹转毂……休、歙尤夥，故贾人几遍天下”[⑧]。即如太湖洞庭一隅之地，“人依山居，仅仅吴之一乡”，然其人善贾，“往往天下所

---

① 何乔远：《名山藏》卷一〇一《货殖记》，《续修四库全书》，上海古籍出版社2002年版，第427册，第557页。

② 王世贞：《弇州四部稿》卷六一《赠程君五十叙》，文渊阁《四库全书》，台湾商务印书馆1986年版，第1280册，第92页。

③ 方扬：《方初庵先生集》卷七《黄长公六十序》，《四库全书存目丛书》，齐鲁书社1997年版，集部第156册，第530页。

④ 李光缙：《景璧集》卷四《史母沈孺人寿序》，曾祥波点校，福建人民出版社2012年版，第183—184页。

⑤ 张四维：《条麓堂集》卷二一《海峰王公七十荣归序》，《续修四库全书》，第1351册，第599页。

⑥ 张瀚：《松窗梦语》卷四《商贾纪》，盛冬铃点校，中华书局1985年版，第82页。

⑦ 张瀚：《松窗梦语》卷四《商贾纪》，第83页。

⑧ 张瀚：《松窗梦语》卷四《商贾纪》，第83页。

至，多有洞庭人”[①]。复如西南边陲，同样“商贩入者每住十数星霜，虽僻远万里，然苏、杭新织种种文绮，吴中贵介未披而彼处先得……则钱神所聚，无胫而至，穷荒成市，沙碛如春，大商缘以忘年，小贩因之度日”[②]。更有东南沿海如福建，商人非但遍行国内，“北贾燕，南贾吴，东贾粤，西贾巴蜀”，且“以异域为家”，每好“冲风突浪，争利于海岛绝夷之墟”[③]。是故“凡福之绸丝，漳之纱绢，泉之蓝，福延之铁，福漳之橘，福兴之荔枝，泉漳之糖，顺昌之纸，无日不走分水岭，及浦城小关，下吴越如流水”，以至“航大海而去者，尤不可计”[④]。

参诸明代商人墓志行状，再看一些具体例证：明中期苏州洞庭人张淮，弃儒事贾，“尝南浮江汉，北涉淮泗，历齐鲁燕赵之郊”，同侪“皆高赀富人，货布充羡”[⑤]。时山西蒲州人王现“为士不成，乃出为商”，始先“西至洮陇，逾张掖、炖（敦）煌，穷玉塞，历金城”，已而“入巴蜀，沿长江下吴越”，继又“涉汾晋，践泾原，迈九河，翱翔长芦之域”，其“商四十余年，百货心历，足迹且半天下”[⑥]。同一地商人王瑶，弘治中父任邓州训导，他从之“贸易邓裕襄陕间，而资渐丰”，父转迁鲁山教谕，其于当地“取良产治器用”，正德间又“行货张掖、酒泉”，并“同诸商依酒泉兵宪陈公赴河西”，复“货盐淮浙苏湖间”[⑦]。后如张允龄亦为蒲人，幼年即“掌理家政，力勤攻苦”，且“识量宏远，诸所废居剂量，往往牟奇息”。行状载其为承养孀母而“发愤远游”：“西度皋兰，历浩亹（亹），居货张掖、酒泉间。数年乃南循淮泗，渡江入吴。又数年业益困，则溯江

① 归有光：《震川先生集》卷二一《叶母墓志铭》，周本淳校点，上海古籍出版社1981年版，第522页。

② 王士性：《广志绎》卷五《西南诸省》，吕景琳点校，中华书局1981年版，第107页。

③ 李光缙：《景璧集》卷四《史母沈孺人寿序》，第183页。

④ 王世懋：《闽部疏》，中华书局1985年版，第12页。

⑤ 陆粲：《陆子余集》卷三《张时济墓志铭》，文渊阁《四库全书》，第1274册，第611页。

⑥ 李梦阳：《空同集》卷四六《明故王文显墓志铭》，文渊阁《四库全书》，第1262册，第419页。

⑦ 韩邦奇：《苑洛集》卷五《封刑部河南司主事王公墓志铭》，文渊阁《四库全书》，第1269册，第417—418页。

汉，西上夔峡，岁往来楚蜀间。已乃北游沧博，拮据二十年，足迹且半天下。”① 其弟其子也曾“商游吴越间，于时年幼气锐，既连不获牟大利，乃南历五岭，抵番禺，往来豫章、建业诸大都会”②，“年仅十六即服贾远游，历汴泗，涉江淮，南及姑苏、吴兴之境，诸所经纪废居，咸出人意表”③。

又弘、正时浙江湖州商人慎祥，自少激昂蹈励，“年十八，去渡大江，涉淮及泗，迤逦燕、冀，遵大都而还”，征物射时，“江、淮之间称良贾焉”④。正、嘉时浙江宁波商人陈武亦曾“溯江淮，入燕代，遍历方国，各以其地之宜”，是故“赀用浸饶，游道广矣”⑤。同样，嘉、万时徽商程汝概才略敏干，从父商游，“所至乐交知名之士，尝涉齐鲁燕赵之郊，其后逾瓯越，至闽海，历漳泉，与蕃舶贸货而还”⑥。时徽商程诠早岁则以“大丈夫有事四方，奈何局趣牖下”自励，初走吴越，复转淮扬，“观时变，节狙侩，较诸贾为廉，而赢得过当”⑦。徽商吴国逊业贾养家，“始金陵，继广陵，继海陵，继吴门，继武林，遂称中贾”，然“行贾地不过数百里，母以为男子生，桑弧蓬矢射四方，示有事也，何局促乡土”，他乃携资往游京师。⑧ 另福建泉州商人曾友泉，“自垂髫时，业已从伯兄贾闽、广间，其后转贽荆、湘，从（徙）业吴、越，北极燕、赵、海、岱之墟，足亡不遍”⑨，不数年已成大贾。而这些商人远离故土，遥涉江湖，在辗转牟利的

① 张四维：《条麓堂集》卷三〇《先考封光禄大夫柱国少师兼太子太师吏部尚书中极殿大学士峒川府君行状》，《续修四库全书》，第1351册，第768页。

② 张四维：《条麓堂集》卷二八《叔父竹川府君暨配孺人李氏左氏合葬墓志铭》，《续修四库全书》，第1351册，第743页。

③ 张四维：《条麓堂集》卷二八《明威将军龙虎卫指挥佥事三弟子淑墓志铭》，《续修四库全书》，第1351册，第745页。

④ 文征明：《文征明集》补辑卷三〇《南槐慎君墓志铭》，周道振辑校，上海古籍出版社1987年版，第1529页。

⑤ 汪道昆：《太函集》卷五二《明故赠文林郎歙县知县东泉陈公暨赠孺人林氏合葬墓志铭》，《续修四库全书》，第1347册，第386页。

⑥ 程嘉燧：《松圆偈庵集》卷下《故处士程君墓志铭》，《续修四库全书》，第1385册，第773页。

⑦ 李维桢：《大泌山房集》卷九七《程高年吴孺人墓志铭》，《四库全书存目丛书》，集部第152册，第747页。

⑧ 李维桢：《大泌山房集》卷一〇二《吴节母墓志铭》，《四库全书存目丛书》，集部第153册，第77页。

⑨ 李光缙：《景璧集》卷一八《祭曾友泉文》，第906页。

同时，个中辛劳，自一言难尽。①

二　察时观物

商人周转贩运，利用货品的地区差价赚取利润，这就需要明察时势，熟稔物情，诚谓“因俗为变，与时消息”②，“观万货之情，其所转毂若流水”③，“多知善谋，察时宜物情，应之屡中”④。他们长于心计握算，善于把控良机，文献中多见此类记载。如明中期山东章丘人张锜，“携赀为贾于苏、杭、河西务，固亦随众赢利牟息，应变规时，然善识货物，能近人情，算及锥毛不为也”⑤。时徽商鲍辅亦“察低昂，酌常变，齐盈缩，审弃取”，“利恒数倍”然“内无刻削损心之行”，并能“仁藏而义显，往往济急而扶危”⑥。再如正、嘉时徽商金塘随父“商大江北，鹽盐芦石，往来淮扬间”，他“于利不为干没苛取，其审画密鸷，如千钧之弩不轻发，发必破的”，且“豁达善任使”，故“挥霍千金，立去来无阂”⑦。家世业商的山西蒲州人徐杲，“游金陵，溯吴越，西走陇益，居货岐山、池阳之域，

① 明中期徽商汪庆贩木于浙，晚年自题居室“百滩精舍”，并以平生行舟所历艰险训子曰：“浙人谓，自浙溯徽，其滩以百数，有‘一滩一丈，徽州天上’之谣。予为此生理，经此百滩者，不知其若干数矣。资财躯命，咸寄水面，岂但言劳，而此生之惊虞，何可云喻？每下一滩，虽顺流而舟行如箭，又恐其失势，不能仓卒救；上一滩虽无失势之危，而水逆且悍，挽夫率抵首于地，舟人率以肩承棹，挽与棹力齐而后舟始行，少有不协，进不能尺寸而退已寻丈外矣。噫，可畏也！予之成此微业也，艰难甚矣！”金瑶：《金栗斋先生文集》卷七《百滩汪翁传》，《续修四库全书》，第1342册，第575页。小说《喻世明言》又记录了一篇描画行商不易的古风歌谣，也可资参考：“人生最苦为行商，抛妻弃子离家乡。餐风宿水多劳役，披星戴月时奔忙……”冯梦龙编著：《喻世明言》卷一八《杨八老越国奇逢》，陈熙中校注，中华书局2014年版，第267页。

② 王世贞：《弇州续稿》卷一二二《程处士惟清墓志铭》，文渊阁《四库全书》，第1283册，第704—705页。

③ 王世贞：《弇州续稿》卷一二二《新安程君墓志铭》，文渊阁《四库全书》，第1283册，第703页。

④ 李维桢：《大泌山房集》卷一一四《金仲子暨配孙孺人行状》，《四库全书存目丛书》，集部第153册，第320页。

⑤ 李开先：《闲居集》卷九《张寿翁传》，路工辑校：《李开先集》，中华书局1959年版，第540页。

⑥ 李梦阳：《空同集》卷五六《赠豫斋子序》，文渊阁《四库全书》，第1262册，第509—510页。

⑦ 王世贞：《弇州四部稿》卷一〇〇《太学生金君三园行状》，文渊阁《四库全书》，第1280册，第603页。

雍凉诸郡，稍稍遍历”，所至“废居通滞，能瞯时之高下而牟其赢利，用能丰殖厥产”①。又有陕西洛川商人碧山公陈君，“相时占势，操盈缩之柄，其所发必由于义”，若“恤困扶颠，虽捐数百金赴之，毅然不辞也”②。这些商人不但于市廛间运筹谋断，还既富且仁，能尚义轻财，多所捐施，确属可贵。

嘉、万以来，有识商人争天时，尽地利，辨物情，习人事，表现得更为明显。徽州人汪道昆曾记载其乡方氏兄弟三人因地趋时、且儒且贾之事：“方仲子用俊，以博士《易》倾其曹。伯兄用仁、季弟用仕皆籍胄子，两人者席故资，治盐策，都广陵。仲居中而参雁行，北面而受功令，即季、孟在事相距千里，仲率与闻，坐而应之，若合右契。”对此他谈到，表面上“儒贾异业，不相为谋，儒者诎化居，贾者诎著述”，然深一层观之，“良贾直与时逐，良士宁讵违时，藏器于身，待时而动，易者时也”③。也就是说，抛开儒道和贾术外在差别，在两者于实际运用中均暗含相机而动、顺时而发的意味上，《易经》之“易”与交易之“易”本可兼容会通。就因时观变从而准确把握商机上讲，汪道昆还尝称扬徽商汪海策事“如飞卫之贯虱也，痀瘘之承蜩也，无虚发矣”，故可谓“虽与时逐，而错行如四时，时作时长，时敛时藏，其于天道，盖冥合也”④。同理，徽商程长公、吴良儒也被赞以“擅握算，往往中诸便宜，即时化居，征贵贱，逆睹若观火”⑤，“其握算如析秋毫，其计赢得如取诸外府，其发也如贾大夫之射雉，其掇之也如丈人之承蜩”⑥。

若论所贩货物，当时商人营运以日常生活用品为大宗。此同样可由徽商为例说明，即如吴良儒表示：“吾乡贾者，首鱼盐，次布帛，贩缯则中

---

① 张四维：《条麓堂集》卷二八《处士山泉徐公暨配王孺人合葬墓志铭》，《续修四库全书》，第1351册，第742页。

② 张四维：《条麓堂集》卷二三《贺洛川陈君恩貤荣亲序》，《续修四库全书》，第1351册，第638页。

③ 汪道昆：《太函集》卷一七《阜成篇》，《续修四库全书》，第1347册，第12—13页。

④ 汪道昆：《太函集》卷一六《兖山汪长公六十寿序》，《续修四库全书》，第1346册，第694页。

⑤ 汪道昆：《太函集》卷三二《程长公传》，《续修四库全书》，第1347册，第179页。

⑥ 汪道昆：《太函集》卷五四《明故处士溪阳吴长公墓志铭》，《续修四库全书》，第1347册，第414页。

贾耳。”他量己财力，初起泉布而徙于盐策，乃成上贾。[①] 再正、嘉时人程沣席故资远商游，“东出吴会，尽松江，遵海走维扬，北抵幽蓟，则以万货之情，可得而观矣”，又“坐而策之”：“东吴饶木棉，则用布；维扬在天下之中，则用盐策；吾郡瘠薄，则用子钱。”终获不赀，“加故业数倍”[②]。时潘仕也承父贾业，“趋时居息，握算短长”。他先踞銮江贾陶器，继以“古之货殖者，必因天时，乘地利，务转毂与时逐，毋系一隅”，遂用“盐策贾江淮，质剂贾建业，粟贾越，布贾吴……卒之赢得过当”[③]。潘仕早逝，其兄潘侃代贾真州，虽“家世用陶”，他却“独与时逐，或用盐盬，或用橦布，或用质剂，周游江淮吴越，务协地宜”，是故邑中诸贾“悉从公决策受成，皆累巨万”[④]。又有汪庆与弟贩木浙江，初以利微，因道：“我虽未得木之利，然已知木可为，但兄弟皆徒手，非得一饶区，有木岁可续，恐非速化之术。闻衢严诸处山尤深，而土人刁悍，商人不敢入其乡，其势木估必下下。不探虎穴，不得虎子，吾与汝当深入，视时事以进，或不负此生。”于是二人“倒其家箧笥所有，并称贷以益，径入衢严道”，自后岁获本利，生理渐荣。[⑤]

三　审慎择地

除了体察时物顺逆贵贱，一些水陆要冲交通便利，百货汇集，自然成了商人首选之地。如明中期徽商黄豹，起初“游荆襄南楚，堇堇物之所有，贸迁而数致困”，故欲徙地道：“昔蜀卓氏处葭萌，葭萌地狭薄，不足以致富，更业汶山之下，富拟人君。若久居荆襄，是长贫耳。”其看准淮

---

① 汪道昆：《太函集》卷五四《明故处士溪阳吴长公墓志铭》，《续修四库全书》，第1347册，第414页。

② 汪道昆：《太函集》卷五二《明故明威将军新安卫指挥佥事衡山程季公墓志铭》，《续修四库全书》，第1347册，第391—392页。

③ 汪道昆：《太函集》卷五一《明故太学生潘次君暨配王氏合葬墓志铭》，《续修四库全书》，第1347册，第382页。

④ 汪道昆：《太函集》卷三四《潘汀州传》，《续修四库全书》，第1347册，第202页。

⑤ 金瑶：《金栗斋先生文集》卷七《百滩汪翁传》，《续修四库全书》，第1342册，第574页。

南为“东楚都会之地，鱼盐之饶”，以是辇资斧就之，“三年大穰”①。嘉、万时徽商金弁少从父学贾，志欲恢复家业，独计“翡翠离越而贵，章甫入鲁而售者，得其地也”，由是“定居鸠兹，转徙荆、襄、吴、越，而北输于燕，家乃日起”。② 时徽商方锡少从父贾金陵，“以真州当江淮之交，去金陵百里，亦一都会也”，表示“贾人治生，宜莫如真州便”，遂“居货由鄱阳输真州，转毂不绝”③。徽州人方君在同样“以真州当江淮河汉之冲，万货之情可偻指也”，乃为其弟“中市一廛，以受转毂，与时化居”。④ 再徽商朱模业于淮楚，弟贾武林折阅，他则为之策曰：“吾闻范蠡周行吴越齐楚间，而独善陶，故富称陶朱公……何者？得其地也。吾阅天下广矣，莫如棠邑，是襟带维扬、真州，其俗俭啬，畏罪远邪，矜己诺，可以居。”⑤ 徽商方文箴早年“往来贩易于嘉湖之间”，资耗过半，“晚乃贾于常熟”。该地“居江海水陆之会，有湖山膏腴之产，凡鱼鳝、米盐、布缕之属，羡衍充斥”，故其占市籍，程督诸子，“岁转闽粤之货，以与时逐，业骎骎起”⑥。上文提到的潘仕，先是其父“贾昌江，居陶器，分道并出，南售浙江，北售銮江”，他认为“三江相距各千里而遥，左右狼顾，惧不相及”，而“銮江为江淮都会，当舟车水陆之冲，其并浙江归銮江，于策便”⑦。至若淮浙盐场，历来便会聚了大量盐商。即如前引贩布起家的吴良儒，在积蓄渐丰后自计：“世贾以盐策为桓文，淮茅而浙殿也。吾其伯浙，卒之胥命于淮。”他“于是去吴淞江，则挟千金徙浙，寻为盐策祭酒”，复

① 歙县《竦塘黄氏宗谱》卷五《明故处士黄公豹行状》，张海鹏、王廷元主编：《明清徽商资料选编》第325条，黄山书社1985年版，第111页。

② 焦竑：《澹园集》卷三〇《太医院吏目面山金公暨配江氏墓志铭》，李剑雄点校，中华书局1999年版，第463页。

③ 汪道昆：《太函集》卷八〇《故授太医院吏目方长君诔》，《续修四库全书》，第1347册，第676页。

④ 汪道昆：《太函集》卷三五《方君在传》，《续修四库全书》，第1347册，第217页。

⑤ 李维桢：《大泌山房集》卷六九《朱次公家传》，《四库全书存目丛书》，集部第152册，第192页。

⑥ 程嘉燧：《松圆偈庵集》卷下《明处士方君墓志铭》，《续修四库全书》，第1385册，第773页。

⑦ 汪道昆：《太函集》卷五一《明故太学生潘次君暨配王氏合葬墓志铭》，《续修四库全书》，第1347册，第382页。

欲“与国盟淮南，挟巨万往”①。

这样，洞悉各处民情风物，明判各方地缘商机，实为经营顺利的必要保证。如嘉、万时徽商程元利从父兄贾周赵燕楚间，依时伸缩，因习调剂。墓碣载：“周俗纤俭，微济以宽饶；燕代懔忮，其民羯羠不均，君柔平为剂；赵俗儇急纵侈，则务缓示朴；历楚三俗，时见所折衷……最后客吴嘉定，乐吴之风土与其贤士大夫，因家焉。”② 再汪道昆曾道，徽州“地褊而硗，食指滋繁，靡不待贾而足”，通常情况下，“上贾栖淮海，治鱼盐，恪守程期，岁息不逮什一，顾薄收厚积”，然“蜀故多贾，则物产饶……良金文锦，鞣鞈氍毹，赤堇丹铅，竹箭材木，兼以卮姜蒟酱，筰马僰牛，因地逐时，赢得过当”。其所记之徽商王子承，即“贾蜀则以奇胜，鹰扬而隼击之……第勤远略，埒淮海而捷有加”③。与王子承有别，时徽商潘韶也擅长择地画计，其从诸父贾蜀，却“策诸父贾非良，请割而自为之”，曰：“良贾急趣利而善逐时，非转毂四方不可，乃今走蜀，道数千里，胡为坐困一隅?”他自是“出而贾荆扬吴楚，遂致不赀”④。复有徽商许柏家贫不竟举业，始“贾于遂，久而振，以遂僻左，舞袖难旋”，便往武林治盐策，“不乘人斗捷，人益附之，不数年贾大起”⑤。徽商汪道映亦尝贾盐于浙，“酌天时，察物情，量军兴缓急，先事而为之，计得息三倍”，继言：“浙褊小，舞袖不足回旋。淮扬舟车四达万里，是范大夫之陶也，可舒勃吾所欲为矣。”乡人知其能，“以赀附之，不数年乃大赢”⑥。又明廷榷盐利以佐国计，“凡商人占淮浙盐者，悉令输粟甘肃、宁夏等边，

① 汪道昆：《太函集》卷五四《明故处士溪阳吴长公墓志铭》，《续修四库全书》，第1347册，第414页。

② 王世贞：《弇州四部稿》卷九六《程君汝义墓碣铭》，文渊阁《四库全书》，第1280册，第554页。

③ 汪道昆：《太函集》卷一七《寿域篇为长者王封君寿》，《续修四库全书》，第1347册，第11页。

④ 汪道昆：《太函集》卷一四《潘次公夫妇九十寿序》，《续修四库全书》，第1346册，第668页。

⑤ 李维桢：《大泌山房集》卷一〇五《许处士墓表》，《四库全书存目丛书》，集部第153册，第142页。

⑥ 李维桢：《大泌山房集》卷九七《汪长公吴孺人墓志铭》，《四库全书存目丛书》，集部第152册，第749页。

给通关领引，而守支于淮浙，谓之飞挽”。山西地接北部边境，本可就近得开中之便，然“支给旷日延久，且出入戎马间，有烽堠之警，而盐利又时有朓朒”，故多有“商人不乐与官为市”。正、嘉时蒲州商人范世逵却独谓“此可居也”，于是其“历关陇，度皋兰，往来张掖、酒泉、姑臧之境”，且察道里险易，计蓄散盈缩，废居趋舍，“每发必奇中，往往牟大利”①。

商人审慎择地，也能及时规避天灾人祸。如嘉、万时徽商汪海息故业贾徐州房村，值河决吕梁，他以地当下流，必遇水患，乃策言：“昔决宣房，即汉武且不治，是役也，恶能与水争功？浸假而决吕梁，房村潴矣。虽吾三世居此，宁遽能释利权，倘然犹豫重迁，直将为河伯醯耳。”于是改业南迁，愈益振起，而“房村竟为河”，人称其善断，“如陶朱公去就审矣”②。无独有偶，时徽商吴思沐亦贾于徐，与同伙黄翁之子黄泽共事贸迁，会“新河成，夏镇扼其吭”，徐地则受困于水，他“亟语泽徐不可久处”，主张徙夏镇。“泽未决，其翁独信为然，而析赀两授之”，后“徐果日损，夏镇日益”③。再徽商程昇商于松江，“顾持大体，策事若观火，不操利权”。诸贾“方市斥地，取近灶便利，议筑室护东”，他以“必欲东，卒有警，将不免”，遂“白县令，无如筑护西完”。县令从之，“其后三十年，寇无入护西者，居人始多公策”④。另有徽商江才居浙治盐，正德间“中官毕真出镇浙，牛羊用人”，为免遭荼毒，他早做打算，“阴属二子徙业广陵，毋及于难”。既归不久，果不出其料，“同时诸贾，往往坐株连”⑤。

① 张四维：《条麓堂集》卷二八《处士东山范公暨配孺人王氏柴氏墓志铭》，《续修四库全书》，第1351册，第740页。

② 汪道昆：《太函集》卷五五《明处士兖山汪长公配孙孺人合葬墓志铭》，《续修四库全书》，第1347册，第419页。

③ 李维桢：《大泌山房集》卷九一《光禄署丞吴公墓志铭》，《四库全书存目丛书》，集部第152册，第605页。

④ 汪道昆：《太函集》卷五五《诰赠奉直大夫户部员外郎程公暨赠宜人闵氏合葬墓志铭》，《续修四库全书》，第1347册，第416页。

⑤ 汪道昆：《太函集》卷六七《明赠承德郎南京兵部车驾司署员外郎事主事江公暨安人郑氏合葬墓碑》，《续修四库全书》，第1347册，第542—543页。

四　合伙、委托经营与知人善任

明代有兄弟或同伙共同经商者，如正、嘉时徽商双松吴翁“好义循理”并“殖产甚丰”，归老后付业于二子吴珽、吴玿。“长公倜傥好奇节，其筹计布措，辄出人意外，往往获异效，然又必遵轨谐时，立信义于远迩……季公重厚，不轻于言，容止端详，而综理机警，与其兄千里响答，每所规画，率不言而事集”，众咸称“二君绰有父风”。[①] 时徽商毕济父殁资乏，兄弟四人相与行贾，“裒南北利权而操之”。他居间“尤为精心果任，动必中机键”，既成大贾，“则能优宽诸小贾，使得效其智力”[②]。再《孙杨义交传》云：“天顺、成化间，大渊、克敬二翁偶面相识，心即契合……遂同入嵩县山中，合贯为贾。用计然之策，为陶朱公之学，共爨以居，不分尔汝……懋迁有无，交易化居……两氏遂起家嵩中，富厚倍于他姓。”[③] 后复如福建泉州人王思贤与人共本经商，令同伙“守市门列肆”，他本人则“征贵贱于吴越间，鬻绢帛丝缯以归”，且能“观万货，目量手程，无尺寸爽”，至“货出入所多所鲜，不具沽簿，久皆心识”，两人卒致大饶。[④]

知人善任作为推动商业活动成功开展的重要因素，在体现合伙或委托特征的共同经营中得到凸显。如嘉、万时扬州人夏翠，起先“身贩蔬，独奉母以居”，后代商人朱公行贾，“贩缯笠泽，贾人侵牟，缯率苦恶”，他则“所市皆精良中程，易资不求丰”，因是“人争市朱公缯，所得过当”[⑤]。明末苏州洞庭人金汝鼐慷慨尚义，舅席氏“门下诸客行贾者数辈”，

① 张四维：《条麓堂集》卷二一《寿双松吴翁七十序》，《续修四库全书》，第1351册，第598—599页。

② 王世贞：《弇州续稿》卷九二《毕处士暨配吴孺人合葬志铭》，文渊阁《四库全书》，第1283册，第326页。

③ 吕楠：《泾野先生文集》卷二八《孙杨义交传》，《续修四库全书》，第1338册，第134—135页。

④ 李光缙：《景璧集》卷一四《王母慈节史太孺人传》，第669页。

⑤ 李维桢：《大泌山房集》卷七二《夏处士家传》，《四库全书存目丛书》，集部第152册，第249—250页。

而“独知金甥公廉可任”，命众悉听之，“凡佐席氏者三十年，所遣客岁走四方，往则受指于翁，返则报命”①。又《广志绎》记山西“伙计”之制：

平阳、泽、潞豪商大贾甲天下，非数十万不称富，其居室之法善也。其人以行止相高，其合伙而商者名曰“伙计”，一人出本，众伙共而商之，虽不誓而无私藏。祖父或以子母息丐贷于人而道亡，贷者业舍之数十年矣，子孙生而有知，更焦劳强作以还其贷，则他大有居积者，争欲得斯人以为伙计，谓其不忘死肯背生也，则斯人输小息于前而获大利于后。故有本无本者咸得以为生。且富者蓄藏不于家，而尽散之于伙计。估人产者，但数其大小伙计若干，则数十百万产可屈指矣。盖是富者不能遽贫，贫者可以立富，其居室善而行止胜也。②

其实，当时不少商人都能差派、利用同族同乡拓展贸易，这可视为他们依托共同经营模式而扩充财富、壮大势力的有效手段之一。就徽商来看，如上述程君赠序、程沣墓志及吴思沐传记云：

门下受计出子者，恒数十人，君为相度土宜，趣物候，人人授计不爽也。数奇则宽之，以务究其材，饶羡则廉取之，而归其赢，以故人乐为程君用。③

诸程聚族而从公，惟公所决策，脱不给，公复为之通有无。行之四十年，诸程并以不赀起，而公加故业数倍。④

所亲画策，大都量人受事，量事受直，使门内无不受事之人，即无不受直之人。度三年贾余一年之蓄，即以一年蓄为别树置，而召其门内某某来受事；九年贾余三年之蓄，又为别树置，而召门内某某来

① 汪琬：《尧峰文钞》卷一六《观涛翁墓志铭》，文渊阁《四库全书》，第 1315 册，第 358 页。

② 王士性：《广志绎》卷三《江北四省》，第 61—62 页。

③ 王世贞：《弇州四部稿》卷六一《赠程君五十叙》，文渊阁《四库全书》，第 1280 册，第 92 页。

④ 汪道昆：《太函集》卷五二《明故明威将军新安卫指挥佥事衡山程季公墓志铭》，《续修四库全书》，第 1347 册，第 391—392 页。

> 受事。终君之世，所树置贾区凡若干，而门内之人，受事几遍。[①]

王子承亦“诸弟诸子从之游，分授刀布，左提右挈，咸愿与之代兴，各致千万有差”[②]。再嘉、万时人程道赓始治盐在淮，复徙业武林，“族子有材而失职者，察其可任，一以委之，若不知有生计……然倍息者再，任人之效也”[③]。时又有汪通保积著益饶，人争附之，他“乃就彼中治垣屋，部署诸子弟，四面开户以居，客至则四面应之，户无留屦”，且约其勿操利权，“出母钱，毋以苦杂良，毋短少；收子钱，毋入奇羡，毋以日计取盈”，是故“人人归市如流，旁郡邑皆至”[④]。由质剂起家孙从理则慎择掌计，分部以治：“良者岁受五秉，次者三之，又次者二之。岁会则析数岁之赢，增置一部，递更数岁，又复递增。”徒属“服要束，各起千金”[⑤]。以上商人从容指挥，妥当布置，既展现了精明才干，又透露出伴随个人资本的扩张其经营模式由合伙向委托或雇工方式转换的可能趋势。

除徽州外，其他地区善于择人任事的商人也时有多见。如前引碧山公陈君赠序载：

> 划勘既决，沛然择人而命事焉。百夫共趋，不怠以日夜，自甘、鄜、银、绥、云中、上谷、辽左诸塞沿以内，若燕、秦、青、豫、扬、吴、蜀、楚通都大邑，凡居货之区，莫不有碧山公使焉。轮转而营之，辐奏而效之，考其成，不失尺寸……其郊邑子弟分余缗，受成算，以服贾四方而孳殖其产者，无虑百十室焉。[⑥]

---

① 鲍应鳌：《瑞芝山房集》卷一二《光禄寺署丞乐庵吴公传》，《四库禁毁书丛刊》，集部第141册，北京出版社2000年版，第254页。

② 汪道昆：《太函集》卷一七《寿域篇为长者王封君寿》，《续修四库全书》，第1347册，第11页。

③ 钟惺：《隐秀轩集》卷三二《程次公行略》，李先耕、崔重庆标校，上海古籍出版社1992年版，第517页。

④ 汪道昆：《太函集》卷二八《汪处士传》，《续修四库全书》，第1347册，第129页。

⑤ 汪道昆：《太函集》卷五二《南石孙处士墓志铭》，《续修四库全书》，第1347册，第389页。

⑥ 张四维：《条麓堂集》卷二三《贺洛川陈君恩貤荣亲序》，《续修四库全书》，第1351册，第638页。

又如嘉、万时福建泉州商人郑承元“善于完物，明于积箸”，其趋时观变，出资“委二三苍头转毂旁郡国，通四方异货，逐赢得为奇胜”[①]。明末苏州洞庭人席本祯精于治生，既能察时观物，“权轻重而取弃之”，又“与用事者同苦乐，上下戮力，咸得其任”。若路远未尝亲行，“主者奉其赫蹄数字，凛若绳墨，年稽月考，铢发不爽”[②]。通过这些方式，明代商人在扩大自身营业规模的同时，也扶助并带动乡族踏上共同致富之路。正像明末徽州人金声所述家乡业贾者：“挈其亲戚知交而与共事，以故一家得业，不独一家得食焉而已，其大者能活千家百家，下亦至数十家数家。”[③]

五　采用雇佣劳动及预付资本的生产经营方式

基于生产特点或经营需要，明代已有商人开始采用雇佣方式，进行具备一定规模的制度化管理，此在矿冶、纺织、印染等需求人力较多的行业中表现尤为突出。如正、嘉时徽商朱云沾从兄贾闽，“课铁冶山中”，诸佣人以其为长者，“争力作”乃至“业大饶”。[④] 而《广志绎》对彼时云南采矿情形的描述，则显示了商人资本的有力参与，俨然成为增进官府收益和带动地方经济不可或缺的要素：

> 其成硐者，某处出矿苗，其硐头领之，陈之官而准焉，则视硐大小，召义夫若干人，义夫者，即采矿之人，惟硐头约束者也。择某日入采，其先未成硐，则一切工作公私用度之费皆硐头任之，硐大或用至千百金者，及硐已成，矿可煎验矣，有司验之。每日义夫若干人入硐，至暮尽出硐中矿为堆，画其中为四聚瓜分之，一聚为官课，则监官领煎之以解藩司者也，一聚为公费，则一切公私经费，硐头领之以

---

① 李光缙：《景璧集》卷一三《梅峰郑季公先生传》，第635页。

② 吴伟业：《梅村家藏稿》卷四七《太仆寺少卿席宁侯墓志铭》，《续修四库全书》，第1396册，第260页。

③ 金声：《金太史集》卷四《与歙令君》，《故宫珍本丛刊》，海南出版社2000年版，第529册，第82页。

④ 汪道昆：《太函集》卷四七《海阳新溪朱处士墓志铭》，《续修四库全书》，第1347册，第339页。

> 入簿支销者也，一聚为硐头自得之，一聚为义夫平分之。其煎也，皆任其积聚而自为焉，硐口列炉若干具，炉户则每炉输五六金于官以给札而领煅之。商贾则酤者、屠者、渔者、采者，任其环居矿外……采矿若此，以补民间无名之需、荒政之备，未尝不善。[①]

由此上裕国课，下赡民生，也可说，这种商业生产将官、商、民三方力量有效整合在一起，以商人资本为纽带，彼此形成了良性合作关系。

再嘉、万时杭州人张瀚记其祖上于成化末年起家机杼的经历："购机一张，织诸色纻币，备极精工。每一下机，人争鬻之，计获利当五之一。积两旬，复增一机，后增至二十余。商贾所货者，常满户外，尚不能应。自是家业大饶。"[②] 个体机户铢积寸累，以致达到相当生产规模，雇佣工匠应在情理之中。即如此后苏州忆萱李翁，寿序云：

> 君所业机杼之制妙天下，三宫、九嫔、六尚之绮锦文绣，岁加新其目，以试吾吴，而独李君应之，沛然有余……君晨起调治，红作轧轧声者，恒数百千指，至暮而毕事，酒炙饭羹皆得所，毋一喧者……诸受君直恒倍，以故争欲归君，然不能私君寸丝片瓦之跆藉以入其橐，又不能自私其手足肩膂之力。[③]

规制章法既备，组织任使益精。同样，嘉、万时徽商方大经早先行贾，"善心计，走陈亳维扬间"，稍赢后"自卜一廛，督工人织，以帛易粟，因岁丰歉为出入，遂致巨万"[④]。

又正、嘉时徽商阮弼，择芜湖为襟带辐辏之地，得货情且重然诺，"承家末造，躬力贾起"。他先以"彼中驵侩分行，独赫蹄莫之适主"，乃

① 王士性：《广志绎》卷五《西南诸省》，第121页。

② 张瀚：《松窗梦语》卷六《异闻纪》，第119页。

③ 王世贞：《弇州续稿》卷三九《寿忆萱李翁七十序》，文渊阁《四库全书》，第1282册，第517页。

④ 李维桢：《大泌山房集》卷八七《征士方君墓志铭》，《四库全书存目丛书》，集部第152册，第528—529页。

认准商机，“鸠其曹敛母钱，躬载橐而规便利，就诸梱载者，悉居之留都，转运而分给，其曹利且数倍”；复察“时购者争得采，利归染人”，遂“立局召染人曹治之，无庸灌输，费省而利滋倍，五方购者益集”；于是转毂遍国中，“又分局而贾要津”，众商倚为首领，“升降赢缩，莫不受成”。阮弼对属下诸曹并非完全采取雇佣形式，其晚年经理家产，“筑百廛以待僦居，治甫田以待岁，凿洿池以待网罟，灌园以待瓜蔬”，即“中外佣奴各千指，部署之，悉中刑名”①。雇工与役仆的结合，可能正反映了其时商品化产业经营的实态。此外，农田养殖的操作、商货铺店的运营也可依靠完善的章法程式，进而产生规模化效益。嘉靖时有苏州常熟人谈参（谭晓），其传载：

> 谈参者，吴人也，家故起农。参生有心算，居湖乡，田多洼芜，乡之民逃农而渔，田之弃弗辟者以万计。参薄其直收之，佣饥者，给之粟，凿其最洼者池焉，周为高塍，可备坊泄，辟而耕之，岁之入视平壤三倍。池以百计，皆畜鱼，池之上为梁为舍，皆畜豕，谓豕凉处，而鱼食豕下，皆易肥也。塍之平阜植果属，其污泽植菰属，可畦植蔬属，皆以千计。乌凫昆虫之属悉罗取，法而售之，亦以千计。室中置数十匦，日以其分投之，若某匦鱼入，某匦果入，盈乃发之，月发者数焉。视田之入，复三倍。②

万历年间宁波人孙春阳在苏州开南货铺，“如州县署，亦有六房，曰南北货房、海货房、腌腊房、酱货房、蜜饯房、蜡烛房，售者由柜上给钱取一票，自往各房发货，而管总者掌其纲，一日一小结，一年一大结”。此“店规之严，选制之精”，传世百年，子孙仍食其利。③

明代商人还能够通过预付资本的方式，一定程度介入手工业、农业生

---

① 汪道昆：《太函集》卷三五《明赐级阮长公传》，《续修四库全书》，第1347册，第214—216页。

② 李诩：《戒庵老人漫笔》卷四《谈参传》，魏连科点校，中华书局1982年版，第153页。

③ 钱泳：《履园丛话》卷二四《杂记下·孙春阳》，张伟校点，中华书局1979年版，第640—641页。

产领域，商业资本的支配控制力于此初见端倪。如成、弘时苏州人钦允言“主总商贾赀本，散之机杼家，而敛其端匹以归于商”。他通明识理，开诚布公，且富才干，故“计会盈缩，低昂而出入之，刻时审度，彼此以济，皆信委帖服焉”①。无疑，钦允言在商人与机户间扮演了中介角色，将资本投入同商品生产更直接关联起来。再如明末清初广东制糖业景象：“春以糖本分与种蔗之农，冬而收其糖利。旧糖未消，新糖复积，开糖房者多以是致富。”② 当然，其时所谓预付，更多情况下只是体现为放债性质。即如万历《汝南志》载河南地方，“农夫工女，蚤夜操作，或以糊口，或有所督迫，辄向大贾预贷金钱，仅获半值，遂输其货以去”③。而早在明中期河南邓州人李贤也已明确指出商人资本对其家乡民众生产生活的专敛操控：

> 吾乡之民朴钝少虑，善农而不善贾，惟不善贾，而四方之贾人归焉。西江来者尤众，岂徒善贾，谲而且智，于是吾人为其劳力而不知也。方春之初，则晓于众曰：“吾有新麦之钱，用者于我乎取之。”方夏之初，则白于市曰：“吾有新谷之钱，乏者于我乎取之。”凡地之所种者，贾人莫不预时而散息钱，其为利也，不啻倍蓰。④

大致讲来，随着明代商人产业规模的扩大及其资本财力的增长，无论是雇佣工匠还是预付资金，其实都可视作他们为开拓市场、提高利润而自发形成的一种经营手段，内中透露出商业资本持续延展的潜能与张力。不过，这种资本权力对生产领域的介入和支配及由此带来的人身依附关系的变动，基本仍是在社会经济范围稳步运行且发挥作用，并未上升为国家既有体制的冲突对立面，同西方“资本主义”式现代社会组织运行间是否达成通路亦不明确。

---

① 祝允明：《怀星堂集》卷一九《承事郎钦君墓志铭》，文渊阁《四库全书》，第1260册，第635页。

② 屈大均：《广东新语》卷一四《食语·糖》，中华书局1985年版，第389页。

③ 黄似华、李本固：（万历）《汝南志》卷四《物产》，转引自刘秋根《明清高利贷资本》，社会科学文献出版社2000年版，第297页。

④ 李贤：《古穰集》卷九《吾乡说》，文渊阁《四库全书》，第1244册，第572页。

六 对传统文化的吸收利用

大致来看，明代商人明习天时地利，洞察物理人情，他们多有人能准确预测、灵活把握市场行情规律，凭借较为开阔敏锐的眼界识见及精审勤勉的才局干能，辅以忠信仁义之行，终取得丰厚利润。值得注意的是，彼时商人在积累财富的过程中，往往又从传统儒家学说及经营文化中汲取有益养分，做到融会贯通。如正、嘉时山西蒲州人任光溥，“幼治《周易》，日夜孜孜，用心甚苦，以家累不获卒业，然志在是”，故此“虽挟赀远游，所至必以篇简自随，遇先贤嘉言善行，则手录之，久久成帙，题之曰《日用录》，盖若昔人《自警编》意”①。再如徽州人吴荣让失怙家艰，宗老携之贾，他起先“目不知书，仅画字而已”，继而“间从里塾师嗫嚅，章句稍习，每出遇儒生，则揖而问所业书”，久之“渐通《孝经》、小学、《论语》，遂能读司马氏《通鉴》，最后读濂洛诸儒生言而爱之”。宗老一日睹其“所书调擘资息状”，叹称有心，“尽付以赀为掌计，展转累数千且万金”②。又嘉、万时徽商汪士明随父贾广陵，不仅“好学滋甚，渔猎百家，尤长《左氏春秋》，明习世故，所亿屡中”，且“忍嗜欲、与僮仆同苦乐如白圭，能择人而任时如范蠡”，终“贾乃大起，什伯其父”③。同样，徽商张光祖“少习进士业”，从学乡贤门下，“授春秋三传，领会奥旨”。然其屡试弗克，“寻业商，时或值大利害事，每引经义自断，受益于圣贤心法最多”④。

对古代生产、生活及处世经验策略的整合表现在具体经营层面，则如明中期扬州宝应人范畚修正有矩，博学多识，其经商以齐家资国为念：

① 张四维：《条麓堂集》卷二七《封修职郎国子监助教原泉任公暨配孺人李氏合葬墓志铭》，《续修四库全书》，第1351册，第723页。

② 王世贞：《弇州续稿》卷一二七《处士吴介石翁墓表》，文渊阁《四库全书》，第1283册，第773页。

③ 李维桢：《大泌山房集》卷六九《汪内史家传》，《四库全书存目丛书》，集部第152册，第179页。

④ 《张氏统宗世谱》卷八《毅斋翁传》，张海鹏、王廷元主编：《明清徽商资料选编》第864条，黄山书社1985年版，第272页。

"凡贾有道，增羡起责，转委驵侩，非纤啬筋力则不得赢。昔计然用以兴越，吾试于吾家……夫县官食租衣税而已，生无益于县官，虽赢何为?"墓志续云："多交名人，又喜谈说古今，称先王……尝闻公与人言岁俭丰曰：'旱则资舟，水则资车。'言货殖曰：'贵出如粪土，贱取如金玉。'言农亩曰：'欲长钱，取下谷，长斗石，取上种。'皆善名理，即儒者亦弗能过也。"① 后徽商黄崇德谨遵"象山之学以治生为先"的父命，弃学携资，贸于齐东。他"法刁氏之任人，师周人之纤俭，效任氏之贵善，用国氏之富术，一岁中其息什一之，已而升倍之"，遂"修猗顿业，治鹾淮海，治生之策，一如齐东，乃赀累巨万矣"②。同族人黄莹"少读书，通大义，观太史公《货殖列传》"，于是言："知斗则修备，时用则知物，二者形则万货之情可得而观矣。故论其有余不足，则知贵贱，贵上极则反贱，贱下极则反贵，贵出如粪土，贱取如珠玉。"他"静观盈缩大较，揣摩低昂，恒若执左契"，由而"诚一所致，业饶声起"③。广东顺德商人欧处士"为人善心计，能侦伺物贾直低昂，先时而消息之"。其妻脱簪珥以资，督耕稼以助，且谓："财贵流转不息，以为器则用滞矣。"自是妻在内"恒操母"，夫于外"时流转其子"，家资稍给。④ 再嘉、隆时福建泉州商人洪松，持筹擘画，明谋善断，其"治贾有三策，无财时作力，少有财时斗智，既饶则争时"，终能"数年之间，立致千金，愈益居积"⑤。福建安溪商人潘维垣则鬻陶于吴，"不为不可成，不求不可得，不处不可久，不行不可复"，因是"征贵贱，酌取予，贾人让其能"⑥。而隆、万时徽州人程道赓端慧干达，父"不欲限以学究，将以世务炼之"，不仅"有所经画，每与裁决"，

① 陆深：《俨山集》卷六八《良沙范先生墓志铭》，文渊阁《四库全书》，第1268册，第436—437页。

② 歙县《竦塘黄氏宗谱》卷五《明故金竺黄公崇德公行状》，张海鹏、王廷元主编：《明清徽商资料选编》第231条，第74页。

③ 歙县《竦塘黄氏宗谱》卷五《黄公莹传》，张海鹏、王廷元主编：《明清徽商资料选编》第329条，第113—114页。

④ 王世贞：《弇州四部稿》卷九一《明故处士沙洲欧君暨配孔孺人合葬志铭》，文渊阁《四库全书》，第1280册，第483页。

⑤ 李光缙：《景璧集》卷一三《钱峰洪公传》，第618页。

⑥ 李维桢：《大泌山房集》卷九六《潘处士吴孺人墓志铭》，《四库全书存目丛书》，集部第152册，第721页。

且试使治生曰："货殖非小道也。经权取舍，择人任时，管、商之才，黄、老之学于是乎在。"他乃受命行盐于淮，间入贽南雍，而"淮之部署，胸中略井井矣"①。

更有商人从其亲身经历及由此所获人生体悟出发，以"贾道"比况，进而会通积著与治世之理。如明中期福建漳州人蔡荫少负大志，不愿拘于举业，常泛览史传，纵游山水。母谯之，他应道："致富之术，在儿目盼手画间，第不乐为耳，今知奉慈教矣。"因而出资鬻货，自诩"计然策中，非心通性灵不得"，以是"为榷间出奇变，时急不趋，人取不竞，卒以缓致急，以弃徼取"。其不仅"术既通，时时有所宽舍"，且"善教乐施，好义急困"，尤精小儿医，言"所以治此业而乐赴人之请者，欲以多活救为有济于物也"。后仲子仕进任职兵部，嘉靖中遇敌入边犯境，京师堪忧，他乃贻书以权货医灸为喻，示儿防御之计，多所见用："使筹胜决机，如吾权百物废举。帅布卒，扼害险，据形势，如吾审穴。举重而轻者赴，攻本而标者从，兵事不出此矣。"② 再嘉、万时陕西三原商人温朝凤，"蚤岁行贾楚蜀诸都会，辨方俗要塞纤侈与物土膏瘠所宜否，逐时而居货，以所多易所鲜"。伯子"起家进士，为寿光令"，其谕曰："孺子行有事天下，亦若吾行贾而已。夫积著之理，务完物，无息币，内不失己则物完，外不失人则币不息。"子受教成治，后转迁齐越等地，他"居中擘画便宜"，当在越时，"军民乱后，水旱虫蝝之灾递作，一切务为宽大……越人归德焉"③。蔡荫、温朝凤等经商既已通达有成，兼以利民益世之心内修于己，外行于子，着实令人敬重。

时又有徽商金茂举业弗获，则"用盐策贾淮海上，间之盂城，席其父贩曲为业"，尝谓子道："吾闻盐梅曲蘖，和而后成味，治天下者，道如是。吾先人业曲，吾业盐，有深旨焉。惟和为贵，孺子无习而不察也。"④

---

① 钟惺：《隐秀轩集》卷三二《程次公行略》，第516—517页。

② 王慎中：《遵岩集》卷一四《封职方主事蔡梅园公墓志铭》，文渊阁《四库全书》，第1274册，第395—396页。

③ 李维桢：《大泌山房集》卷三七《温太公王淑人寿序》，《四库全书存目丛书》，集部第151册，第275—276页。

④ 李维桢：《大泌山房集》卷七一《金子实家传》，《四库全书存目丛书》，集部第152册，第232—233页。

金茂由自身所业发端，阐述曲、盐调和百味万物之理，推而论及天下治道，言辞中同样流露出某种经商通于经世、贾术亦资世用的襟怀气度。至如明末杭州仁和人卓禺，科举屡试不利，“归而读书武康山中，益探究为性命之学”。他问道治生融汇儒释，兼取百家，墓表称：

先是，公弱冠便有得于姚江“知行合一”之旨，姚江重良知，颇近佛氏之顿教，而源流本殊。后之门人推演其义，以见吾道之大，于是儒释遂合……公之为学，从本达用，多所通涉。诗词书法，无不精诣，即治生之术，亦能尽其所长。精强有心计，课役僮隶，各得其宜。岁所入数倍，以高赀称里中。

卓禺思精学深又经世达用，造诣之高愈过常人，这也可从其弟对他的评价中得到印证：“知仁勇强，此儒者之事，而货殖用之，则以择人任时，强本力用，非深于学者不能辨也。今余之学不足以及余兄，而余兄之为善里中，尝斥千金修桥梁之圮坏者，岁饥出囷粟，所全活以百数。彼其于吾儒义利之辨、佛氏外命之说深有所得，岂区区焉与废箸鬻财者比耶？”① 可见，以上列出的明代经商之人于商业活动内外不仅突出了摒虚务实、会通资用的特征，甚至还在佐助国计、裨利民生的现实关怀下，赋予贸迁货居以益加崇高的社会意涵。

如此一来，为贾者需审时度势，料事机先，运筹决策，畅晓情理，智勇仁强皆备，即如嘉、万时福建泉州人李光缙在其寓西兄的寿序里所讲：“贾之为道，其斗捷可策权变，其周游可度地形，其决断通乎行法，其奇胜合于用兵，大用之富其国，小用之饶其家。”他用饱含激情的笔触描绘了寓西兄颇富传奇色彩的从商经历：

安平人多行贾，周流四方。兄伯年十二，遂从人入粤……纤赢薄贷，用是致赀，时为下贾。已徙南澳，与夷人市，能夷言，收息倍于

① 吴伟业：《梅村家藏稿》卷五〇《卓海幢墓表》，《续修四库全书》，第1396册，第275页。

他氏，以故益饶，为中贾。吕宋澳开，募中国人市，鲜应者。兄伯遂身之大海外，而趋利其后，安平人效之，为上贾……凌大海之波，泛条枝之窟，睹扶桑之上下，识鱼龙之变化，而能掉三寸舌，通华夷之情，行忠信于蛮貊，此亦魁然一奇丈夫也……白圭教人为贾，若猛兽鸷鸟之发。非谓其能发也，能收也。安平人任发，兄伯取收，故居然可免于患。其初兄伯之吕宋，皆身自往。自榷使出海上之税，归之中官。兄伯策其必败，遂不复往……往岁诸贾人辄相率至京师，所有翠翡、玉石、珠玑，外得之海上，内输之宫中，至空左藏之金与之市，大司农厌苦矣。兄伯以为开县官黩货之心而牟国家无名之费，非贾人事，而不为也。

在李光缙眼中，寓西兄既争时斗智，又能发能收，知止免患，且伉爽重信，“好扶人之急，恤人之穷，居家以孝弟为先”，诚可谓：“贾先，敏也。知祸，智也。蚤息，断也。晓译，奇也。不贪县官利，义也。敬祖重宗，孝也。货殖可传，进于贾矣。”① 时人李维桢同样指出货殖之道，乃“知足权变，勇足决断，仁能取予，强能有守，于吾儒固有合”。其所传陕西高陵商人王克伦贾而儒行，“亦不用于国而试之家者”。墓表载：

从族人贾江陵……大驵罶良杂苦，争锥刀之末，态不可胜穷，而公能鉴别之……其所挟赀甚微细，与佣保杂作，薄饮食，节衣服，浸羸则溯江而之蜀……因以悉四方物所鲜所多，人民谣俗，耳目廓弘，心计愈益精……得范蠡、计然积箸之术，十年遂与千户侯等，而公日务为德。岁饥，窭人多取食焉。其族能任贾者，与之本业，不问子钱，凡数十人，皆以赀雄楚蜀间。楚蜀人有所乞假，无不立应，待举火者数十百家。②

① 李光缙：《景璧集》卷三《寓西兄伯寿叙》，第120—122页。

② 李维桢：《大泌山房集》卷一〇六《赠罗田令王公墓表》，《四库全书存目丛书》，集部第153册，第149—150页。

以王克伦等为代表的商人，不仅经商精勤有道，赢获巨利，且又凭依财富优势，惠泽乡族，恩洽闾里，主动在基层社会担当起发挥中坚力量的角色，越来越为地方民众倚赖感戴。[①]

七　意志品质及其他方面

商人取得成功，也同他们个人出众的品行素质多有干系，除常提到的勤俭诚信外，坚韧不拔的决心毅力及不畏艰难的勇气胆识同样至关重要。如正、嘉时徽商程锁因家贫无以为生，“乃结举宗贤豪者得十人，俱人持三百缗，为合从”。他率伙盟约，“务负俗攻苦，出而即次，即隆冬不垆，截竹为筒，曳踵车轮，以当炙热”，久而“业骎骎起，十人者皆致不赀”[②]。后如徽商潘季友只身贾蜀，“跳而之西南徼外，蒙犯霜露瘴疠，历岁无恙”。其胸中多倜傥计画，由雅州达滇界，“山则邛来、九折、金鸡、大关，水则平羌、青衣、大渡、金沙、浮图、沫若、荥经，关则飞仙、天险，寨则碉门、雄边”，市诸荒蛮，积货累千。[③] 再徽商庄明侃贾出汴上，时从江南贩货至汴，有河、淮二水道，“由河达汴，刻期可至……由淮乃延缓，羁二三月始能”，然黄河“奔腾汹涌”，迅疾而险，淮河“汪洋浩瀚”，夷坦而易，故“卑卑胆弱怯者终其身，货载不敢突冒河险，惟谨驯驯由淮道”。庄明侃却“独抱负雄奇，视险如安，蹈危若易”，凡自“江南诸郡所市货财，悉济河达汴，犯雄涛，冲巨浪，出没神迅，百涉百全”，以是盈积饶溢，而世人“愈益重徽贾多奇材矣”[④]。

---

① 明代小说中也多涉及商人经商活动的内容，相对一般文献，小说故事对其生活样貌、心理状态及兴家致富的经历刻画得更为生动细致。即如苏州盛泽镇施复和浙江淳安县阿寄，两人均以小本经营起家，前者开设织机，后者迁转贩贸，通过自身努力，均大获成功。具体情节可参见冯梦龙编著《醒世恒言》卷一八《施润泽滩阙遇友》、卷三五《徐老仆义愤成家》，张明高校注，中华书局2014年版，第336—353、726—739页。

② 汪道昆：《太函集》卷六一《明处士休宁程长公墓表》，《续修四库全书》，第1347册，第478页。

③ 李维桢：《大泌山房集》卷四八《赠潘季友序》，《四库全书存目丛书》，集部第151册，第513页。

④ 方承训：《复初集》卷三三《庄长君传》，《四库全书存目丛书》，集部第188册，第210页。

又徽商方廷珂少精算术，善息子钱，数贾不利，屡屡称贷，然愈挫愈进，奋曰："巨富恒晚成，良贾不始利。"终持志弗移，发家巨万，"凡族中子姓稍习贾者，悉携汴上偕贾，携济几百家，悉起家千金"。方廷珂穷且益坚，百折莫回，以身起富，复倡义举，传记因是赞其"崛起远贾，受百挫，坚决不移，卒能起家万金，利济全族，河润乡邻"，实谓"盈己利物，声施都邑"①。经商贵在诚一持定，时另有山西蒲州商人展玉泉谨守世业，善始慎终。其父多策善划，值盐政窳败，私贩猖行，沧鹾滞销利薄，然终能执守不迁，付业于子，待"法制渐复，占沧盐者往往牟大利，诸贾人四方辐凑之，视昔时不啻十倍众矣"。展玉泉"敏毅疏爽"，经商颇得要领，"凡废居迁易，内定于心，咄啐间即投之，所向无或中止者"，舟同运而首至，货同积而先售，"其应务捷给，唯以事速有终为算"。后入赀获官驿丞，"青沧之业复命其子掌之"。展氏三代不失故业，诚如赠序所称："蒲俗善贾，贾者必相时度地，居物而擅其赢。故其业有不终身变者，有不终岁变者，其有一业不变而世守之者，则唯占鹾为然……其最久而世贾于是者，则又唯展氏为然。"②

此外，精于账簿会计，注重产品的质量信誉，在当时经营活动中也得到体现。如明中期河南杞县人张廷恩，致力业农而颇有经济头脑，"其粜仓谷，日入钱缗竟无弗明者"，人或有问，答曰："凡仓谷入，记之簿，予第令一仆主其出，如簿数则已；又令一仆主入缗，缗头封识其姓名，有弗明，责之渠也。"③ 与之近似，嘉、万时徽商吴文汉初为芝城陶贾，"运之六寸，转之息耗，取之贵贱之间"，后主策淮盐，人争赴之。他经商有法度，"权量尺寸以为器，书契章程以为式"，故"米盐凌杂，谨正簿籍……使善恶多寡，无所归其怨"，众人唯唯以听。④ 时山西蒲州商人张四教随父居业沧瀛，识量宏达，综计详确，"尤精《九章算术》，凡方田、粟布、勾

① 方承训：《复初集》卷三一《从伯祖廷珂公传》，《四库全书存目丛书》，集部第188册，第179—180页。

② 张四维：《条麓堂集》卷二三《送展玉泉序》，《续修四库全书》，第1351册，第653页。

③ 李梦阳：《空同集》卷四三《明故例授宣武卫指挥使张公墓碑》，文渊阁《四库全书》，第1262册，第392页。

④ 李维桢：《大泌山房集》卷九五《吴翁潘孺人墓志铭》，《四库全书存目丛书》，集部第152册，第700页。

股、商分等法……按籍妙解，不由师授”，且其“言度材任人、相时应机之略，井井然咸有当于政理”，持家治业既久，乃更“谙于东方鹾利源委，分布调度，具有操纵，末年业用大裕”①。再有正、嘉时陕西泾阳商人李廷相，自制器贩买，传云：“其始易也，公宁多其直以取良，而其成之于家也，又倍其工力，以要其必适用。他贾以公货殖，先自多费，窃笑之，而市人见物之坚好也，则争诣公，公竟以是积累起家。顾多直而倍其工力者，初不为快贾计也。”② 明末苏州洞庭商人金汝鼐亦深谙此道，其墓志同样载：“翁善治生，他贾好稽市物，以俟腾踊，翁辄平价出之，转输废居，务无留货而已。以故他贾每致折阅，而翁恒擅其利。他贾所市物，争取贱直，其货多苦窳，翁独求其贵良者，人以是悉趋翁。诸所居物，既易售，而其利又数倍。”③

八　以不正当手段攫利

当然，迄今任何社会都难以杜绝使用不正当手段攫取财富利益者，明代商人自不例外，且尤其在商品经济和商业关系急速膨胀的明代中后期，这种表现就愈加明显。④ 如商人为牟非分巨利而攀缘、结附势豪权要，弘治末正德初李梦阳在奏疏中曾揭露盐政中官商串通侵蚀国利：“今商贾之家，策肥而乘坚……其富与王侯埒也。又畜声乐伎妾珍物，援结诸豪贵，藉其荫庇……夫谭景清等一商竖耳，比以附搭贵戚，假狐虎之威，持风雨空目，冒买补名号，阻遏国利……是忘公家之急，而辟私幸之门；弃已成之法，而长奸盗之资也。”⑤ 盐务号称利薮，奔竞之风所及，贪官蠹

① 张四维：《条麓堂集》卷二八《明威将军龙虎卫指挥佥事三弟子淑墓志铭》，《续修四库全书》，第1351册，第745页。

② 马自强：《马文庄公集》卷八《李太朴公传》，《回族典藏全书》，甘肃文化出版社2008年版，第62册，第385页。

③ 汪琬：《尧峰文钞》卷一六《观涛翁墓志铭》，文渊阁《四库全书》，第1315册，第358页。

④ 韩大成即明确指出，明代富商大贾通过商业骗术、高利盘剥、压榨工仆以及投靠勾结官府权贵等方式得以发财致富。参见韩大成《明代社会经济初探》，第174—191页。

⑤ 李梦阳：《空同集》卷四〇《拟处置盐法事宜状》，文渊阁《四库全书》，第1262册，第359—360页。

贾往往沆瀣一气，甘冒王法苟且为奸。又有载录弘治朝史事的《治世余闻》言：

> 御史张智，涞水人，称货于盐商某颇多，因同道御史陕人刘峣往淮、扬，嘱其支盐。刘未允，智乃与盐商谋，置酒于城外郑家花园，请峣饯别。且宿戒伺酒酣出妓，令二三光棍作缉事校尉缉出，挟其必从。后如某谋，逼勒要银千两，方免闻官。峣无计，智佯曰："我与某处商人相厚，令其出银，淮、扬准其支盐就了。"峣以为然，遂出银千两得释。智分其半，商人至淮倍获，且出入无忌。峣虑有碍前程，遂引刀自刎而死。科道交章劾其故，乃寘智等于法。①

商人通过钻营打点而包揽国家一些工程建设，从中还可捞得很多好处。如万历中重建乾清、坤宁两宫，"有徽州府木商王天俊等千人，广挟金钱，依托势要，钻求札付"，其"买木十六万根，勿论夹带私木"，即"逃税三万二千余根，亏国库五六万两"②。以上情形，皆属权力与金钱交易、联姻而催生出的官商勾结社会乱象。

再正德《姑苏志》称："市井多机巧，繁华而趋时，应求随人意指。缛采银黄，相射于市，而亦多轻脆。始与交易，必先出其最廉者，久扣之，然后得其真。最下者视最上者，价相什百，而外饰殊不可辨。"③ 再时人田汝成言杭州当地，"俗喜作伪，以邀利目前，不顾身后，如酒搀灰，鸡塞沙，鹅羊吹气，鱼肉贯水，织作刷油粉，自宋时已然"④。嘉、万时人叶权亦云："今时市中货物奸伪，两京为甚，此外无过苏州。卖花人挑花一担，灿然可爱，无一枝真者。杨梅用大棕刷弹墨染紫黑色。老母鸡捋毛插长尾，假敦鸡卖之。浒墅货席者，术尤巧。大抵都会往来多客商可欺，

① 陈洪谟：《治世余闻》下篇卷三，盛冬铃点校，中华书局1985年版，第54页。
② 贺仲轼：《两宫鼎建记》卷上，中华书局1985年版，第4页。
③ 王鏊：（正德）《姑苏志》卷一三《风俗》，文渊阁《四库全书》，第493册，第289页。
④ 田汝成：《西湖游览志余》卷二五《委巷丛谈》，中华书局1958年版，第448页。

如宋时何家楼故事。”① 其时制假售假泛滥，小至市井细物，大至古董玩好，晚明人李日华也尝道：“自士大夫搜古以供嗜好，纨裤子弟翕然成风，不吝金帛悬购，而猾贾市丁任意穿凿，驾空凌虚，几于说梦。”②

又如小说《初刻拍案惊奇》描述徽商卫朝奉贪婪刻薄，诈取资财不择手段：

> 卫朝奉平素是个极刻剥之人。初到南京时，只是一个小小解铺，他却有百般的昧心取利之法。假如别人将东西去解时，他却把那九六七银子充作纹银，又将小小的等子称出，还要欠几分兑头。后来赎时，却把大大的天平兑将进去，又要你找足兑头，又要你补勾成色，少一丝时，他则不发货。又或有将金银珠宝首饰来解的，他看得金子有十分成数，便一模二样，暗地里打造来换了；粗珠换了细珠，好宝换了低石。如此行事，不能细述。③

甚有商贾泯灭人性，骗财害命，行径惨酷，令人发指。嘉、万时人王士性记曰：

> 滇云地旷人稀，非江右商贾侨居之则不成其地，然为土人之累亦非鲜也。余谳囚阅一牍，甲老而流落，乙同乡壮年，怜而收之，与同行贾，甲喜得所。一日，乙侦土人丙富，欲赚之，与甲以杂货入其家，妇女争售之，乙故争端，与丙竞相推殴，归则致甲死而送其家，吓以二百金则焚之以灭迹，不则讼之官。土僰人性畏官，倾家得百五十金遗之，是夜报将焚矣，一亲知稍慧，为击鼓而讼之，得大辟，视其籍，抚人也。及侦之，其事同、其骗同、其籍贯同，但发与未发、

① 叶权：《贤博编》，凌毅点校，中华书局1987年版，第6—7页。

② 李日华：《味水轩日记》卷五，屠友祥校注，上海远东出版社1996年版，第298页。

③ 凌濛初编著：《初刻拍案惊奇》卷一五《卫朝奉狠心盘贵产　陈秀才巧计赚原房》，中华书局2009年版，第147页。

结与未结、或无幸而死、或幸而脱，亡虑数十家。①

时人竞射财利，机巧善变，奸伪滋萌在所难免。而商人可能既是行骗者同时也是受害者，即如牙行侵欺客商财货，已渐成地方通弊：

商货辏集之所，其牙行经纪主人，率赚客钱。架高拥美，乘肥衣轻，挥金如粪土，以炫耀人目，使之投之。孤商拼性命出数千里，远来发卖，主人但以酒食饵之，甚至两家争扯，强要安落。货一入手，无不侵用，以之结交官府，令商无所控诉，致贫困不能归乡里。商中有奸黠者，又为之引诱后至之人，使那前趱后，己得脱去，俗谓之做移夫。如此不数年，主人亦以奢败，固所甘心，而不知曾坑几商矣。②

牙人以招商为业，商货有厚至一二百金者。初至，牙主人丰其款待，割鹅开宴、招妓演戏以为常。商货散去，商本主人私收用度，如囊中己物，致商累月经年坐守者有之，礼貌渐衰而供给渐薄矣，情状甚惨。③

而当时诸如《杜骗新书》等读物的涌现，于揭露营财逐利风气下社会经济生活中形形色色骗术的同时，也起到了提高防骗意识的警示作用。④及至后世，清人沈起凤撰有《鄙夫训世》笑话一则，故事中商人以“眼耳鼻舌身”之欲为外贼，以“仁义礼智信”之心为内贼，自诩“致富有奇术……先治其外贼，后治其内贼”，用戏谑化的反讽方式表达了商品货币经济观

① 王士性：《广志绎》卷五《西南诸省》，第122页。

② 叶权：《贤博编》，第22页。

③ 李乐：《见闻杂记》卷一一，上海古籍出版社1986年版，第1021—1022页。

④ 该书分为脱剥骗、丢包骗、换银骗、诈哄骗、伪交骗、牙行骗、引赌骗、露财骗、谋财骗、盗劫骗、强抢骗、在船骗、诗词骗、假银骗、衙役骗、婚娶骗、奸情骗、妇人骗、拐带骗、买学骗、僧道骗、炼丹骗、法术骗、引嫖骗等24类，展示了当时光怪陆离的社会乱象。参见张应俞《江湖奇闻杜骗新书》，孟昭连整理，百花文艺出版社1992年版。另晚明出版的商人日用类图书如《士商类要》《客商一览醒迷》等，也都包含劝诫他们趋利避害的所谓“经营说”“警世歌”等商业经验内容。参见杨正泰《明代驿站考》附录，上海古籍出版社1994年版；李晋德《客商一览醒迷》，杨正泰校注，山西人民出版社1992年版。

念对传统道德伦理的冲击。①

九　结语

主要就明人文集所见，明代商人在商业经营中积累了大量财富。一方面他们转贩南北，行货四方，足迹遍布全国，远达海外，在广范围、长距离贸易中赚取利润；另一方面，他们敏于察时观物，准确把握市场行情，又善于择地任人，恰当判断境遇形势。这期间，明代商人演化出共本合伙、差委雇佣等愈益完备的商业活动方式，不仅扩大了自身营业规模，也扶助并带动了宗亲乡邻共同致富。与此同时，基于生产特点和经营需要，一些行业如矿冶、纺织、印染等已出现采取雇用较多人力的制度化管理，且通过资本的合理运作，商人还得以用预付本金形式一定程度介入并控制商品生产过程。然而，以上诸种表现大致只可视为当时商人为增殖财富而在经营层面逐渐形成的获利手段，内中虽然透露出商业资本持续扩展的潜能和张力，但总体而言同社会形态演变亦即中国传统社会向西方式“资本主义”或“现代”社会转型含义上进步、落后与否的关系定性尚不明确。也就是说，所谓社会形态的转变是一种包括政治、经济、文化等多个领域的综合性变化，明代经济领域的变迁尽管提高了全社会的商业化程度，却与国家既有体制整体保持了契合性，两者并未构成本质冲突。

明代一些商人在经营中展现出勤俭诚实、吃苦耐劳的精神品质以及坚韧专诚、勇毅无畏的意志信念，而见识超群、经权兼备、精擅会计、注重质量等也是取得成功的必要保证。值得注意的是，当时还有商人能够吸收借鉴传承自古的经营文化中的有益成分，加以整合利用，乃至由日常生活经验出发体悟“贾道”内涵，进而会通贸迁化居与处世治政之理。他们不但发扬了经商以佐费资用、济民利物的积极意义，且更凭借优厚的财富实力日渐成为维护基层社会稳定的中坚力量，越来越受地方官民倚赖。当

① 参见沈起凤《谐铎》卷七《鄙夫训世》，伍国庆标点，岳麓书社 1986 年版，第 99—100 页。

然，明代商人中亦多有夤缘官府、依托势要或运用欺伪、诈骗、侵吞等非法手段攫取财利者，当时甚至冒生出以“仁义礼智信”为资本蓄积的弊害而必欲除之的说法。不过，与其将此类主张当作代表新兴工商业思想突破体制束缚对旧有观念造成的撼动，倒不如把其看成传统儒家伦理在商品货币经济冲击下出现的个别异化更为贴切。彼时商人财富增长的过程及方式，大体上仍被规范在既有社会体制内，而随着民间财富力量的崛起，其同国家权力间结成的纠缠关系，仍是一个需要深入探讨的话题。

（作者单位：中国社会科学院历史理论研究所）

明清时期石羊河下游绿洲的土地开发与沙漠化过程再考

李并成

石羊河下游绿洲地处河西走廊东部，行政区划上隶属甘肃省武威市民勤县所辖。这里属于典型的大陆性干旱气候，年降水量仅约110毫米，而蒸发量高达2600多毫米，且被其东面的巴丹吉林沙漠和西面的腾格里沙漠包围，仅南面石羊河一线与武威绿洲连通，其潜在沙漠化的威胁很大。

笔者曾研究得出，石羊河下游绿洲是我国历史时期发生沙漠化的典型地区。今天民勤县的西沙窝昔日曾是一片繁荣的绿洲，面积达1000平方千米，约在唐代中后期发生沙漠化过程，演变为沙丘连绵的区域。史实表明，西沙窝古绿洲的废弃沙漠化是与汉唐时期大规模的土地开发相伴发生的。① 今天的民勤绿洲则是明清时期开发出来的"新"绿洲。然而明清大规模的土地开发，又使得沙漠化过程重新活跃起来，笔者亦曾撰文就此问题作过专题探讨。② 今拟在此基础上，裒辑有关史料，做进一步深入的讨论。

---

① 详见笔者论文：《残存在民勤县西沙窝中的古代遗址》，《中国沙漠》1990年第2期；《河西走廊汉唐古绿洲沙漠化的调查研究》，《地理学报》1998年第2期；《石羊河下游早在唐代中期就已演变成了"第二个楼兰"》，《开发研究》2007年第2期。

② 李并成：《石羊河下游绿洲明清时期的土地开发及其沙漠化过程》，《西北师范大学学报》（自然科学版）1989年第4期。

一　明清时期石羊河下游土地开发概况

明代，本区属于九边之一甘肃镇的防卫要地，因而其边防建设和开发经营受到重视。洪武二十九年（1396）于元小河滩城旧址（今民勤县城）置临河卫，三十年改为镇番卫，卫所领导的屯田遂成为这一时期区内土地开发的主要形式。

一如汉唐，明时本区再兴大规模的屯田兵民移徙之举，绿洲的劳动力资源又有较多增加。民勤县出土的《补修圣容寺碑记》曰："宋国公冯胜统兵下河西，余孽殆尽，爰设为卫，徙内地民戍之。"① 李万禄从其收览的28部民勤县家谱中考出，这些家户其先祖均为明清两代前来本县屯田的兵民，无一例外。② 其原籍为南京、凤阳、徐州的户数占多数，亦有河北、山西、河南、陕西、湖北以及甘肃东部来的人户。上述情形表明，明初平定河西后遂有不少的将士留戍边庭，在本区从事农垦，繁衍生息，成为绿洲这一时期土地开发劳动力资源的主要组成部分。如陈氏宗谱记："始祖玘，原籍江南江陵应天府，洪武四年随冯胜将军征西而来，易兵卫民。"许氏宗谱记："始祖升，随冯胜将军从戍至镇，以军功授千户指挥，徙镇。同戍之军户一十八名，称之为十八名落业指挥官。"再如王氏家谱云："世祖宗仁，原系山西洪洞大槐树人"，因奄达寇边和饥疫兼臻，壮丁疏散四方，于万历年间"宅于此邦"。民勤县志办公室李培尧同志告诉笔者，他家宗谱上就记着，祖籍南京，明初移至镇番，先祖曾任仓官。

除卫所戍卒屯田外，本区亦有民屯、商屯和非屯田性质的民间土地开发。乾隆二年《重修肃州新志》引明修《肃镇志》云："凡黑田地通曰屯田。而内中又分别屯田若干，科田若干，现在纳粮、上草、当差，与内地民田无异。则后日之民田，皆当时之屯田也。"

由史料查得，明代本区的开垦自洪武年间起一直在大规模地进行。顺

① 转引自道光《镇番县志》卷二《建置考》。

② 李万禄：《从谱牒记载看明清两代民勤县的移民屯田》，《档案》1987年第3期。

治修《重刊凉镇志·官师志》云，洪武时敕包括镇番卫在内的河西各卫所："仓粮务在催征，以时收贮，如法兼管各该地屯田水利，严督该管官司，每岁趋时整理。如有……官豪势要之家侵夺水利，妨废灌溉田亩者，……依律问，拟照例发落。"可见明王朝对河西屯田的高度重视。

为便于防御，永乐十二年（1414）九月，命边将置屯堡为守备，并遣官来西北各地督办。这些屯堡遂成为明代隶属于卫之下的主要居民点。根据这些屯堡的分布地域可以复原出明代本区农田开垦的范围。《天下郡国利病书》第18册《陕西上》载："镇番卫，堡十三、墩四十九。"查《明一统志》《读史方舆纪要》等文献，可将这13所屯堡的位置考定，它们均位于今民勤县南部，即"坝区"绿洲之域，最北部的屯堡为县城东北30华里的六坝堡，从而表明明代石羊河下游的开发范围不出今坝区绿洲，或者说其开垦地域大体上是在明长城以内，长城以北的今民勤县"湖区"的广大地域未得垦辟。据《甘肃通志稿》卷三十六引《陕西通志》载，嘉靖时镇番卫有屯地2223.46顷，约合今1.3万公顷（明清时一亩合今0.9216市亩）。

清初本区的行政建置因明之旧，雍正二年（1724）改卫为县。清廷亦重边政，于边地实行了宽租招垦、徙民实边、改变戍军为屯丁、"行蠲免，薄赋敛"等一系列有利于土地开发和生产发展的措施，从而加速了本区开发的进程。

清代本区再兴屯垦。雍正十二年（1734）题准在长城以北的柳林湖地区大举民屯，划地2498顷50亩，以《千字文》编号，共编133号，"每号二十户或十余户，每户地一顷。官给车牛宅舍银二十两，限五年节次扣还。未至五年，奉旨豁免其半。每户给京石籽种麦六石"①。柳林湖系石羊河下游终端湖——青土湖南部的湖滨草甸地段，因地下水位较高、红柳遍布得名。清代本区的土地开发已由坝区绿洲推进至湖区绿洲。因灌溉水源所限，对于柳林湖区新开之地每年只能配给一次其上中游武威绿洲和民勤坝区绿洲的冬春农闲时的余水，称之为"安种水"（坝区绿洲每年则可配水4次），在这里实行的是一种冬春大定额饱灌安种水结合洗盐，作物生

① 张玿美：乾隆《镇番县志》卷一《地理志》。

长期基本不灌溉的半旱农耕制，依赖这种一次性安种水的灌足灌够，加之湖区本身较高的地下水位及作物生长期十分有限的降雨，作物亦可有所收获。这是绿洲人民在总水量有限的情况下为充分利用水源、扩大耕作面积因地制宜所创造的一种新的灌溉、耕作方式，反映了这一时期本区水土资源利用程度的提高和开发规模的扩大。

除新辟柳林湖地外，清代坝区绿洲的开垦范围亦有较大扩展，已突破明长城一线。由乾隆十四年修《镇番县志》卷一《地理志》中可见，坝区南部向东发展，“红崖堡（镇番县西南 40 千米，已圮）东边外，如乱沙窝、苦豆墩，昔属域外，今大半开垦。居民稠密，不減内地”。坝区北部朝北拓进，如“六坝湖，县东北三十余里，今垦为田”。这即今东坝镇冰草湖村一带，原系长城外的沼泽滩地。而在坝区绿洲内部，反映耕地面积扩展和土地开发强度加大的村落数量的增加为数可观。检之方志，除明代所设堡寨外，清代新增的村社即达 30 余座，并且这些村社属于较大的居民点，而在绿洲内部尚有更多较小一级的聚落。如道光《镇番县志·户口》载，蔡旗堡周围就有上莽台、焦家湾、李家地湾、蔡家庄、李家荒地湾等村落，计地方圆约 2 千米，村民们掘泉取水溉田。村落密度的增加反映了绿洲土地利用程度的提高。

柳林湖北部已干涸的青土湖（原为石羊河终间湖的一部分）亦有间或辟为农田的。乾隆《镇番县志》载：“青土湖，县东北二百里，……涝则水，草茂盛，屯户藉以刍牧，间有垦作屯田处。”这里的一些地段可以凭借较高的地下水位进行粗放的旱作农耕，当地称之为“种撞田”。可见这一时期土地资源利用程度之充分和利用强度之大。

清代石羊河下游大规模的开发成效显著，区内耕地面积和人口数量均有大幅度增长。乾隆年间本区共有耕地 373877 亩，[①] 约合今 2.3 万公顷，较明嘉靖年间增长了 76.9%。这一数字尚只是征收赋税的起科地面积，不含那些“准民过割”和招民垦种永不起科的许多地亩。

清代中叶武威、镇番二县粮食产量增加较快。笔者考得，其亩产量合

① 张玿美：乾隆《镇番县志》卷一《地理志》。

今亩今量达 78.1 公斤/市亩，总产量达 10.98 万吨，① 人口的增加更为迅速（详后）。绿洲生态系统的环境容量是有一定限度的，耕地和人口的大规模增加，过度开垦，过度樵柴，使本区水土资源利用方面的矛盾日趋尖锐起来。尽管当时人们对水资源的利用率已有较大程度提高（如利用冬春农闲水开发柳林湖区），绿洲的水利管理制度也颇为严格，然而有限的水资源终难满足日趋增长的人口负担及不断增大的农田面积的需要，绿洲生态环境不堪重负，沙漠化的发生也就在所难免。

二 释“移丘”

明清时期，石羊河下游还出现了“移丘”地的垦辟，沙漠化发生的主要地段亦在所谓“移丘换段”之地。何谓“移丘”？于当地方志中可以找到诠释。乾隆《镇番县志》曰，本邑“西北多流沙，东南多卤湿，俯念民瘼者听民相地移丘”。1919 年修《镇番县志》亦曰：“镇邑自风沙患起，上流壅塞，移丘开荒，逐水而居者所在皆是。”即由于原耕作地段生态环境恶化（主要是风沙之患）而被迫弃耕，不得不逐水相地另择它处移垦，名为“移丘”。因此种情况比较普遍，因而“移丘地”，或曰“移丘案”作为一种专门术语于志乘中每每出现。这一环境后果的发生突出地反映了石羊河下游绿洲脆弱的生态条件与这一时期人类的剧烈开发改造活动之间不相适应的尖锐矛盾。

其实，移丘之举早在明代后期即见诸史乘。如《镇番遗事历鉴》记，嘉靖三十九年（1560）头坝民人二百余众，因原有耕地沙漠化，遂寻找它地“移丘拓田，共辟新地十五顷，卫定三年免征税粮”。移出的主要区段为受沙漠化影响最为强烈的下游绿洲西北部、东北部及西南隅，亦即红沙堡沙窝、红崖山附近的黑山堡红崖堡以至野猪湾堡一带、青松堡南乐堡沙山堡一带、高家沙窝—湖马沙窝等地，其沙漠化土地总面积超过 130 平方千米（详后）。

移丘移入之地主要在本区南部坝区绿洲上游河段一带，这里“近水楼

① 李并成：《河西地区历史上粮食亩产量的研究》，《西北师大学报》1992 年第 2 期。

台”，人们纷纷前来垦辟。如前面提到的因“头坝渠多沙患”，人们遂移至上游的红崖堡东边外，如乱沙窝、苦豆墩等“昔属域外”的地方，“今大半开垦，居民稠密，不减内地”。然而移入此地后好景并不太长，由于水源的不足（移丘地每年仅配给1次水）和沙漠化过程的继续，除少部分地区（大坝口南部的大、小新沟一带）今天仍然耕种外，其余大部分地段在清末至民初均沙化荒弃。今天所见这里的弃耕地上已为密集的柽柳灌丛沙堆占据。此外坝区绿洲和柳林湖之间的内河、外河两岸亦有不少民户移入。

由上可见，移丘实为在沙漠化步步威逼下人们的不得已之举。它虽然可以解一时之难，但终非长远之计。尤令我们看到的是，移丘所带来的环境恶果特别严重，每次移垦不仅要被迫放弃原有的耕地听其裸露、任凭风沙肆虐，愈益加重沙漠化危害，而且还要大量破坏新移入地段的原有旱生植被和地表结皮以从事垦辟，虽然旱生植被较为稀疏，地表结皮较薄且脆（此种结皮系多年的自然固结作用形成），但亦可有效地抵挡相当程度的风沙吹蚀，它们的破坏无疑给风沙肆虐大开方便之门。并且移丘旋移旋弃，不断造成新的地表裸露，导致沙漠化过程不断蔓延。

三　人口增长与沙漠化过程

随着明清时期石羊河下游大规模土地开发的实施，本区的人口亦有显著增长。明嘉靖（1522—1566）中，镇番卫有户1871，有口3363。[①] 迨至清乾隆十三年（1748），约两个世纪镇番县户数增至8191，[②] 较嘉靖时增长了3.36倍；若以户均5口计，则人口数为40955人，较嘉靖年间竟增长了11.18倍。逮至道光五年（1825），仅约70余年全县户数又增至16756，又较乾隆时增长了1.05倍；人口数增至184542人，[③]，较乾隆时增长了

① 苏铣：顺治《凉镇志·户口》。
② 张玿美：乾隆《镇番县志》卷一《地理志》。
③ 许协：道光《镇番县志》卷三《田赋考·户口》。

3.51 倍，这一数字已与今民勤县人口数差之不多。其发展速度较我国封建社会一些学者所认可的在治平时期人口增长率为 30 年加 1 倍的速度还要快[①]。及至道光十五年（1835），镇番户数又增至 16758，人口数增至 189462[②]。

然而值得引起注意的是，自道光以后镇番县的人口增长趋于缓慢。据宣统元年（1909）修《镇番县志》卷四《贡赋考·户口》记载，咸丰八年（1858）镇番县人口增至 189785 人，距道光十五年时隔 23 年人口仅增加了 323 人，增长了 1.7‰，与 30 年翻一番的水平已不可同日而语。显然此种情形与这一时期本区沙漠化的强烈进行干系甚大。更值得注意的是，本区的人口变迁自咸丰以后直到清末，一改故辙，呈负增长态势。光绪六年至十六年（1880—1890）全县户数减至 16067，人口数减至 183403；光绪二十七年至三十年（1901—1904）人口数进一步减至 123595 人。从咸丰八年至此不足半个世纪，本区人口数减少了近 1/3。这一过程固然与清代后期的政治腐败、剥削加重有关，但其主要原因乃是由于绿洲地区人口演变的规律使然。由人口盲目增长所造成的沙漠化的危害迫使被灾贫民"不能不奔走他方，自谋生计"，从而使得清代后期本区人口被迫大量迁出。他们或远走新疆，或近趋河套、阿盟，或驼行半路而流落于张掖、安西、敦煌等地。据乾隆《朱批屯垦》，随着中央政府对新疆统一大业的完成，乾隆二十四年至四十五年（1759—1780），数以万计的甘肃农民举家迁往天山南北，从事边疆开发。三十六年（1771）十二月凉、甘、肃三州迁往济木萨尔 400 户（镇番为凉州属县）。四十三年（1778）凉、甘、肃迁往昌吉等地 1255 户。四十三年十二月至四十四年（1779）三月，由凉州等地迁往乌鲁木齐等地 1882 户。四十四年十二月又由镇番迁往乌鲁木齐等处 317 户等。可见这一时期人口外迁较多，本区成了开发祖国西北边疆的劳动力输出地区之一。民勤县政协李万禄实地调查，今天新疆的奇台、库车、乌鲁木齐等 30 多个县、市均有不少清代后期流入的民勤民户。[③] 据

① 徐光启：《徐光启集》卷五《钦奉明旨条画屯田疏》，中华书局 1985 年版。

② 常孝义：宣统《镇番县志》卷四《贡赋考·户口》。

③ 李万禄：《浅议腾格里沙漠中的阿民驼路》，《阿拉善盟公路交通史料选编》第 2 辑，1988 年，第 31—46 页。

1946年修《敦煌县志》，乾隆时该县专门设有安置民勤移民的村落——镇番庙村。据笔者在内蒙古阿拉善盟地方志办公室等处访问得知，现该盟境内约1/3以上的人口系清末以来民勤移民的后代。因而民勤当地至今留下了“天下有民勤人，民勤人没有天下”的俗谣。

人口的大量增加，土地大规模的开垦使得本区有限的水资源日益不敷其用，水土利用方面的矛盾斗争愈演愈烈，因水源不足农田弃耕和大规模破坏固沙植被而引发的沙漠化过程也接踵而至。对于明清以来沙漠化的原因，道光《镇番县志》有一定的认识。曰：“镇邑在昔，土旷人稀，……故百物丰裕，号为奥区。嗣以生齿日繁，兼风沙壅据，上游移丘开荒者沿河棋布。因河水细微，泽梁亦涸，土沃泽饶成往事矣。”1919年《续修镇番县志》亦云：本县“土地肥瘠视水转移。镇邑明末清初地广人稀，水足产饶，颇形优渥。自风沙患起，上流壅塞，移丘开荒，逐水而居者所在皆是。殖民地垦，河流日微，将有人满土减之忧。至水族孳息泽梁涸，而多鱼无梦、土沃泽饶竟成往事矣。”沙漠化的主因正是在于“生齿日繁”“人满土减”所带来的“河水细微，泽梁亦涸”，在于人口的盲目增长与绿洲自然资源（尤其是水资源）有限的承载能力之间的无法调和的矛盾斗争。

道光《镇番县志》又记：“我朝轻徭薄赋，休生养息，户口较昔已增十倍，土田仅增二倍耳”，由此发出了以二倍之田何以养十倍之民的感叹。《续修镇番县志》亦云：“（今）民众广而土不广，以三倍之地养五倍之人，人与地两相比例超过之数已有二倍。此二倍之人垦田无田，垦地无地。……有可耕之人而无可耕之地，其病源已昭然可见。为司牧者若不设法开垦，急谋生聚，广积储以足食，轻负担以纾困，一任数万生灵流离迁徙而不为之所是，社会经济日形支绌，农业政策不见发达，窃恐人满土减，将来国家税、地方税无论直接间接，俱难责偿，能无惧焉！”

上述论者虽然看到了人口剧增的后果，强调土地资源要与人口数量相协调，然而他们并未指出耕地数量的增加还必须要由绿洲生态环境容量（主要是水资源）所容许，还必须与绿洲水资源的数量、质量及其开发利用的程度相协调。真正的病源并非土地开垦不广，恰恰相反，正在于人口巨大压力下的无计划盲目开垦而给本区有限的水资源以及绿洲脆弱的生态环境容量和支付能力造成的巨大冲击和压力产生的恶果。由人口的剧烈增长所带来的盲目开垦，其结果必然导致潜在沙漠化因素的活化，造成可利用土地资源的丧失，而这又使得现有耕地上人口负载量更形加大，又会导致更大规模的盲目开垦，绿洲的环境容量更加无法承受，从而引起土地沙漠化更为剧烈地进行。由此形成恶性循环，这必然会受到大自然的惩罚。

四　明清时期镇番城的沙害

考察明清时期石羊河下游绿洲沙漠化发生发展的状况，我们可以先来看一下镇番卫设置以来遭受沙患的一些记载。镇番卫“明洪武时因元小河滩空城修葺为卫，周围三里五分。成化元年（1465）……展筑西北二面三里余，……后飞沙拥城。嘉靖二十五年（1546）……筑西关以堵飞沙”①。可见明代下游绿洲重新开垦不久，飞沙的侵袭就已很盛行，就连地处坝区绿洲中部的镇番卫城也不免受其危害。嘉靖时为堵飞沙还不得不专门增筑西关，足见沙害之烈。都御史杨博《奏请添筑西关疏》曰：“乃今风沙壅积，几与城埒，万一猾虏突至，因沙乘城，岂惟凉、永坐撤藩篱，实甘肃全镇安危所系。……今右参政张玺欲于镇番填筑关厢，一则消除沙患，一则增置重险。”② 及至万历四年（1576），又将卫城全部用砖包砌，并“建城楼三、角楼四、逻铺十九、月城三，池深一丈五尺、阔三丈，门俱有桥”③。使卫城得以进一步加修增固。然而好景不长，据《镇番遗事历鉴》记载，仅隔二岁，万历六年（1578）宁夏人杨恩任镇番参将，“下车伊始，即瞻顾城垣，巡查防御。是时北垣沙碛拥积，几与城埒，公深以设防不济慨叹之。不数日即率民兵清除淤沙，补葺城垣，劳作不息，食饮不遑”④。迨天启七年（1627），又见“飞沙拥城，参将相希尹躬率军夫，多方堵御，城保”。

入清以后，沙患益烈。康熙元年（1662），因飞沙壅塞，又“重修西

① 张昭美：乾隆《镇番县志》卷二《建置志》。

② 许协：道光《镇番县志》卷二《建置考》。

③ 张昭美：乾隆《镇番县志》卷二《建置志》。

④ 谢树森著（道光二十八年），谢广恩补辑（1936 年）：《镇番遗事历鉴》，李玉寿校本，香港天马图书有限公司 2000 年版。

门楼”。然而这种加筑只能奏效于一时，不能防患于长久，飞沙的吹扬并未因此而停息。至康熙五年（1666），“风沙之沿堞而下者，若水之流，环庙而立者，若水之潴”。康熙三十年（1691）“风沙拥城，高于雉堞，东南则土城坟起，危似□墙，惟逻铺粗有形迹。是年参将杨钧以军民五百人搬沙清淤，又以柴草插风墙一百二十丈”。“军民□□搬沙，月无虚日，劳而无功。且沙以掀翻，易于漫溢，故罢其役。”① 到了乾隆十四年（1749）镇番卫城已是“各楼皆圮，池平桥坏，砌砖剥落，存者仅二三，女墙歆缺，水洞亦淤”；尤其是地当盛行风向前冲的县城西北部“则风拥黄沙，高于雉堞。……惟逻铺粗有形迹耳”②。逮至道光年间更是“楼倾砖落，沙漠孤城，一任风雨飘摇，星霜剥蚀。……咸丰二年（1852），……环顾周围，西北则飞沙壅堞，东南则腐土委尘，残垣断墉，径窦豁开。除西城及东北隅计有数十丈均被沙淤尚存城墙外，余皆坍平，车马往来，直成通衢。”同治五年（1866）“因移沙患，辟置一门，专为车马转运交通便利起见，平时紧闭不开”③。光绪三年（1877）“并将北城东边大砂碛长约一十六弓，西南角小砂碛长约十余弓，派车挖运”④。“自是厥后，屡修屡废，虽经上宪迭催，究未切实拓修。……（流沙）日积月累，渐消渐敝，过其故墟，已非金汤之旧矣。”⑤ 到了宣统年间，“沙患尤为可虑，迩来东西北三面壅塞之势过于曩昔，且高于城堞，不啻恒河之数，行者便登若大路。然将徙城以避沙，则处处飞来，迁地弗良。将刷沙以完城，则大工大役费无所出”⑥。

可见自明成化以来石羊河下游绿洲开垦不久，沙患即接踵而至。进入清代以后随着更大规模开发的进行，沙患有加无已，愈演愈烈，以至为护守城池不得不投入众多的人力物力搬运积沙，甚至经年累月，移沙不止。

---

① 张玿美：乾隆《镇番县志》卷二《建置志》。

② 张玿美：乾隆《镇番县志》卷二《建置志》。

③ 周树清：《续修镇番县志》卷二《建置考》，1919年。

④ 周树清：《续修镇番县志》卷二《建置考》，1919年。

⑤ 谢树森著（道光二十八年），谢广恩补辑（1936年）：《镇番遗事历鉴》，李玉寿校本，香港天马图书有限公司2000年版。

⑥ 谢树森著（道光二十八年），谢广恩补辑（1936年）：《镇番遗事历鉴》，李玉寿校本，香港天马图书有限公司2000年版。

然而流沙的壅塞旋清旋生，屡有所聚，成了当政者尤感焦虑的严重问题。镇番城的沙患从一个侧面反映了整个下游绿洲沙漠化过程强烈进行的实况，而这一过程正是伴随着土地开发规模的不断扩大而日趋加剧的。

五　边墙、渠道、农田的沙害

明清以来，石羊河下游长城沿线、引灌渠道、农田遭受沙害的记载亦屡见不鲜。道光二年（1822）甘肃总督佛保查勘邑边，上《筹边疏略》，曰："镇番沙碛卤湿，沿边墙垣，随筑随倾，难以修葺。今西北边墙，半属沙淤，不能恃为险阻，惟有了望兵丁而已。红崖堡一带，康熙三十六年拨兵筑垒，颇似长城之制。至于东南边墙，沙淤渺无形迹，其旧址有存者，止土脊耳。"一些昔日恃为险阻的军事隘口，如阿拉古山口、抹山口等亦不免沙害，"今则流沙淤压，随处皆成通衢矣"①。

道光《镇番县志》引《旧水利图说》曰，镇邑行水的畅塞因"沟坝有无沙患不一，无沙沟道水可捷行，不失时刻；被沙沟渠中多淤塞，遇风旋挑旋覆，水到亦细，故不能照牌得水之地多有"。沙淤较严重的渠道有四坝之末、头坝渠等。《镇番遗事历鉴》载："镇地河渠，无不为沙砾所拥，植之以被，则沙可以固，水可以流。反则裸陈原湿，一经冬春风扬沙积，平衍旷荡，直如堰堆无圻。"1915 年镇番县长袁翼《创修西河记》曰："奈河多淤沙，且狭而浅，遇风则平，水涨则溢，急急焉。欲疏河道，高堤防，谋水利以维垦务，无逾于此。"②

农田所受沙害的程度更是令人触目惊心。《镇番遗事历鉴》载，明代弘治九年（1496）冬，"飓风时起，边外人民多受其害。青松堡西南田地，埋压二十余顷，庄宅一百一十二间。灾民无家可归，飘泊野外，饥饿亦复寒冷，殊为可怜"。万历十二年（1584）四月，"飓风狂虐，延十数日不息，边外居民房屋被摧者十之二三。田地埋压，一片萧条。饿殍载道，凄切哀怨之声，不绝于耳"。入清以来，风害愈烈，每每因沙压农田，不得

① 许协：道光《镇番县志》卷二《建置考》。
② 周树清：《续修镇番县志》卷二《建置考》，1919 年。

不豁免应征粮草，有关记载从顺治年间直到清末不绝于册。如乾隆三年(1738)，镇番县即奉文停征、豁除水冲沙压地粮1090余石、大草9670余束，两项开除粮1124.7石、大草9942.9束。[①] 而这仅是起科纳粮的册籍上奏请豁免之数，不上册籍的大量民间相地自行开垦而荒芜的地亩尚不在数。不仅下游绿洲如此，中游武威平原因沙压水冲而要求豁免赋粮的耕地亦有不少。如乾隆《武威县志》记，奉文缓征水冲沙压等地计约7.4万亩。进入民国，风沙不减。如“是年（1929年）以来，镇地风大沙狂，气温寒凉，西外渠、东渠等多处，几被风沙埋压净尽。又兼水淹，竟无可耕之田。流亡人众，接踵道路，县民凄惨之状，未有甚于其时者也”[②]。

不合理的土地开发活动酿成的沙漠化之患，给绿洲人民的生计带来无穷的灾难，而这一祸患又反过来形成土地开发的逆过程，使绿洲可利用的土地资源丧失，人民的灾难更重。乾隆《镇番县志》卷一《地理志·田亩》曰：“今飞沙流走，沃壤忽成丘墟，未经淤压者遮蔽耕之，陆续现地者节次耕之。一经沙过，土脉生冷，培粪数年方熟。”可见风沙不仅吞噬绿洲，而且还使其掩埋过的耕地性质变劣。时至清末，镇番县竟因此发展到了“五谷枯槁，岁不丰登”的地步。

六　明清时期石羊河下游沙漠化发生的主要区段

（一）红沙堡沙窝

红沙堡沙窝位于民勤县城东略偏北6千米处，西起新河乡倒坝湾，东抵羊路乡北部龙台柴湾、千户柴湾，北至明长城，南到渠尾柴湾、阎家沙窝，南北长约13千米，东西宽7千米许，总面积约90平方千米。沙窝内遍布裸露的新月形沙丘和沙丘链，沙丘高2—3米，亦见片状流沙地和吹扬灌丛沙堆。丘间地上暴露成片的风蚀弃耕地，田垄、渠堤等遗迹甚为清

① 谢树森著（道光二十八年），谢广恩补辑（1936年）：《镇番遗事历鉴》，李玉寿校本，香港天马图书有限公司2000年版。

② 谢树森著（道光二十八年），谢广恩补辑（1936年）：《镇番遗事历鉴》，李玉寿校本，香港天马图书有限公司2000年版。

晰，明代所开的四坝河废河床纵贯沙窝中部，沿岸柽柳生长良好。沙窝中残存明代始筑的红沙堡，以及陈梅寨、六坝堡、东安堡等古堡遗址。

1. 红沙堡

位于新河乡泉水村东北 1 千米许，即红沙堡沙窝西北部，残垣仍存，南北约 180 米，东西 150 米，多数墙段残高 7 米许，最高 9 米，基宽约 4 米。全城分作南北二部，北半城较大，120 米 ×150 米；南半城较小，60 米 ×150 米。墙垣遭受强烈风蚀，被蚀出一道道深槽。城址被沙丘环围，沙与城齐。地面散落许多明清时期的青瓷片、褐色和黑色釉瓷片等物。南半城西部尚存数段土坯砌筑的残墙。该城之东里许还发现范围超过 10000 余平方米的古墓群。

清乾隆十四年（1749）刊《镇番县志》卷一《地理志》：“其东北境内之红沙堡，逼近东边，势极冲要，明设官防守，边外烽燧相望。”同书卷五《兵防志》：“红沙堡，城东北二十里，嘉靖七年（1528）建，周围五十余丈，高□丈。万历九年（1581）因地窄墙卑，不堪固守，展筑东西北三面，共计一百一十二丈，高□丈。城门一，南向，旧有官厅、教场、门禁、堡楼。”道光五年（1825）修《镇番县志》卷二《建置志》则云，红沙堡，今废。

红沙堡的废弃及其沙漠化发生的时间，较东安、六坝、陈梅等堡寨稍晚，乾隆早期该堡尚在使用。堡址位处坝区绿洲北部、四坝渠尾闾，查其废弃的原因，无外乎受风沙之患以及由此而引起的河道迁改之故。道光五年《镇番县志》卷三《水利考·水利图说》：“四坝之末，兼被沙患，旧坝水多淤遏，不能直达，故另立新河口。”随此河道的改徙，遂使其原来流经的红沙堡一带绿洲荒废沙化。可见红沙堡沙窝沙漠化发生的时间当在清代乾隆至道光年间。四坝渠废弃后所开的新河为位于红沙堡沙窝之南、流经今民勤县新河乡的河道。1985 年《民勤县地名普查资料》对“新河乡”释名曰：“乾隆年间在城东开人工河道一条，取名新河，境内有红沙堡古城址。”

2. 东安堡废址

俗名四坝寨子，又叫破城子。位于新河乡泉水村南 1 千米许，即红沙堡沙窝中部偏西处，平面基本方形，量得南垣255米、东垣261米、北垣272米、西垣260米。墙垣已十分残破，大段缺失。南开一门，设瓮城。城垣似无马面，东北角筑高大墩台一座，周围沙丘壅积。城址东北部套筑小城一座，小城东、北二垣即利用大城墙垣，南北135米，东西150米，亦向南开门，设10米见方的瓮城。小城之东北隅又套筑44米×50米的更小城址一座。大城西北角外83.5米处又有小城一座，南北18米，东西17米，亦很残破。据一同考察的民勤县博物馆周生瑞馆长言，该大城以东2—3千米范围内（红沙堡沙窝中部）还有3座小城，周长均100米许。

东安堡城地处新月形沙丘与流动沙梁的包围中，沙丘亦有侵入城内者，高于城垣。城周原来还有较多的胡杨树木，今已稀见。现城西、南两面部分沙丘已被搬移开地，种植小麦、籽瓜。城中散落遗物多为明清时期的青瓷片、粗缸瓷片等，乾隆《镇番县志》卷五《兵防志·营堡》："东安堡，城东二十里，俗名四坝寨，今倾圮，沙淤，无居民。"可见该堡早在清代乾隆时即被流沙侵湮埋压而废弃，由此迫使原灌溉渠道四坝渠改流它道，这一带土地也遂于清代前期发生沙漠化。

3. 其他遗址

除上面外，红沙堡沙窝中尚有陈梅寨、六坝堡等荒废沙化的古遗址。据乾隆《镇番县志》卷五，陈梅寨位于县城北15里，六坝堡位于城东30里，皆已沙化废弃。

（二）黑山堡、红崖堡至野猪湾堡一带

上述堡寨位处民勤县南部红崖山附近，均建于明代，沿石羊河岸分布，一线孤悬，连接石羊河中下游绿洲。由于沿河固沙植被的破坏，它们极易受西北方向盛行风沙的侵淤，至清代前期渐次演变为沙漠化土地，面积约20平方千米。

据乾隆《镇番县志》，早在乾隆年间以上3堡就遭沙淤，沙漠化过程已十分明显。"黑山堡，城西南六十里，天顺三年（1459）建，周围一百四十四丈。万历三十三年（1605）被山水冲浙，改创新堡，周围一百六十

丈，高口尺，城门一，北向。今西北墙亦被沙淤，旧有关，今无”；“红崖堡，城西南八十里，城门一，东向，今无居民”；“野猪湾堡，城西南一百二十里，……西北墙半为沙淤，居民亦少”。无名氏《陇边考略》（约撰于清代中期）亦载：“黑山堡，因山为险，有山泽之蔽，而风起扬沙，犹不免于淤塞。”今实地所见，黑山堡废址已十分残破，墙垣大段塌圮，且多被沙壅。基宽约4米，残高不足3米，北垣正中开门。堡内散落大量砖瓦碎块。

黑山堡等地的沙漠化迫使人们离弃家园向东部迁徙，已如前述，于红崖堡东边外如乱山窝、苦豆墩等“昔属域外”的地方大举开垦，以致“居民稠密，不减内地”。然而好景不长，由于灌溉水源的不足和风沙危害的继续，沙漠化过程并未停息，红崖堡东边外新开的土地至迟在清末又完全沙化放弃，今天已成为白刺灌丛、柽柳灌丛沙堆的堆积区。实地所见这一带弃耕地地面较平坦，渠道、地埂的遗迹仍很明显。

（三）青松堡、南乐堡、沙山堡一带

以上3堡均明代前中期建，明代后期即已出现较明显的沙漠化过程。乾隆《镇番县志》卷五《兵防志》：“南乐堡，城东南二十里，门一，东向。青松堡，城西南三十里，天顺三年（1459）建，周围一百二十丈，高口尺，城门一，东向。……沙山堡，城西十五里，城门一，南向。”道光《镇番县志》卷二《建置考》：“镇邑为凉州门户，四通夷巢，前明套夷不时侵犯，故设重兵弹压，而蔡旗、重兴、黑山、青松、红崖等堡俱有防守官兵，星罗棋布，真有指臂相连之势。”套夷指河套一带的蒙古族部落。以上所提诸堡，以及南乐、沙山等堡均为明代在镇番县南部沿石羊河一线设置的军事城堡，迄清代道光年间仍在使用。

笔者实地所见，青松堡位于今民勤县城西南薛百乡宋和村林场北部，遗址犹存，平面呈方形，每边长约100米，大部墙垣仍较完整，尚见女墙。基宽5米许，顶宽2—3米，残高7米。北垣正中筑马面，西北、东北城角设角墩。

南乐堡位于薛百乡薛百村西北500米处，遗址平面亦呈方形，每边长

约 200 米，墙垣大段毁损。南垣因当年修建民勤县城—薛百乡—昌宁乡—金川的公路取土而被挖毁，北垣因有大沙丘埋压而大段保存了下来，东垣南部、中部尚存，西垣仅中部一个大墩台（似原为马面）因 1958 年炼钢铁时被辟作窑炉而得以留存。

沙山堡位居民勤治沙站东北 200 米处，平面呈菱形，堡城东南和西北隅内角 45°，其余二内角 135°。东西 120 米，南北 90 米，部分墙垣坍塌，南北各开一门。

以上 3 堡及其周围地面多被半固定的白刺、柽柳灌丛沙堆或流动沙丘覆盖，丘间弃耕地上犁沟、田埂的遗迹仍较清晰，并散落青瓷片、黑釉粗瓷片等明清时期遗物，还可零星见到更早期的灰陶片、红陶片等。近 20 余年来，人们在这里培植固沙林草，提水灌溉，将许多原沙化的地段重新辟为农田。

3 堡地处民勤县南部坝区绿洲西侧，正当风沙入侵前沿，其沙漠化过程亦是由于明清时期大规模土地开发所带来的对绿洲边缘固沙植被的大量破坏以及流沙填淤灌溉渠道等原因所致，沙漠化发生的时间从明代后期迄至清代乾隆前后。《镇番遗事历鉴》载，明崇祯三年（1630）“冬十月，飓风。飞沙蔽日，民屋欲摧。沿边田舍，俱被灾害。青松堡黄沙拥城，几与雉堞高下。有司率夫清挖，旋移旋淤，如拉锯耳。逾腊月，风犹不止。农民石万勇、姜大通、王忻、裴爕、孙煊光等二十六户，拔宅迁徙，定居于双茨科及旧四坝等地”。可见明季其地沙漠化就甚为严重。同书又曰，雍正四年（1726）春“李海峰等七十二户农民，自青松堡迁徙柳林湖屯田”。民勤县陈氏宗谱载：“始祖居头坝青松堡地，易兵为民。后被风沙淤压，复迁于高家大门”；“乾隆元年因柳林湖开垦大举，又复迁于柳林湖。自此川居一半，湖居一半”。风沙之患迫使不少民户举家搬迁。

1958 年张掖地委秘书处编《河西志》载：“民勤县头坝地区原有南乐堡、青松堡、沙山堡等 20 多个村子，2300 多户人家，20000 多亩土地，在新中国成立前的 200 多年中土地全被流沙埋没，只剩下薛百沟、小东沟、化音沟 3 个村子、340 多户、3000 多亩土地了。薛百沟的百户人家解放时只剩下 9 户了。”这一大片沙漠化土地的范围自青松堡故址西北约 2.5 千米的边墙起，东南至堡城以东约0.5千米的现代绿洲止，其长宽各约3千米，面积近9平方千米。

（四）高家沙窝—湖马沙窝

高家沙窝位于民勤县城东南8千米许的羊路乡学粮村南，湖马沙窝位于民勤县城南9千米许，两处沙窝相距约4千米，中间被河滩、农田隔断，沙窝总面积约10平方千米许。两处沙窝均位处外河故河道内侧河湾处，原为外河水滋育的绿洲区。清代后期以来因河道沙淤风蚀、绝口水冲，以及改建新渠（五坝、六坝渠）、原有耕地被吹扬侵蚀等原因，遂废弃沙漠化。今于实地所见，为一大片新月形沙丘和流动沙梁的处所，沙丘高3—5米，丘间地上废弃的耕地遗迹尚历历在目。

高家沙窝北部遗存古城址一座，当地俗称破城子。已十分残破，墙垣倒坍严重且多被沙壅，仅能见到部分墙迹。东西残长50米以上，南北残宽30米以上。城内地面散落明清时期青瓷片、白瓷片、黑瓷片、碎砖块、瓦块等物。城址以东、以南蜿蜒着一条长500多米，宽40—60米，高8—10米的大沙垄，今已用粘土封压，并栽植柽柳、琐琐等以固沙。访之当地群众知，此地原名大沙窝，早在1967年就曾动员周围3个乡的劳力于这里固沙，封住了“黄龙”；城址原来也全被流沙埋压，约在80年代初才移走了沙丘，并将城内部分地面辟为农田。

整个石羊河下游绿洲明清时期形成的沙漠化土地，面积约130平方千米。

由于石羊河下游绿洲沙漠化过程的强烈进行，风沙之患的严重危害，雍正十二年（1734）镇番人卢生华还特撰《祭风表》一文，以祈求上苍的护佑。表曰：“迩来狂飕肆虐，阴霾为灾，黑雾滔天，刮尽田间籽粒；黄沙卷地，飞来塞外丘山；鬻女卖儿，半是被灾之辈；离家荡产，尽为沙压之民。此田之播种无资，将来贡赋安出？此诚上帝之痛念，而下民之哀诉者也。……征之风必扬沙，乃知箕离于月。拔苗逐种，怨气与风气交加；呼天吁地，号声协沙声并烈。侵伤于斯为甚，饥馑因而荐臻，未有如今日者也。”为此“伏愿圣慈，默佑帝泽，洪福施延于无量无边，亿万年常馨沙漠；恩惠及于有生有相千百世，永镇金汤矣。某等无任瞻天仰圣激切屏营之至，谨奉表称奏以闻”①。这正是明清以来本区沙漠化过程强烈发展的情形以及带给人们的深重灾难的逼真写照，沙漠化的严重程度已经发展到了危及人们生产和生活的惊人地步，自然这靠向老天爷祈祷是解决不了问题的。

由以上的探讨不难看出人类大规模的土地开发活动对于绿洲生态系统巨大而深刻的影响，本区明清时期沙漠化发生发展的主因盖系人们对于土地资源开垦利用不当所致。追溯历史的发展在于更深刻地认识今天的现状，以总结和汲取历史的经验教训，从而为今天的生态环境建设以及绿色发展提供切实的、有益的史鉴。

（作者单位：西北师范大学历史文化学院）

① 谢树森著（道光二十八年），谢广恩补辑（1936 年）：《镇番遗事历鉴》，李玉寿校本，香港天马图书有限公司 2000 年版。

明清河西走廊稳固与丝绸之路振兴

吴四伍

河西走廊是明清丝绸之路陆上交通的重要枢纽，亦是朝廷经略西北的重要军事基地。明清以降，伴随朝廷对西北经略政策的加强，凉州府的位置愈显重要。凉州府在明清政府治理西北中发挥新的重要作用。如何通过展示凉州府在明清治理中的位置及其变化，明清丝绸之路的发展规模、演变特点，交易内涵等，进而界定河西走廊发展的战略意义，就是本文的主旨讨论所在。

一　明清丝路研究的新方向

近年“一带一路”倡议的提出，有关历史上“丝绸之路”的研究开始得到学人高度关注。从传统到现代，从陆路到海路，从中国到世界，丝路研究正展现出前所未有的繁荣景象。不过明清丝路研究中的确存在“头重脚轻、重海轻陆”的问题。[①] 具体来说，人们更多注重丝路的起源、开端以及前期研究，而忽视丝路的整体性与长时段性；而明清以来又重视海上贸易，对陆路贸易有所忽视。

关于明代丝绸之路的“重海轻陆”现象，学人早有论及，认为明代陆上西部丝绸之路并不逊色。[②] 清代的陆上丝绸之路衰落起始，学界有所争

① 有关丝路研究相关概说可以参见李明伟《丝绸之路研究百年历史回顾》，《西北民族研究》2005 年第 2 期；刘进宝《“丝绸之路”概念的形成及其在中国的传播》，《中国社会科学》2018 年第 11 期等研究。

② 杨富学：《明代陆路丝绸之路及其贸易》，《中国边疆史地研究》1997 年第 3 期。

议。有学人认为持续到18世纪，“历时两千五百多年、横亘欧亚大陆的丝绸之路是人类文明的运河，东西方文化交流的桥梁。在公元后，以中国、印度、罗马帝国、安息（波斯）和阿拉伯世界为枢纽，汇聚欧亚主要文明和沿途各民族文化的丝绸之路的功能和格局，一直延续到18世纪末，直到19世纪西方列强掀起瓜分世界的狂潮，丝绸之路平等文明的经济文化交流被打破为止”①。有学人认为陆路丝绸之路衰落时间应该是清末民初。② 不过，从丝路贸易本身来看，明清陆路丝路发展始终呈现一个繁荣的景象，并非人们所忽视的那样。③

明清政府对于河西走廊为基础、凉州府等地为支点的西部陆路贸易，始终给予极大的政策操作空间，鼓励发展中西经济贸易。在明清的长期西部陆路贸易交往中，和平、通畅是主流，而战乱、隔阂只是插曲。不过，在明清以来，世界贸易体系发生巨大变化，陆路交通为纽带的传统大陆贸易体系逐渐让位于海洋航线为纽带的世界贸易体系。④ 在相当长的时间内，客观上讲，陆路贸易的规模自然难以跟海洋贸易比较。

事实上，着眼于全球贸易体系的近代转变，陆上西部丝绸之路在整体贸易之中越来越边缘，这是一个客观的历史趋势。但是，陆路丝绸贸易在特定的边境贸易中，如中亚地区的贸易，仍有其不可替代性。事实上，特别是纵向地观察历史变迁，明清时期的陆上西部丝绸之路贸易达到一个新的高度。如学人指出：“清代‘丝绸之路’上的新疆的丝绸贸易，不仅是整个古代‘丝绸之路’中的一个重要篇章。而且，在新的历史条件和背景下，发展和兴盛起来的这种贸易……较之以往，其贸易规模更大、贸易缎匹数量更多、丝绸花色品种更繁，贸易区域更广、持续时间更长、贸易形式更灵活多样。”⑤ 清代的陆路丝绸贸易达到一个历史的高度，河西走廊在明清丝路恢复和发展方面发挥了不可替代的枢纽作用。

---

① 李明伟：《丝绸之路研究百年历史回顾》，《西北民族研究》2005年第2期。

② 张燕、王友文：《清代伊犁将军与哈萨克草原丝绸之路发展的政治考量》，《广西社会科学》2015年第10期。

③ 吴四伍：《明清时期陆上西部丝绸之路再审视》，《历史档案》2019年第2期。

④ 鱼宏亮：《超越与重构：亚欧大陆和海洋秩序的变迁》，《南京大学学报》2017年第2期。

⑤ 王熹、林永匡：《清代新疆的丝绸贸易》，《新疆社会科学》1986年第6期。

二　清代凉州府的崛起与兴盛

明代对西北的经略多有努力，但碍于势力和客观条件，未能取得明显成绩，更多处于防御的状况。清代却迎来西北治理的新高峰，以乾隆统一新疆、管辖天山南北，无论是统治规模，还是治理技术，中国对西北的经略达到了新的高峰。凉州府为代表的河西走廊，在清代政府西北治理中扮演越来越重要的角色。

康熙晚年，朝廷加强凉州驻军，派遣官员整顿武备："据实陈明营伍废弛事，奴才于五月二十九日接蒙部刘奉特征调补，奴才凉州镇总兵官，奴才于七月初二日到凉州镇，细查标协营路军装器械马匹缺少大半，凉镇废弛，已在圣明洞鉴之中，是以调补奴才凉州总兵，奴才敢不尽心竭力，实心办事，以副我圣主天高地厚之洪恩，奴才现今借支库银差人往榆林一带觅买马匹，以壮营伍，现在清查一应事宜，务期渐次整理，以图仰报皇恩于万一。"①

雍正十三年九月，刚刚继位的乾隆帝同意宁远大将军查郎阿调整西北驻军："与其止住进口之回兵，不若整顿挑派之战兵，请先在肃州镇标挑派二千名，甘省提标挑派三千名，凉州挑派四千名，西宁挑派四千名，宁夏挑派一千名，河州挑派五百名，固原挑派二千名。"② 同年十二月，陕西总督刘于义奏请调整凉州府属柳州湖等处屯田设置，仿照直隶屯田事例，归于地方管辖："凉州府属之柳林湖等处屯员呼应不灵，应照直隶屯田例，归地方官管辖。查该处知县俱系冲要，各有地方事件，应于凉州府添设通判一员驻劄镇番专管屯田，仍责成凉州道督查。高台县添设县丞一员驻劄镇夷堡专管毛目城、双树墩屯田，添设主簿一员专管三清湾、柔远堡和平州堡屯田，肃州添设州判一员驻劄九家窑专管屯务，兼查南山一带地方事

① 《凉州镇总兵述明奏为陈明凉州镇标协营军装器械马匹缺少借支库银觅买以壮营伍事》，康熙六十年十月，档案号：04－01－30－0148－005，朱批奏折。

② 《清高宗纯皇帝实录》卷三，雍正十三年九月，中华书局1985年版，第9册，第199页。

件，其肃高二处屯田俱责成肃州道督查。”① 朝廷很快答应陕西总督的要求，强化对凉州府的屯田和地方事务管理。

清朝政府加强对西北地区的统治，最有力的措施无疑是驻军设官，特别是派遣自己最信赖的八旗兵，驻扎西北。乾隆元年，朝廷同意西安将军沁布奏请，派遣八旗兵驻防凉州府一带：“总理事务王大臣议覆西安将军沁布奏称，汉军生齿日繁，请与满洲蒙古兵丁，一并挑往庄浪凉州驻防。”② 同年三月，陕西总督刘于义奏请加强西路巡查，得到朝廷兵部同意：“凉州总兵官所属辽阔，请自乾隆元年为始，每三月间巡查西路十四营，八月间巡查东路十六营，不过半月，即可周遍，于镇城事务，亦得兼顾，即定为例。”③ 乾隆三年，为了西北地区的长治久安，朝廷等在凉州等地修建城池，部署营房，做好长期驻防的准备。“凉州、庄浪建造满城并衙署营房，专委凉庄道阿炳安、榆葭道王凝总理，工程既能速蒇，帑项亦多节省，且番民土人习耐勤劳，是以事半功倍，节省银至三万二千九百余两之多，请即以此项余银，修葺肃州城垣。”④ 凉州府等地驻军演练，也得到兵部重视。乾隆三年，凉州将军乌黑图奏请加强演练，得到朝廷允许，但鸟枪演练时间略有限制：“凉州庄浪为西边要地，所有新添兵丁，其马步弓箭，请每日亲阅。至凉州路通山谷，险隘尚未深悉，请于田禾收获之后，带领官兵操演射猎二十日，每年打围一次。所有牲畜马匹派出官兵操习收放，并令不时巡查牧厂，均应如所请。至所称增放鸟枪每年演习十个月，炮位亦加至八十日，为期太多。请将鸟枪演六个月，炮位演三十日，俟二年后，俱照西安定例。”⑤ 同年四月，凉州等地兵丁，得到朝廷恩赐，赏给滋生银两。“镇守凉州等处将军乌和图奏，凉州庄浪兵丁照各省驻防

① 《清高宗纯皇帝实录》卷九，雍正十三年十二月甲申，中华书局 1985 年版，第 9 册，第 322 页。

② 《清高宗纯皇帝实录》卷一〇，乾隆元年正月戊戌，中华书局 1985 年版，第 9 册，第 339 页。

③ 《清高宗纯皇帝实录》卷一四，乾隆元年三月丙申，中华书局 1985 年版，第 9 册，第 394 页。

④ 《清高宗纯皇帝实录》卷六九，乾隆三年五月己巳，中华书局 1985 年版，第 10 册，第 108 页。

⑤ 《清高宗纯皇帝实录》卷七二，乾隆三年七月戊午，中华书局 1985 年版，第 10 册，第 153 页。

之例，赏给滋生银两，为红白之资，下部知之。”[①] 同年九月，朝廷同意川陕总督查郎阿的奏请，在凉州新设理事同知，颁给关防。[②] 同年，朝廷还在凉州设置凉州将军、庄浪副都统：“甘肃新设分驻凉州将军、庄浪副都统，各衙门书役工食等项请自本年为始，于兰州司库存公银内动支，以六百两交将军，三百两交副都统分给。”[③] 朝廷对于凉州等地雨雪气候情况十分关切，乾隆四年，川陕总督查郎阿奏报凉州等地得雪情形：“据凉州府各属报称十二月二十日得雪五寸，俱已沾足，臣等现在暂驻宁夏，于十二月二十八日巳时落雪起，至二十九日丑时止，得雪三寸。”[④]

乾隆十一年，甘肃提督永常专门巡视检阅凉州驻军：“伏查凉郡地当孔道，居杂番夷宁夏，北接河套，西控贺兰，均为边疆冲要之区，且闻凉镇营伍素不整辑，是以无论大小营汛墩隘，臣靡不亲身巡阅，详慎点查，所至之处，察其山川夷险，辨其地理情形，齐集官弁兵丁，申严纪律，布明号令，细加操阅，看得凉宁二镇标营官兵年力皆称壮健，分合阵式，宁标颇属整齐，凉标亦在可观。”[⑤] 乾隆初年，凉州府军事地位急剧上升，成为朝廷谋划西北的重要据点。

乾隆二十四年，署陕西固原提督延绥镇总兵张接天奏请新设总督在凉州驻扎：“甘肃新设总督，议驻肃州，不若仍照前议，驻劄凉州，弹压诸番，控制口外，实能扼要。且与甘州提臣、肃州镇臣，声势联络。”[⑥] 但是，乾隆帝对于此奏甚为不满，要求大臣们集体讨论：“总督驻劄地方，关系控制西陲，事体崇重。前经该督杨应琚摺奏改设事宜，令议政王大臣

---

① 《清高宗纯皇帝实录》卷六六，乾隆三年四月辛卯，中华书局 1985 年版，第 10 册，第 70 页。

② 《清高宗纯皇帝实录》卷七七，乾隆三年九月辛未，中华书局 1985 年版，第 10 册，第 214 页。

③ 《清高宗纯皇帝实录》卷八二，乾隆三年十二月甲申，中华书局 1985 年版，第 10 册，第 292 页。

④ 《川陕总督查郎阿奏报甘省凉州宁夏上年十二月下旬得雪情形事》，乾隆四年正月初二日，档案号：04－01－24－0008－015，朱批奏折。

⑤ 《甘肃提督永常奏为巡阅凉州宁夏两镇营伍情形事》，乾隆十一年十一月二十日，档案号：04－01－18－0006－006，朱批奏折。

⑥ 《清高宗纯皇帝实录》卷五九七，乾隆二十四年九月丁卯，中华书局 1986 年版，第 16 册，第 655 页。

集议，斟酌允行，张接天特一武臣，何以冒昧建议及此。或伊别有真知灼见之处，亦未可定，但思常人之情，多徇目前。难于虑始，如总督标下所属员弁兵丁等甚属纷繁，恐以凉州地近腹里，商贾云集，居处乐就便安。若肃州地在千里之外，较此殊为窎远，因而腾其口说。该镇为所怂恿，即据以入告，既得于朕前有所建白，并以博庸人之称誉，此又武途之习气，所不能免者。殊不知就甘肃内地而论，则凉州固为适中，若就统驭新附各部落而言，则肃州犹为近地，而凉州则相距转遥，但徇庸众私情，岂能远计国家大体。且改设总督，一切新定规制，原俟军务告竣之日，再令候旨遵行，现在仍循其旧。此时正毋庸议改。"① 后经大臣们讨论，改设甘州。"肃州虽为厄要，而增置标营，办理供支，诸多掣肘。惟甘州距肃止四百余里，紧要文报，不日可达。若以总督驻劄，即将提标五营，改为督标，一切妥便。"② 乾隆二十七年，随着新疆统一，西北局势更加稳定，凉州府军事战略地位有所下降，部分八旗兵要求迁往伊犁。"今大功告成，巴里坤以西，皆成内地。凉、庄既非边徼，而该处并无行围习艺之所，以致兵丁怠惰偷安，俱归无用。现在伊犁建造城堡，设立将军驻防屯田，与其三年一次派兵，更番戍守，何如即以凉、庄兵丁，挈眷迁移，较为省便。"③ 但是，凉州仍是清朝西北驻军的重要基地，乾隆三十二年，凉州副都统伟善奏："天津移来满洲、蒙古马兵一千名，官五十九员，及凉州驻防马步兵一千五百名，官二十四员，请将两处官兵分为八旗，每旗设佐领二，蒙古亦分为八旗，每旗设佐领一，其兵均匀分隶。……其马匹、饷银、口粮、铅弹、火药等项。悉照凉州例支给。"④ 此后，朝廷仍是重视凉州镇属军队建设情况，不时查阅。乾隆五十一年四月，甘肃提督闫正祥奏报检阅凉州驻军情形："奴才于三月十三日轻骑减从，自甘起程，前赴凉州镇及

① 《清高宗纯皇帝实录》卷五九七，乾隆二十四年九月戊辰，中华书局 1986 年版，第 16 册，第 655—656 页。

② 《清高宗纯皇帝实录》卷五九九，乾隆二十四年十月丁酉，中华书局 1986 年版，第 16 册，第 695—696 页。

③ 《清高宗纯皇帝实录》卷六七七，乾隆二十七年十二月甲寅，中华书局 1986 年版，第 17 册，第 575—576 页。

④ 《清高宗纯皇帝实录》卷八〇〇，乾隆三十二年十二月庚午，中华书局 1986 年版，第 18 册，第 792—793 页。

所属协路各营，遍加查阅，看得凉州镇标五营并所属永昌协营庄浪镇……等十一营堡，排演阵式，整肃进步，连环枪炮，尚俱齐捷连贯，官兵弓箭均属可观，中靶合式，步箭弓力六力以至八力，鸟枪准头每兵十名打靶三十枪，内得中十八九枪及二十一二枪不等。”① 以凉州府为代表的河西走廊牢牢掌控在朝廷手中，成为丝路发展的关键通道，为丝路贸易提供了便利的交通条件。

三　清代丝路贸易的壮大与繁荣

乾隆朝以后，清朝跟中亚等地贸易得到迅速发展，河西走廊之上，到处流动着贸易队伍，最为著名的是丝绸交易。从江南到新疆的丝路交易，达到了惊人的发展规模，河西走廊的枢纽作用值得重视。关于江南地区与新疆地区的交易规模，更是得到学人详细地论证。据范金民考证，自乾隆二十五年（1760）至咸丰三年（1853）的 94 年之中：江南与新疆的贸易绸缎总量为 416072 匹，年平均量为 4380 匹；其中乾隆朝交易量最高，年平均量为 6760 匹。②

需要指出的是，为了建立良好的贸易渠道，清朝政府实施定点贸易，同时派兵保护，方便贸易平稳进行。乾隆二十二年（1757），朝廷回复跟哈萨克的贸易，陕甘总督黄廷桂考虑交易地点路途要求，奏请派兵保护、先期沟通：“再臣前奏带兵一百名，原因吐鲁番就近，今廷议定于乌鲁木齐交易，去巴里坤有二十大站，道路之间，需兵防护，庶于照料弹压，均得其力，惟是乌鲁木齐相距遥远，如哈萨克贸易人等，先期已至，而我处货物未到，则远人有守候之累，若我处货物先到，而哈萨克或衍其期，亦不免稽延时日，致滋縻费，并请敕下副将军兆慧等晓示哈萨克，将明秋何日起程，约于何时至乌鲁木齐先行通知，咨会到臣，以便文武官兵依期齐

① 《甘肃提督闫正祥奏为阅过凉州镇属营伍情形及回署日期事》，乾隆五十一年四月二十二日，档案号：04－01－18－0021－075，朱批奏折。

② 范金民：《清代江南与新疆官方丝绸贸易的数量、品种和色彩诸问题》，《西北民族研究》1989 年第 1 期；《清代江南与新疆地区丝绸贸易（上）》，《新疆大学学报》1988 年第 4 期；《清代江南与新疆地区丝绸贸易（下）》，《新疆大学学报》1989 年第 1 期。

至，两无守候，更为妥协。”①

陆路丝绸交易是一个非常复杂的管理体系，为了转运丝绸、瓷器等物，清朝各级官员遵循严格的相关规定，执行相关的报销手续。乾隆二十八年（1763），大学士傅恒题报有关陕西省采办缎匹瓷器等事情。此次采办经甘肃，转运至新疆的喀什噶尔交易，采办的部分物品和价格如下：

> 查册开旧管军需银五十万五千二百六十九两六钱五分八厘五毫零，新收无，开除银七百九十两二钱六分九厘六毫，实在银五十万四千四百七十九两三钱八分八厘九毫零。所有支存各款开列于后：一、采买大红、香色、月白、宝蓝、沙绿等色锦缎各四匹，共二十匹，每匹俱宽二尺，长一丈二尺，价银四两二钱，共用银八十四两，又采买瓷器饭碗五百件，每件价银三分二厘，共银一十六；汤碗三百件，每件价银三分二厘，共银九两六钱，大茶钟二百件，每件价银二分，共银四两，七寸盘二百件，每件价银四分，共银八两；五寸盘二百件，每件价银二分八厘，共银五两六钱，菜碟一百件，每件价银二分，共银二两；又置办装盛缎匹瓷器需用木箱等物，各价值银一式二两二钱八分以上共用银一百四十一两四钱八分，俱在司库军需银内动支。②

此次采办地为陕西西安，经甘肃转运至喀什噶尔交易。物品采购价值和相关数量，朝廷各级管理，以及各地官吏都必须严格核对，显示了丝路贸易管理中严谨与科学的一面，当然也有官方监控的一面。

明清陆路丝绸贸易在朝廷的管控之下，商品质量和商业信誉始终是朝廷注意关注的重点。乾隆中期清朝恢复跟哈萨克交往后，双边贸易不断增长，有不少摩擦，其中包括内地商人的偷工减料。据官员明瑞奏报，乾隆

① 中国第一历史档案馆藏：大学士管陕甘总督黄廷桂，《遵复与哈萨克贸易宜并请于范清洪等内定一员来肃办理交易等事宜》，宫中朱批奏折，乾隆二十二年十一月二十八日，档号：04－01－13－0025－014。

② 中国第一历史档案馆藏：大学士兼管户部事务傅恒，《遵旨察核陕省上年采办解肃转运喀什噶尔交易缎匹瓷器收支银两应准开销》，内阁户科题本，乾隆二十八年五月十五日，档号：02－01－04－15561－008。

三十年前解到苏州、杭州等地缎匹，每匹四十二三两不等，三十一年解到者每匹仅三十五六两，两者比较，每匹减轻六七两不等，但是价格却如前，即每匹十三两，此等情况遭到乾隆帝训斥，“明系草率浮冒，以致物料减恶，何以惠远人而通贸易？现在此项缎匹著交与明瑞等，减价发售，其所减之价，即著落各承办之织造，照数赔补，并将该织造交与内务府大臣议处”①。同样，在清朝政府与哈萨克贸易中，朝廷注意哈方贸易需求，尊重外方民众需要。如在绸缎的颜色方面，特别强调尊重哈方习惯。乾隆三十三年（1768），乾隆帝针对哈萨克方面“其缎匹一项，回人惟喜好青蓝大红酱色古铜茶色棕色驼色米色库灰油绿等色，其月白粉红桃红水红黄色绿色之缎，俱不易换”，要求尽量满足哈萨克方面请求，“贸易缎匹自应酌照各该处风土好尚，随宜备用，除二十五年先办之四千二百五十匹，业经该抚等咨称，如数办齐，委员起解，无庸另办外，二十六年应办缎四千二百五十匹，现须织办尚应如该督所请，悉照所开颜色”②。

四　余论

明清时期丝绸之路的维护与发展，跟河西走廊的繁荣稳定密不可分，也跟明清两朝的治国方略息息相关。在陆路的丝绸之路贸易管理来看，朝廷更多希望获得西域各部落的普遍认同，以及随之而来的边疆和平与稳定。

首先，明清时期西部丝路的战略维护考量中，安全大于经济，贸易从属于政治。在清朝经略西北和丝绸之路贸易的开拓、恢复和维护中，朝廷的政治考量是第一位的，国家的战略安全重于局部的经济利益。乾隆帝对此认识清晰：“但贸易之事，不过因其输诚内乡，俾得贸迁有无，稍资生计，而彼处为产马之区，则收换马匹，亦可以补内地调拨缺额，并非藉此以示抚循，亦非利其所有，而欲贱值以取之也。将来交易之际，不必过于

① 中国第一历史档案馆藏：《乾隆帝上谕：着令原办人员赔偿布匹质量不达标造成的贸易损失》，乾隆三十一年十二月二十六日，档号：第2条盒号605册号2。

② 中国第一历史档案馆藏：《乾隆帝上谕：奏报将伊犁贸易马匹派拨往新疆及内地具体事宜》，军机处上谕档，乾隆三十三年三月初六日，档号：第1条盒号614册号1。

繁苛，更不必过于迁就，但以两得其平为是。”① 相反来说，对于西域各部落来说，获取经济利益更强于政治认同，他们正是基于不同的利益诉求，使得交换成为一种内在的需求。当然，双方的交往目的存在明显的差异。

其次，和平与交融是丝绸之路的发展主旋律，迥异于近代西方殖民中的烧杀抢掠。从明清政府管理来看，西北安定和民众富庶是国家的重要治国方略。对传统丝绸之路的精心维护，凉州府的精细管理，以及对各族民众交易的合理让利，都是为了丝路贸易的和平与安宁考虑。正是明清政府对于丝绸之路的良好做法，使得丝路上各民族对于中国具有认同和好感。正是在弘扬传统丝绸之路和平交往的理念中，土尔扈特部落的东归，具有划时代的爱国意义。该事件的发生，正是在西方殖民主义肆掠全球的时代，也是沙俄帝国侵略的产物。它有力地说明，清朝政府对于周边国家的和平友好政策，取得了丝路沿线民众的高度认同。清朝政府虽然基于维护自身政权稳定，边境安定，边境民众生活稳定的目的，从而开展和维护边境贸易，但是，其政策给沿路民众带来实惠与利益，成为沿路民众认同和愿意交往的重要内在动力。从陆上西部丝绸之路的实践来看，清朝的国家认同是各民族的大认同，而非某些论调所谓的“满族认同”，是一种超越民族局限，超越地区局限的中华文化认同和国家认同。明清时期丝路贸易得以繁荣昌盛，其内在的动力在于中华民族的和平与友好传统，合理的贸易政策等，从而也赢得各族民众对国家的高度认同。

再次，诚信经营、互惠互利是明清丝路繁荣的重要保障。以乾隆帝为代表的清朝政府，基于自身国力的雄厚，考虑周边部落和民众的生活，始终要求内地商人保证商品质量，重视客户要求，方便丝路沿路民众。此种诚信原则，使得双方的交易得以延续，尽管中间不乏王朝换代、突发事件，但是陆上西部丝绸之路的规模水平和交易文化始终得以发展。特别是边疆地区管理者往往派兵保护贸易，成为丝路贸易发展的重要保障。遗憾的是，随着清代疆域的扩大，凉州为代表的河西走廊日渐成为内地州县，

① 中国第一历史档案馆藏：大学士管陕甘总督黄廷桂，《遵复与哈萨克贸易宜并请于范清洪等内定一员来肃办理交易等事宜》，宫中朱批奏折，乾隆二十二年十一月二十八日，档号：04-01-13-0025-014。

他们扮演着内部运输的传送者角色。

概而言之，明清丝路的振兴跟河西走廊的稳定发展关系十分紧密，伴随国家对西北经略的成功，凉州府为代表的河西走廊战略位置愈显重要，丝路贸易在此发展得到更大的保障，这一点不能为历史研究者所忽视。

（作者单位：中国社会科学院古代史研究所）

经济中心和政治中心的分离

——李约瑟之谜的空间视角

沈厚祺　徐奇渊

本文从空间视角重新考察了李约瑟之谜（又称李约瑟问题）。宋朝后、特别是明代之后，经济中心与政治中心完全分离，这是古代中国最重要的空间禀赋配置变化之一。以两大中心分离作为出发点，同时基于现代经济增长理论、新经济地理学等理论，论述两大中心分离后如何引发经济资源扭曲配置、带来高额的运输成本，进而影响到南方地区工商业的集聚化，最终导致南方经济中心城市集聚减缓、市场区域化、技术发展停滞。尽管政治与经济中心分离是经济角度上的劣解，但无法改变其作为古代中国综合角度的最优解。这也为理解近现代中国的城市化、工业化与市场发展等问题提供了历史视角的解释。

一　引言

关于李约瑟问题，李约瑟在其著作《传统中国的科学》中对其有如下的表述：首先，“为何现代科学，即伽利略时代的‘新的，或者说实验性的’哲学只兴起与欧洲文化，却不见于中国或印度文化呢?”其次，“为何在科学革命前的大约14个世纪中，中国文明在发现自然，并将自然只是造福于人类方面比西方有成效的多?”这个问题自1944年被提出以来，就一直是学术界研究的一个热点，各种解释性假说自成一派，对于问题根源的剖析众说纷纭。除传统的文化、政治官僚体系解释外，还诞生了如技术发明模式论①、高水平均衡陷阱论②、制度假说③小农经济制度内卷论④等新解释。除了文贯中⑤的疆域变化影响论外，这些研究鲜有涉及地理环境因素，地理环境因素作为人类前工业化时期重要的约束条件，很大程度减少了人类进行经济活动的偶然性，其作为影响人类经济活动最为外生的变量，对于解释李约瑟之谜有重大的意义。

因此本文拟以地理环境影响论为视角，从南北两大地理区域的物质地理环境入手，将之与新经济地理学、当代空间政治经济学进行结合，在着重强调地理物质因素的同时，将在这种地理因素之上的城市、区域、国家的发展统合起来看待，尝试将中国经济中心迁移至南方这一中国古代经济史中最重要的地理禀赋变化与李约瑟之谜、中国经济长期停滞在自然经济中联系起来。以经济中心和政治中心的定义为起点，进一步发现在政治、军事因素下中国经济中心迁徙、政治中心和经济中心分离至南北两大地理条件迥异的区域的现实并非中国古代封建社会的经济最优解。在地理环境因素的影响下北方作为政治中心形成一种资源配置的扭曲。首都所处的北方地区的地理禀赋并不能供养其政治中心集聚的人口，这导致了南方经济中心需要在中国古代交通不发达的地理约束下，供养北方额外的经济资源，从而面临着巨大的交通成本和资源损耗。本文研究的重点即在于政治中心和经济中心分离后扭曲的资源配置引发的额外交通成本对中国经济、技术走向近代化起到了怎么样的阻碍作用，最终导致中国古代经济与科技陷入停滞，从而对李约瑟之谜做出部分解释。

本文可能有以下三方面优点：问题视角而言，以往文献几乎没有为中

① Lin, J., "The Needham Puzzle: Why the Indus trial Revolution Did Not originate in China". *Economic Development and Cultural Change*, 1995, 43 (2), 269—292.

② Elvin, M., The Pattern of the Chinese Past. Stanford, ConnMethuen, 1973；姚洋：《高水平陷阱——李约瑟之谜再考察》，《经济研究》2003年第1期。

③ 张宇燕，高程：《海外白银、初始制度条件与东方世界的停滞——关于晚明中国何以“错过”经济起飞历史机遇的猜想》，《经济学（季刊）》2005年第1期；皮建才：《李约瑟之谜的解释：我们到底站在哪里？——与文贯中、张宇燕、艾德荣等商榷》，《经济学（季刊）》2007年第1期。

④ ［美］黄宗智：《长江三角洲的小农家庭与乡村发展》，中华书局1992年版。

⑤ 文贯中：《中国的疆域变化与走出农本社会的冲动——李约瑟之谜的经济地理学解析》，《经济学（季刊）》2005年第1期。

国古代经济中心迁移和李约瑟之谜建立起联系，本文可能首次对此进行阐释。理论应用而言，将现代经济增长理论、新经济地理学等理论应用到中国古代经济问题、李约瑟之谜中，尝试为现代理论和古代问题搭建桥梁，提供一种新的方法思路。现实意义而言，本文的结论最终落脚到明清南方地区工商业失败的集聚化与市场的区域化，这为中国近现代城市化、工业化、国内市场、国内大循环等与之相关的问题提供了历史的解释。

二　经济和政治中心分离的直接影响

政治中心与经济中心的分离对中国经济、科技有怎样的阻滞作用？首先要考虑政治中心与经济中心分离的影响，本文从政治中心的变化、交通成本的变化、经济中心的变化三个角度出发。

（一）政治中心的定义比较明确，即以行政管理为主要职能的城市，城市中设置各级行政管理机构，通常中央政府所在的城市即全国的政治中心

在我国元明清时期，政治中心主要处于北京。北京历史悠久，作为城市的历史可以追溯到 3000 年前。秦汉以来，北京地区一直是中国北方的重镇，其城市地位在成为辽、金、元三个朝代的都城后更是进一步跃升，上升为北方最重要的城市和全国人口最多的城市之一。尤其是元代后，除明初外，北京一直是中国的政治中心。

政治中心位于北京，其考虑的政治、军事因素高于经济因素，这是由中国的地理环境所影响。中国有着大规模的河流冲积平原，地理单元之间不独立，因此有着寻求稳定社会和集中力量对抗外来侵略的需求。这种地理禀赋促使中国长期以来形成了一种大一统的、专制集权统治的路径依赖。因此该政治中心的形成是完全基于军事性和官僚性考虑的。受其政治军事因素制约，政治中心及其影响范围内的经济活动，是为其政治军事目的服务的。这是综合各因素下的最优解，巩固了中华帝国对广大疆土的统治，但其代价是经济资源的扭曲配置。

北京地区的总体地貌、水热条件与此前的中原王朝定都的关中地区、

江南地区等相比均有劣势，在同等生产技术条件下，其人口承载力相比之下也弱于南方地区，但北京作为政治中心后，集聚了庞大的官僚机构和贵族集团以及保卫京城庞大的军事力量，形成庞大的寄食集团，因此北京人口在和平年代，总体呈快速上升趋势。北京人口从 1391 年的 1.1 万快速增长到 1578 年的 45.2 万，至 1781 年北京人口已达 375.4946 万。[①]

北京地区附近的农业生产能力无法供养政治中心集聚作用下快速增长的人口，因此北京地区集聚的庞大的人口必须依靠每年从南方转运而来的粮食为生。史料记载："国家奠鼎幽燕，京都百亿万口抱空腹以待饱于江淮灌输之粟。一日不得则饥，三日不得则不知其所为命……而国家之紧关命脉，全在转运。"[②]

（二）南北经济中心和政治中心的经济关系通过漕运联系，因此因政治中心集聚产生额外经济资源需求而产生的交通成本的变化，最重要还是研究漕运的成本变化，而漕运中最重要的是河运

黄仁宇认为经济角度来说，大运河发挥着命脉的作用，除了首要的谷物外，包括新鲜蔬菜和水果、家禽、纺织品 、木料、文具、瓷器 、漆器——几乎所有中国所产的物品都通过大运河进行输送。[③] 需要强调的是，人工运河的高运输成本是固然存在，而本文研究的是两大中心分离后而改变的成本。

两大中心分离后，北方形成人口的集聚，北方人口密度大幅上升，而北方的农业技术水平不足以满足北方生活需要，从而经常需要从南方运粮；正所谓"赋出天下，而江南居十九。以今观之，浙东西又居江南十九，而苏松常嘉湖五郡，又居两浙十九也。今国家都燕，岁槽江南米四百余万石，以实京师，而此五郡者，几居江西、湖广、南直隶之半。"[④] 这样的情况意味着封建王朝政治中心庞大的消费极度依赖于江南漕粮的北运，运河运输成本的提升在于北方消费需求提升而导致运河地位的提升，运河

① 曹树基：《中国人口史》第四卷《明时期》，复旦大学出版社 2000 年版，第 217、328 页。
② 王在晋：《通漕类编》，万历甲寅年刻本，"序" 第 1—2 页。
③ 黄仁宇：《明代的漕运》，张皓等译，新星出版社 2005 年版，第 15—16 页。
④ 丘浚：《大学衍义补》卷二四，四库备要本，第 20 页。

使用次数增加而增加成本。此外由于政治中心与经济中心分离的距离扩大，元明清时期经济中心与政治中心间的漕运距离几乎三倍于唐宋时期的漕运距离。更远的距离必定意味着更高的成本。

运河地位的提升产生了较高的运输成本主要体现在两个方面，一是维护成本高，由于运河是人工修筑，是对自然的改造，因此维护运河畅通比维护天然河道畅通的成本更高。但为了保证中央政府的运转，政府必须耗费大量人力物力开凿运河、修道路，建仓库等。此外运河的维护还受到自然因素影响，洪武二十四年，黄河决于原武，漫过安山湖，而使会通河淤塞，漕粮北运，由淮入黄河，运至阳武，便须征发山西、河南二处民夫，陆运一百七十里至卫辉，再入卫河，运至北京，劳费甚巨。① 但由于中央政府治黄无策，河官怠职，整治组织未臻制度化，使得运河通航并非顺畅，而漕运是国家命脉之所系，决不可淤塞梗阻，乃投注巨资和民力以保漕运，结果导致国弊民疲。维护成本还涉及庞大的管理成本，由于漕运的重要性，封建王朝为此专门设立了庞杂的管理机构，官司运兵多如牛毛。所载明代督运官员，有总督都御史一员，总兵一员，把总南京、浙江、江北道隶、江南道隶各二员，中都留守司江西、湖广、山东各一员，监兑户部主事二员，儹运御史一员，押运参政一员，理刑部主事一员。此外还有运粮的卫所军，“都燕而后，岁漕四百万石，十有二总领，卫一百四十，旗军十二万六千八百人，轮年值运”②。复杂冗余的漕运管理机构的维护需要大量成本，庞大的运行机构形成的食利阶级损耗了大量的财政资源，提高了古代中央政府维护运河的成本。二是中途损耗的成本，在古代长距离的运输中，漕粮减少是必然的，比如漕船漏水了，搁浅了，倾覆了，或者被冰冻结了，损失就在所难免了。③ 此外，还有人为的因素影响，比如运输的漕军盗用、贪污漕粮，用水浸泡。掺上沙子增加体积、变卖漕船附属物，甚至故意凿沉漕船以获利，④ 这些都使得漕粮经过运输后耗损，此外由于漕粮的农产品属性，中途运输过程中还存在着隐性成本的损耗，新米

① 《明史》卷八五，第 2084 页。

② 黄宗羲：《明夷待访录 · 兵制一》，四库备要本，第 15 页。

③ 黄仁宇：《明代的漕运》，张皓等译，新星出版社 2005 年版，第 93 页。

④ 黄仁宇：《明代的漕运》，张皓等译，新星出版社 2005 年版，第 94 页。

经过半年以上的运输运到北京一概成了老米，许多人根本不愿食用，以至于获得漕米配给的王公贵族、各级官员、八旗子弟等大量以低价出售漕米。千辛万苦运到北京的漕米，其价格仅与北方小米的价格相当，[①] 即漕粮在运输过程中自身价值也在减少。

不能忽视的是，河运的成本受到较高的负外部性因素影响，如腐败因素产生的负外部性，在运河运输中产生了大量的漕弊陋规，在明清时期运河运输地位提升、运输距离增加后，漕弊问题愈加凸显。有"水次陋规"，"卫丁当承运时，有卫官、帮官常例，每船二三两不等，粮道、书办常例，每船四五两 、八九两不等。至府厅书办常例，各有常规，常规之外，又有令箭、牌票 、差礼；漕院、粮道令箭牌一到，每船送五两、十两不等；刑厅票差，每船送一二两不等。其名目则或查名丁，或查粮艘，或查修舱，或查日报，或查开帮，或提头歌，名目数十，难尽枚举"。因此，"船未离次，已费五六十金"。又有"过淮陋规"，"有积歇摊派吏书陋规下投文，过堂种种诸费。往年过淮，每帮潜费五六百或千金不等"。又有所谓"抵通陋规"，更有多种名色，其一为"投文"，其二为"胃役船规"，其三为"过圳"，其四为"交仓"；[②] 古代各级政府对漕粮运费的不断加征及对粮户的搜刮掠夺，导致漕粮运费的负担极为苛重，从财政结构的角度来看，所谓漕弊是各种"浮费"代表的额外财政对于额定财政的空前侵蚀。官府为了便于浮收，往往由土豪劣绅包揽完纳，称之为"包户"。包户"执州县浮勒之短，分州县浮勒之肥"。穷苦农民，即所谓"寡弱之户"，为了逃避官府的浮勒，附托于大户，由大户代为缴纳。然而农民的负担，却并不由此而减少。"刁绅劣监包揽完纳，其零取小户者重，其整交于官仓者微，民诮之曰蝗虫。"[③] 面对严重的腐败现象，政府治理能力有限，部分难以根除的腐败现象甚至只能通过陋规合法化的手段解决；面对沉重的盘剥和赋税，漕讼和抗漕事件层出不穷，政府还需要额外支付平息此类事件的成本。因此河运中的腐败现象增加了民众的赋税压力即生活成本和国家的治

① Lillian M. Li and Alison Dray-Novey, "Guarding Beijing's Food Security in the Qing Dynasty: State, Market, and Police", *The Journal of Asian Studies*, Vol. 58, No. 4 (1999)

② 樊树志：《明清漕运述略》，《学术月刊》1962 年第 10 期。

③ 樊树志：《明清漕运述略》，《学术月刊》1962 年第 10 期。

理成本。

最后还有一点值得讨论的是河运未必是南北经济中心与政治中心的最优解，从经济成本和运输安全方面来考虑，河运远较海运浪费和危险。① 到清代中期，河运成本加上维护运道的费用达白银二千万两以上，超过国家直省所入的半数。这些负担长期转嫁在百姓身上，形成了国穷民困的局面。明清时代，海运技术已非常成熟，并有着丰富的航海实践经验。即使在政府组织的远洋航运停止后，民间商人的沙船业也非常发达。同时漕粮运输本来是可以通过市场手段，花较低的成本由商人来完成的。但政府缺乏市场意识、不尊重市场规律。漕运的话语权始终为利益集团所控制，明清时期漕运占主导地位，而海运被打压，更多是利益集团处于自身利益的抉择而非国家成本的度量。从机会成本角度而言，明清中央政府专注于河运而放弃海运是一种非常不经济的行为，缺乏成本意识。

因此由于历史、地理等因素，运河运输面临极高的成本，而且这种成本不是简单的距离线性增加而增长的成本，而是多因素叠加下的高成本，本文关注的不仅仅是可观测的显性成本，还有隐性的机会成本。上文提及的放弃海运选择河运所产生的额外成本是在两大中心分离假设下产生的机会成本，而如果放弃这个假设，假如两大中心合一，那么大量的交易就不会通过运河运输，而是通过江南丰富的天然水网河道运输，上文提及的多因素叠加的高运输成本就可以避免。

（三）经济中心或称经济重心，在传统经济“农为本”的背景下，农业以及农业中的粮食生产在社会经济结构中始终占有独一无二的地位，因此古代经济重心首先是农业生产重心、粮食生产重心②

中国古代的农业生产重心在北宋至南宋时期基本已完全转移到江南地区，中国经济史研究中的“江南”地区，通常指的是长江三角洲。但是，对于长江三角洲的范围到底有多大，则有狭义和广义之说。狭义的长江三

① 马俊亚：《集团利益与国运衰变——明清漕粮河运及其社会生态后果》，《南京大学学报》2008 年第 2 期。

② 韩茂莉：《中国历史地理十五讲》，北京大学出版社 2015 年版，第 209 页。

角洲是过去界定的“江南”的范围，大体包括东起今天的上海、西北至南京和西南至杭州的三角形地区。而晚近学界和媒体所说的长江三角洲为广义的长江三角洲，包括上海、苏州、杭州、无锡、宁波、南京、南通、绍兴、常州、台州、嘉兴、扬州、镇江、泰州、湖州和舟山 16 个市（直辖市、省级市、地级市），范围比狭义的长江三角洲大得多。①

江南地区水热资源丰富，农业生产能力强大，拥有额外的资源供给能力，从宋代以来，江南一直是中国经济最发达的地区。但江南地区也面临着人多地少、人口总量惊人且流动频繁、人口的急剧增加和膨胀的问题。黄宗智对明初、清中叶和 1932 年的长江三角洲人口与耕地面积做出了相对可靠的估计，江南地区的总人口从明初的 465.4 万增长到了清中叶的 1214.2 万，而耕地总面积则从明初的 1597.7 万亩下降到清中叶的 1118.9 万亩。②

上文讨论的高运输成本，在考虑南方经济中心人口耕地的变化后，可理解为一个简单的动态高成本增长模型。在技术缓慢增长假设下，南方人口的增加：额外的农业供给能力在不断下降。而由于政治中心北移，北方人口快速增长，北京人口密度超过南方地区，也成了人口密集区，这就导致北方额外的资源需求在不断增加，加以长距离的运河运输所消耗的额外高成本，显然在其他条件不变的情况下，随着政治中心与经济中心分隔南北两地时间越久，资源扭曲配置的程度就愈发严重、无谓的资源损耗就越多。

最终从三大部分的变化中，可以得到两大中心分离的最重要的影响之一：两大中心联系的高运输成本动态增加。

三　从高运输成本动态增加到李约瑟问题的传导机制

本文关注的问题是李约瑟的部分解释，最终落脚点在于中国经济和技

① 李伯重：《“江南经济奇迹”的历史基础——新视野中的近代早期江南经济》，《清华大学学报》2011 年第 2 期，第 69 页。

② ［美］黄宗智：《长江三角洲的小农家庭与乡村发展》，中华书局 1992 年版，第 340 页。

术为何停滞，这两个方面实际上是一体两面，换言之，我们关注的是为何中国经济缺乏技术型增长。此处要强调一点，本文并不关注中国为何最终是否会走上资本主义道路或者所谓的英国模式，而是摆脱西方中心论框架、资本主义萌芽论、传统的社会发展五个阶段理论，主要关注为何江南地区停滞在早期工业化阶段，缺乏技术型增长。之所以关注江南地区，是因为地区发展的不平衡性导致作为中国16世纪后的经济中心江南地区是最可能出现技术型增长的地区。下文阐释的是两中心分离后产生的动态增加的高运输成本变化到江南地区经济缺乏技术型增长的传导机制。

在中心分离初期运输成本相对较低状态时，江南地区丰富的自然禀赋使其进入了早期工业化状态。所谓早期工业化，即近代化工业化之前的工业发展，使得工业发展发生在一般所说的工业化之前，也称为工业化前的工业化，它的主要特点一是早期工业化进展较慢，只影响到范围有限的国内工业部门，而且只出现很少的技术突破。二是农业产量、国内交通以及国内贸易，都并未与早期工业化同时并进。① 江南地区的早期工业化还有自身的特点：即超轻结构。江南地区的轻工业非常发达，江南市镇的早期工业化，尤其是在丝织业 、棉织业所达到的水平，是领先于工业革命前的欧洲（包括英国）的，中国江南市镇劳动密集型的手工棉纺织业，以其工艺的精良，使得欧洲国家的手工棉纺织业相形见绌。

但是两中心分离后动态增加的高运输成本使得早期工业化状态的江南地区停滞在早期工业化状态，集聚能力减弱，大中城市发展缓慢，经济载体以市镇为主。所谓市镇，是指明清时期介于县城和村落之间的具有相对独立性的商业实体。② 江南市镇体现了一种初始规模的集聚，具有一定的分工化现象［与明清江南工业有关的社会分工包括两种；一是某一较为复杂的生产过程（如纺织品生产）的各主要工序相互分离，各自成为专业的

① 李伯重：《江南的早期工业化（1550—1850）》，社会科学文献出版社2000年版，第1、13页。

② 任放：《明清长江中游地区的市镇类型》，《中国社会经济史研究》2002年第4期，第1页。

生产部门；另一则是某一手工业生产与农业分离]①。初步的分工使其产品增长以量的增长为主，同时存在一定质的增长。尽管传统观点认为明清时期，中国工业技术处于停滞状态，但实际上明清时期江南地区的工业尤其是轻工业技术还是具有一定的增长，如明清时期的多锭纺车，将劳动率提高一倍，是前工业化时代最先进的生产工具之一。

总之，江南地区市镇经济具有明显的斯密式增长特点，即初步专业化带来的产量增长为主，缺乏大规模技术性增长。因此学界常认为江南地区缺乏库兹涅茨式增长即技术型增长，但是这两种增长模式不应该完全割裂，几乎所有的工业化国家在进入工业化时期时不仅具有明显的库兹涅茨式增长，同时也伴随着明显的斯密式增长。由于斯密式增长的增长源泉在于生产要素的投入和专业化分工，因此斯密式增长的极限取决于市场的容量，大规模的斯密式增长意味着庞大的市场。从需求侧角度而言，简单的投入和分工不能满足庞大的市场需求，只有快速的技术增长，快速的生产率提高带来的供给能力才能匹配相应的市场需求。因此大规模的斯密式增长与库兹涅茨式增长密切相关，库兹涅茨式增长需要大规模的斯密式增长支撑。事实而言江南地区并没有实现大规模的斯密式增长，在两大中心的分离带来动态增加的高运输成本的影响下，在早期运输成本相对不高的状态下，江南地区经济拥有一定规模的集聚和市场，但随着时间推移，江南地区的集聚能力和市场扩张能力就愈发减弱，最终不能形成进一步的集聚，经济分布在大量的市镇中，达到了斯密式增长的极限，并进一步局限于区域性市场。

运输成本对集聚具有重要的影响作用。在传统的经济地理理论里，工业集聚的主要原因是不同区域之间经济地理因素的差异，工业集聚往往会出现在自然资源丰富的区域，但是传统的经济地理学不能解释两个重要的经济现象：一是纯自然条件优越的一些地区不一定能够工业集聚，纯自然条件不那么优越的一些地区却也能实现工业集聚；二是自然禀赋相似的地区的工业集聚表现可能大相径庭。因此传统经济地理理论难以解释自然资

① 许涤新、吴承明：《中国资本主义的萌芽》，《中国资本主义发展史》第一卷，人民出版社 1985 年版，第 393 页。

源丰富、已经迈入早期工业化状态的江南地区为何无法产生工业集聚，为何自然条件相似的英格兰地区却成功发生了工业集聚。而新经济地理学对工业集聚拥有更强的解释力，新经济地理学认为经济发展的空间状态存在多重均衡。在传统经济学中，经济发展状态存在唯一确定的均衡解，这在报酬不变和报酬递减条件下被证明是有效的，但无法解释报酬递增时可出现多种均衡状态的事实。① 克鲁格曼在经济区位研究中引入多重均衡思想，认为在报酬递增的前提下，即使要素禀赋以及技术、偏好等因素相同，现实经济的空间分布状态也会体现出不可预测性、多态均衡性。新经济地理学通过 Dixit 和 Stiglitz② 垄断竞争模型构建了简化的市场结构，并在 Samuelson“冰山”运输成本（即货物价值在运输的过程中逐渐消失，进入运输成本）③ 的基础上，呈现出一幅区域经济演化的图像。它显示了原本在空间上有着均匀产业分布的经济如何形成一个制造业集中于“中心”，而农业分布于“外围”的 CP（Core and Periphery）结构。④ 新经济地理学代表人物克鲁格曼强调由于经济力量的收益递增作用，在地区间交易成本没有大到足以分割市场的条件下，就可能导致工业的集聚。而交易成本中非常重要的一点是运输成本，运输成本在塑造国际贸易和区际贸易中发挥关键作用，而动态增加的高运输成本阻碍了江南地区市场难以持续扩大，进一步集聚失败。

而集聚对于技术增长具有重要的支撑作用，近现代工业化国家的工业化进程中无不带有明显的城市化、集聚化倾向。缺乏集聚能力是江南地区长期停滞在早期工业化状态的重要因素。从现代经济增长的理论中出发。传统经济增长理论将经济增长分为两部分，一部分是可观测的劳动与资本的投入，它们一般而言属于经济量的增长，另一部分属于不可观测因素，

---

① 段学军、虞孝感、陆大道、Josef Nipper：《克鲁格曼的新经济地理研究及其意义》，《地理学报》2010 年第 2 期，第 132 页。

② Dixit，A. K. and J. E. Stiglitz，“Monopolistic Competition and optimum Product Diversity”，*American Economic Review*，67，1977，297－308.

③ Samuelson，P.，The Theory of Public Expenditure，*Review of Economics and Statistics*，36，1954，386－389.

④ Krugman P.，Increasing Returns and Economic Geography，*Journal of political Economy*，1991，99（3）；483－499

经济学将不可观测的增长部分归因于全要素生产率，而全要素生产率通常可被认为技术进步率，它的提高曾与科技进步、人力资本、制度改良等因素密切相关。随着空间经济分析的引入，经济学家认为，不同规模的城市对于技术进步和人力资本提升的影响是不一样的，并最终影响到经济增长。城市规模之所以能够促进经济增长，是通过分享（私人投资和公共投资在生产规模扩大中被分摊）、匹配（不同偏好和技能的消费者和生产者的相互匹配）和学习（人际知识外溢和干中学）这三个机制实现的。① 其中，最为重要的机制是学习机制，它与现代经济增长理论②完好地对接在一起，城市规模成为影响人力资本积累及人力资本回报的重要因素。现代经济增长的源泉，其实只是在一个国家人口规模既定的情况下，改变人口的空间分布，通过人口向大城市的集聚，借助于城市层面的规模经济，产生了对整个国家经济增长的带动作用。在这个意义上，新经济地理学和新增长理论是可以打通的。③ 因此可以说城市提供内生增长的最佳环境。城市化强调更精细的专业化分工，集聚的城市环境会聚集大批的技术型人才和理论型人才，城市也会因此提供便利的交通环境，促进人才间的交流，从而促进进一步的技术创新和理论创新。

很明显，在近现代经济中，城市集聚形成规模是经济发展的重要因素，西方国家在较低的运输成本前提下，实现了集聚化，城市化水平不断提升，经历了一个小城市到大城市再到超大都市群的城市化过程。而动态增加的运输成本，使得江南地区的城市化止步于市镇化，大城市城市化进程停滞，最终只能立足于区域化状态。明清时期江南地区的城市化率可证明江南地区集聚能力的停缓。但对于江南地区的城市化率，由于学界对于明清地区市镇定义不一，因此不能得出一个确切的数字。著名学者加藤

---

① Duranton, G, and D. Puga, "micro-Foundations if Urban Agglomeration Economies", in J. V. Henderson and J. F. Thisse, Ed. (s), *Handbook of Regional and Economics*, North Holland-Elsevier, 2004, 4; 2063 –2117.

② Lucas, R. "on the Mechanics of Economic Development", *Journal of Monetary Economics*, 1988, 22 (1), 3 –42.

③ 陆铭：《城市、区域和国家发展——空间政治经济学的现在与未来》，《经济学（季刊）》，2017 年第 4 期，第 1501 页。

繁[①]、胡如雷[②]、刘石吉[③]等人都提出过不同的定义。[④] 因此不同的学者推导出的明清地区城市化率也不尽相同，如饶济凡估计19世纪中叶中国六大区域的城镇化水平在5.6%—7.1%，江南所在的中东部地区（包括江苏、浙江、安徽三省）的城镇化水平并非最高，仅为6%；浙江和江苏两省分别为6%和7%。施坚雅估计，1840年代和1890年代中国九大区域的城镇化水平分别在4%—7.4%与4.5%—10.6%，江南所处的长江下游地区的城镇化水平在两个时期均为最高。与饶氏和施氏以大区或省为单位的估计不同，刘石吉的估计是以县域为单位的，其估计清初的吴江与清末的常熟、昭文等苏州府三县，城镇化水平分别为35%、19.6%和11.6%。[⑤] 总体而言在大部分的研究中，明清时期的城市化水平偏低，在10%左右。而反观经济中心与政治中心合一的宋朝城市化水平较高，临安地区附近城市化水平在20%左右。[⑥]

通常而言城市等级越高的城市其经济腹地越大，高度集聚化的城市往往占有全国甚至全球市场。而集聚失败的江南地区只能限于区域性市场为主，所以政治中心与经济中心长距离分离的政策是一项不符合理性假设的政策，封建中央政府决策中没有考虑到经济活动的最优区位、最佳的可达性和最低的运输开支因素。因此人口在北方形成违背市场规律的集聚，导致大量交易被迫通过漫长的人工运河运输，甚至还有很大一部分是不合理的赋税净输出。可以设想这样一种情况，经济重心留在南方，那么北方的经济发展会更符合市场规律，北方人口增长率会降低，南方的人口增长率会提高，更多的市场交易会发生在南方，通过南方天然的水网进行商品运输，而非通过耗费大量人力物力的人工运河进行交易，从而节省大量运输成本。根据新经济地理学的观点，地区间的交易成本如果过大，就会分割市场，工业也就难以集聚。低运输成本对集聚有极大地影响，历史上伊利

① ［日］加藤繁：《清代村镇的定期市》，王兴瑞译，《食货》1937年第5卷第1期。
② 胡如雷：《中国封建社会形态研究》，生活·读书·新知三联书店1979年版，第275页。
③ 刘石吉：《明清时代江南地区的专业市镇》（上），《食货》1978年第8卷第6期。
④ 任放：《二十世纪明清市镇经济研究》，《历史研究》，2001年第5期，第172—173页。
⑤ 刘石吉：《明清时代江南市镇研究》，中国社会科学出版社1987年版，第137页。
⑥ 赵冈：《中国城市发展史论集》，新星出版社2006年版，第161页。

运河的开通，将五大湖区的丰富资源和纽约天然良港禀赋以较低成本联系起来，使纽约地区一跃集聚成为美国乃至世界最繁华的大都会，同样是依靠河运，中美两个地区的命运却截然相反，其本质是因为伊利运河运行的背后是市场化的目的，尽管修筑运河成本高昂，但是却能将局限于五大湖地区、运输成本高的产品的市场以较低成本的方式运输到全世界，运河修筑、运输、维护、管理的成本被扩大销量的盈利所分担，因此该地区最终形成强大的集聚效应，充分享受集聚带来的递增的规模效应，城市内部的分工被细化、城市外溢效应明显，美国也成为20世纪科技创新能力最强、经济增长能力最强的国家；中国广阔的国土形成庞大的国内市场，可以说拥有不输于西方地理大发现后世界市场规模的潜力，如果江南地区集聚成功且充分利用国内市场腹地，理论上同样可以享受城市集聚外溢的技术、人力资本效应，实现生产能力量与质的飞跃，但京杭运河的背后的是非市场化的目的，运输成本被大量非市场化的因素所拉高，导致繁盛一时的江南地区的早期工业化长期停留在一个区域化的分割市场，尽管不乏史料记载江南产品畅销全国乃至海外，如江南地区的纺织品衣被天下，但是本质而言江南地区的市场仍然是区域性市场，销售的产品并没有改变销售地区的产品结构、生产结构，换言之，对于广大内陆市场而言江南的产品只是可有可无的补偿，鸦片战争后西方产品得以快速冲击中国内陆市场生产、消费结构，并瓦解内陆自然经济体系的重要原因在于西方工业中心集聚后工业部门拥有庞大的产量且拥有生产优质工业品的技术，而当时早期工业化状态下的江南的产品的产量和质量都难以对广大的内陆市场的消费、生产结构产生质的影响，因此江南地区工业品市场仍然是以区域性市场为主。

集聚化失败后江南地区工业难以形成规模经济和更进一步的分工，生产能力也无法进一步扩大，技术创新停滞不前。其主要市场依旧是区域化的，全国的工商业产品需求依旧停留在自给自足为主的阶段，江南地区工商业的产能基本满足了区域化市场的供需均衡，因此也缺少了技术创新的需求，其产能自然长期停留在较低水平。陷入生产能力不足→全国市场开拓需求小→技术创新需求小→生产能力不足的循环中，中国古代经济最终停留在低技术、区域性市场的自然经济状态中，无法进一步近代化。西方借助全球市场积累的庞大资本，只需要几十年的扩大再生产，便拥有了与封建体制抗衡的实力。与之相比中国江南地区的资本实力增长缓慢，商业势力先天不足，还极易受到种种天灾人祸的打击，最终只能成为自然经济的附庸，无法转变为现代经济，逐渐落后于西方。

因此整个传导机制就是动态提升的高运输成本影响下，早期工业化的江南地区只能处于低水平的集聚。这导致江南地区无法享受进一步集聚带来的规模效应和外溢效应，同时江南地区无法进一步扩大市场，只能停留在区域性市场，缺乏庞大市场带来的需求侧动力，因此江南地区只能实现一定水平的斯密式增长，而难以跨越到库兹涅茨式增长为主即技术型增长为主的阶段。

四　空间解释的现实意义

在如何看待南北政治中心和经济中心的分离使得明清时期中国无法形成近代经济以及如何看待李约瑟问题时，地理空间视角成为一个重要的影响因素。南北经济中心和政治中心的分离产生的对经济资源种种的扭曲配置成为阻碍中国经济步入近代化道路的重要因素。但是结合当时的历史条件而言，政治中心位于北方，对于全国的政治稳定、军事安全具有极为重要的意义，是维持古代中国多民族统一国家统治的重要因素。经济上尽管中心分离阻碍了中国经济的近代化，但其对古代中国自然经济并没有大的损害，维持自然经济是古代中央政府的首要经济政策，而经济近代化反而会破坏古代中央政府的经济根基。因此从综合角度而言两大中心分离是一种最优解，是古代中央政府维持统治的最优决策，这也是古代中国中央政府为谋求长期统治难以改变的策略，我们从经济角度上做出的理论阐释只能起到李约瑟问题的解释作用，而难以改变这一状况。

尽管本文以历史解释为主，但是两大中心分离的解释与推论仍然有一定的现实意义，一是江南地区长期以市镇载体为主，本文着重讨论了其缺点，但事实上市镇发展模式具有优缺点，应该持一个动态的观点去思考，明清初期，市镇经济对江南地区的早期工业化有重要的推动作用，但随着时间的推移，其从某种角度妨碍了江南经济的进一步集聚。改革开放初期，我国苏南地区城镇凋敝，费孝通先生十分重视这一问题，并发表《小城镇 大问题》一文，强调小城镇和乡镇企业的发展，随后形成的“苏南模式”推动了苏南地区几十年来的发展。但如今苏南地区经济近代化以乡镇企业为主，其省会南京的首位度长期偏低，对其发展上限有一定的负面影响，对人才、资本的吸引力也有一定程度的削弱。因此为了实现高质量发展，应该提升苏南地区集聚力，提升省会的首位度。二是作为经济中心的江南地区仍以区域性市场为主，导致长期以来庞大的国内市场没有得到很好的联系，国内市场的交流依旧存在很大的运输成本和交易成本，国内市场的潜力没有被充分挖掘，因此畅通国内大循环在未来的发展中显得尤为重要。

最后需要强调的是：关于古代问题的解释并不适用于现代。在外力冲击的背景下，随着中国近现代化的发展，南北间交通成本快速下降，科技的进一步发展使得这种资源扭度的影响不断下降，北方的政治中心的经济实力大幅提升、南方也出现强大的经济集聚中心——上海。在多种禀赋条件改变的情况下，现代中国政治中心和经济中心虽仍然处于分离状态，但与古代中国陷入的困境相去甚远，在交通成本下降后，在相隔千里的地方各自形成两个经济实力较强的中心，无论从经济、地理或是其他角度而言都是一种明智的选择。

（作者单位：中国社会科学院大学经济学院，
中国社会科学院世界经济与政治研究所）

张居正身后遽遭王世贞“反噬”研究

陈礼荣

明朝万历年间，王世贞与张居正是两个引人瞩目的历史人物：一个为执掌牛耳二十年的文坛盟主，一个为万历朝前期主政十年的内阁首辅；因为他们对当时社会风潮产生过较大影响，所以曾有多位方家对二者的复杂关系进行过论证、阐释。[①]

本文试图通过此前一向为他人所忽略、且仅现于书画品鉴领域的相关史料，结合相关文献，尤其以王世贞所撰《嘉靖以来首辅传》（以下简称《首辅传》）“明刻本”与“茅本”在刊刻时间及内容差异为切入口，予以深入辨析，发现横亘在二人间、并最终造成王于张身后采用“隔空”反噬的冲突起因，乃系一部珍稀藏品《怀素千文》；继而勘证出两者之间复杂纠葛的原因。据此，认为这两位人物之间的矛盾症结，实际上折射出中国儒学道统在人文教化方面，所存在的伦理困境，和深层结构性冲突。

王世贞与张居正年岁相当，又于幼年时皆获“神童”美誉；进入仕途后，又都同居京华，定交时久。后来，因缘际会，二人自中年后即分道扬镳：一个宦海浮沉，世路蹭蹬、屡遭颠仆但却著作等身，清名远播，成为主持天下文坛的盟主；一个因长期置身于翰林清流，少受官场陋习薰染，得以悉心深研国务，后骤获擢拔，遂跻身显贵，并以两朝帝师之尊崇身分

① 见孙卫国《16 世纪两类士大夫的代表：文人王世贞与相臣张居正》，该文于题释中指出：“学术界对于王世贞和相臣张居正的专题研究可谓汗牛充栋……王世贞与张居正属于两类不同的士大夫，他们的命运正可谓同一代人的缩影”，载常建华主编《中国社会历史评论》第 6 卷，天津古籍出版社 2006 年版，第 187 页。

而主首揆，且因皇帝年幼而“委政受成”（梁启超语），主持政局。后来，二者之间虽身份殊异，但均顾念旧情，三十来年音书未绝，其间虽偶有龃龉，或亦每存诘难，然而都能坦诚相待。《张居正集》中可见其复王世贞15封信函，仅于信中之称谓、语气与措辞等方面看，可知二人维持大半辈子交游行谊的情意风致，堪称世间“知己”。

世事难料，当张居正去世后，明神宗朱翊钧为尽快地从其阴影下走出来，翌年三月，便急不可待地“夺张居正上柱国、太师兼太子太师”；① 继至八月，又“追夺故相张居正谥”；万历十二年（1584年）的四月，对其遗属采取处以反逆重罪的举措、“籍没”了荆州张家；其长子敬修自杀、三子懋修两次自杀未遂，弟居易和次子张嗣修充军……恰如时任东阁大学士、礼部尚书于慎行所言，“举朝争索其罪，而不敢言其功”②。

当时，王世贞起初尚能一度公开宣称“予心服江陵之功，而口不敢言，以世所曹恶也”③ 云云，其风骨颇似极具史家气概，甚至让后人对之屡屡称颂，敬服备至。

以王世贞之立身处事的惯常作派而论，出于对万历前十年“予心服江陵之功”的初心，也不宜在张居正之身后的评价方面，予以过分地苛严诘责。然而，在万历十八年（1590年），王世贞行将就木之时，竟以一部尚未完篇的旧作《三朝首辅录》④ 为底本，匆匆完成一部八卷本的《首辅传》，居然从根本上否定了这位已成历史人物的旧日故友。

当王世贞去世后，《首辅传》始在坊间发行传播。读者发现，此书但凡于语涉张居正之生平史迹处，皆命意苛厉，用语刻薄，而尤其是在对张之所谓闺闱秘闻、床第亵事等一类性事淫逸的情节，均津津乐道；而因为二人先前交往既久，其后又恩怨纠结，故使之备受关注，乃至在数百年间往往为稗官野史、笔记小品、民间传说，甚至学术专著等传播媒体视为

① 相继见《明神宗实录》，卷一三五，“甲申”条；卷一四〇，“戊午”条。

② 于慎行：《论张江陵籍没书》，李诩：《戒庵老人漫笔》，中华书局1982年版，第325页。

③ 沈德符：《万历野获编·汪南溟文》（中册），中华书局1959年版，第630页。

④ 参见陈文烛《弇山堂别集序》，其全句为：“余习元美，尝窃窥其青箱，则尚有《园识小录》、《三朝首辅录》、《觚不觚录》、《权幸录》、《朝野异闻》，此枕中之秘，尚不以示人也。”转引自杨翼骧编著《增订中国史学史资料编年》（元明卷），商务印书馆2013年版，第372页。

“信史”而反复征引；时至今日，仍在扩散传播，成为张居正身后屡遭诟病的重要依据。

王世贞毕生以史才自许，特别是于其身后所留有卷帙浩繁的皇皇巨著，于有明一朝之史实考证，贡献尤丰，其诸多精审之处，每令后世治史者叹为观止，乃至连明清易代之际享有“浙东四大史家”之一美誉的查继佐在《惟罪录》中，也曾为之发出由衷赞叹：“凤洲，良史才也，所指顾可以但为南面。”①

作为《首辅传》的撰著人，王世贞尽管拥有“著成百二十万言”（王世贞《九友斋十歌・其九》）的超卓劳绩与超凡功力，然而，在面对张居正这样既为故友、且又为明神宗朱翊钧所彻底清算过的前任首辅时，就算其想要为之撰述史传、而下笔时的分寸亦有极难衡定的苦处，但他也不宜率尔操觚而行此下策。

自《首辅传》刻印行世后，不过数十年间，大明王朝便发生了一系列重大变故：先是，明神宗朱翊钧因倦勤怠政，朝纲废弛，接着是文官集团党争日甚，内忧外患，故祸患旋踵而至；然后，辽东女真迅即崛起，猛叩蓟辽，国内民变风云突变，中原糜烂……天启、崇祯年间，张居正虽沉冤大白，但国是日非，终不可为。随着明清易代，天下鼎革，清朝官修《明史》虽历经三朝，耗时几近百年，但由于种种原因，其《张居正传》及相关篇什，虽也对张氏其人多有褒赞，但其述史调门，却不能不受《首辅传》所广为传播而留下的负面的影响。

总之，后世史家联系到二者之间的恩怨纠葛，也曾对此聚讼不休，但皆因张在执政期间一向主张强化“阁权”、且又久被冠之以“权臣”恶谥，而王则因屡遭罢官而愈显相对弱势；由此导致史论中于王则难免多有偏袒之词；有的论者还从反封建、反专制的近现代理念出发，将张、王之间的纠纷争斗，视之为权臣“反智”的例证。②

只是人们大多未留心这一事实：当王世贞在张居正身后对这位旧时老友采取痛加挞伐的手段，并站在道德的高度其对予以重创之时，张早已被

① 查继佐：《罪惟录・王倬（子忬、孙世贞）传》，浙江古籍出版社1986年版，第2383页。
② 郭宝平：《当权不过如此》，时代文艺出版社2009年版，第180页。

明神宗朱翊钧在政治上、经济上进行过彻底的清算；而当张居正在明季天启、崇祯两朝相继得获平反昭雪、恢复名誉之后，那些被皇帝所强加在他头上的定罪谳词，即已早被基本澄清；反倒是为其旧时故友的王世贞，通过在《首辅传》里的描述，而横加施给的精神鞭笞及道德诋毁，却始终未可磨灭；时至今日，仍被学界人士视作研究明史，尤其是明朝中后期社会史不可或缺的一部重要史料。①

常言道，冰冻三尺，非一日之寒。王世贞以如此决绝的态度，置往时与张居正在数十年间结下的交游行谊于不顾，不惜以“隔空”重击的手段，来昭示与其公开决裂的立场，那么，横亘于他们二者之间的矛盾纠葛究竟是什么？在此，本文谨采用追根溯源的手法，觅迹辨踪，且试作探析，以期廓清重重迷雾，并就教于方家。

一　王世贞“反噬”张居正的起因

在《张居正集》中，收录有当事人自隆庆六年（1572 年）到万历九年（1581 年）、近十年间回复王世贞的信函，共计为十五通。其最后一通，由于此前无法得见王世贞的相应来信，而又短绌于缺乏其他旁证材料，故往往为后世研究者所忽略。殊不知，正是在这封信中，竟暗寓着当张身殁之后、王竟与其作最终彻底交恶之举的有关隐秘。其文曰：

① 2021 年 5 月 23 日下午，受河南天一文化和孔学堂书局的邀请，北京大学中文系教授、长江学者特聘教授廖可斌先生在郑州“天一文化讲坛”作《由古典文学走进明清两代的世貌人心》主题讲演。在讲座的第二部分《中晚明文学对世貌人心的反映》的第 4 小节《情欲、物欲崇拜》内，主讲人于 PPT 课件中写了张居止、戚继光、谭纶等三位历史人物的名字。由此似可看出，当研究者在考察明代中晚期的“世貌人心”时，在对“情欲、物欲崇拜”课题的研究中，之所会注目于张、戚、谭三人，显然是自王世贞所撰著的《嘉靖以来首辅传》中采纳到历史的依据；其文曰：“天子谓居正运筹功多，居正益重戚。继光者，亦东南良将也。既移镇蓟门，多挟南兵，而北人嫉之，继光惧。而是时兵部尚书谭纶与继光以财通，纶善用女术，颇干居正。居正试之，而验，则益厚纶，以示宠。继光乃时时购千金姬进之居正。且他所摹画多得居正意，以是事与之商确，诸督抚大臣惟继光所择，欲为不利继光者，即为之徙去。”见载于王世贞《嘉靖以来首辅传》，《钦定四库全书》影印本，史部七，传记类三，上海古籍出版社 2003 年版，第 452 册，第 512 页。据网络新闻显示，本届讲坛吸引到 200 多位现场听众，同时在百姓文化云、郑州文旅云、哔哩哔哩百家号、天眼新闻、顶端新闻、猛犸新闻等网络平台进行同步直播，逾 35 万人线上观看。

曾见藏真绢本《千文》，或云楮本者更佳，于邺架借观之。辱不吝专遣寄示，骊珠颗颗，璀璨夺目。绢本虽晚笔，神彩要不逮也……寓目自足，何必夺为己有。展玩毕，即以归之。烦好为将护，以嘱来使矣。而使信至三，坚以见遗。因思神物，恐为风雨所妒，什袭而藏之，即不佞亦暂为师主此物也。①

这封信的大意，似不难猜度，概括说来，也就是王曾派人给张送了一件世间珍稀的真绢本《千文》法帖（由史称“草圣”的唐代僧人书法家怀素所书）；张在品鉴过后，本打算原物归还，而王却又屡派信使，再三来函，坚称务必要将此物留下；张自忖此为“神物”，担心其“为风雨所妒”，乃姑且“什袭而藏之”，允作代为暂时保管——对此，恰如湖北人民出版社于1994年出版发行《张居正集》、曾于第二册“书牍十五”之《答廉宪王凤洲·十五》的注释中所说的那样，张居正最后确实“半推半就地表示了接受”。②

时隔未久、亦即未过三年，荆州张家便惨遭“籍没”惨剧，这件“真绢本《千文》”就随同张氏的全族家产，被太监张诚等装箱登程，悉数抬入官廷，充盈了皇室的内府库藏。

关于此“真绢本《千文》”的损失，对王世贞而言到底意味着什么？由于他在张居正事发之后悉数抽毁了此前写给张之信函的全部底稿，故不得而知。幸而在太仓王家，王世贞与其弟世懋平素皆秉承家学，自幼即精于收藏，再加上二人成年后每于宦游之余，相聚时均无话不谈，堪称心心相印，故在此不妨借用王世懋的原话，来试窥王世贞的心声。

王世懋在宋人名画《雪江归棹图》后题写的跋语中，有段话曾表达了他对名家书画收藏的由衷感慨；其文曰，“持赠贵人，士节所系，有死不

① 张居正：《答廉宪王凤洲·十五》，张舜徽主编：《张居正集》第二册，书牍十五，湖北人民出版社1994年版，第1249页。

② 张居正：《答廉宪王凤洲九》，张舜徽主编：《张居正集》第二册，书牍十五，湖北人民出版社1994年版，第1237页。

能”① 云云，概系因其家藏有文玩珍宝、而招人忌恨，故时常为之顿生易于惹祸遭灾之喟叹。依此而论，对此“真绢本《千文》”的最终归属，于王世贞来说，虽说不算大事；但因张居正或为其旧年故友，但毕竟是当朝首辅，兹因事涉苞苴，而难避“持赠贵人”之嫌；故惟其事可行，而不可言。否则，事关名节，那便“有死不能”，故他不得不对此真绢本《千文》之事，讳莫如深。

不料在与王世贞同处江南文化圈的士人中，有位浙江余姚的孙鑛，竟于有意无意间，将此事一下给捅了出来。江南一带多阀阅世家，民间藏有许多前人墨宝，故士人们在时常雅集会文、而又酒酣耳热之际，便往往视品鉴前人书画为一大雅趣。王世贞的见识既广，更兼才华过人，且本人又精于品鉴；或见有破家之族不肖子弟执以求售的珍稀藏品，他都会不吝掷以重金当即收购；或有友人偶于坊间寻访，购得真迹后，特地携至登门求教，他也乐而论道，欣然题跋……而但凡由他鉴赏过的传世书画，往往是一经品题，即几乎于顷刻间皆身价自增，再加上他久执文坛之牛耳，声望显赫，故在当年似可称冠绝一时。

然而，这孙鑛却对其颇不以为然，凡是见到有王世贞题跋过的书画珍品，他均找来一一过目，并再作品赏，还另加跋语。时间一长，其积稿居然也几近盈尺；然后遂将其文汇刻成书，概因此书的内容，系为在王的原跋之后、再又作跋，且又将二人跋语一一并列，以资存照，故题其名为《书画跋跋》。如这般书画品鉴、跋之再跋的一种专著，因其于无形中反倒给读者鉴赏书画提供出不同的视角，故一经面世，竟洛阳纸贵，不胫而走。由此，竟成就了中国古代书画史上一桩绝无仅有的佳话。正是在这部专业色彩较显浓厚的特殊著述中，孙鑛却借助于书中一则题为“《怀素千文》”的词条，于猝然间爆出了一个冷门。

> 其文曰：《怀素千文》王氏跋二。首跋云：“藏真此卷，欧阳文忠公家物，后有跋语，与《集古》、《金石录》所载同；内缺百四十一

① 刘九庵：《有关〈清明上河图〉的一通明人尺牍》；转录自辽宁省博物馆编《〈清明上河图〉研究文献汇编》，万卷出版公司 2007 年版，第 87 页。

字，文徵仲太史手补之，亦仅虎贲之似耳。”……此帖在文忠公家。

宗室家《怀素千文》王氏跋。二：“余家有怀素千文真迹，仅九百字；今得豫章宗侯所藏绢素《千文》，闻之，圆熟丰美，又自具一种姿态。”①

说来，在江南一带簪缨望族中，余姚孙氏毫不亚于太仓王氏，甚至有过之而无不及：孙鑛的祖父孙燧为正德年间的右副都御史江西巡抚，因其曾领头举报宁王朱宸濠意图谋反的弥天大罪，故在他遇害之后，受到朝廷旌表追封，颁赐为礼部尚书。孙鑛的父亲孙升为明嘉靖十四年（1535）乙未科会试的“榜眼”，曾授翰林院编修、升国子监祭酒，且实授南京礼部尚书。孙鑛本人不单家学渊源，更兼才具过人，早在万历二年（1574）便以殿试二甲第四名而进士及第，且其兄弟几个如孙鑨、孙铤、孙錝等，均早登科甲，位列朝堂，为一时显宦。

说到为孙鑛所提及的传世珍品“《怀素千文》”，到了明朝中晚期，其市场价值更是不同凡响；在《书画跋跋》这一词条的文尾，乃以看似漫不经心的语气，另外宕开一笔，写道：

此帖据（王）跋似亦疑其伪，然俗亦有佳有不佳；杨二山太宰雅好书画，每向飞凫人曰：有假者持来，我买，真迹价重，我不能买。然往往亦得佳者。②

这段话初看起来，像是在叙说一则语涉时人的轶闻趣事，但若作深入辨析，便可探知其中似乎别寓深意于其间：其时，由于《怀素千文》在书画古玩市场中的行情持续上涨，哪怕是其摹本，售价亦令人咋舌。杨二山，本名杨巍，是万历一朝之元老重臣。他为嘉靖二十九年（1550）庚戌科进士，居官二十多年，由地方督抚直升至中枢要员；曾以兵部侍郎迁吏

① 孙鑛：《书画跋跋》，卢辅圣主编，《中国书画全书》，第3册，上海书画出版社1993版，第933页。

② 孙鑛：《书画跋跋》，卢辅圣主编，《中国书画全书》，第3册，上海书画出版社1993版，第933页。

部（其权位略高于前者），再升吏部尚书（亦即“太宰”）。像他这样品级身份之人因《怀素千文》，居然还会跟“飞凫人”（文物贩子）作交涉，由此可见这件珍品的价值之昂！

从年龄上看，说来孙鑛与王世贞相隔将近差为一代人。对这位前辈尊长，孙何以会在此书中调谑如斯？其心机似颇有耐人寻味之处。然而，在缘自孙鑛《书画跋跋》内所录引王之原跋中，至少寓有两点不容忽略的明确信息：其一，为王世贞所收藏的“《怀素千文》”无疑是两件，一为纸本，实乃太仓王家祖上所传——它曾由宋代文苑巨擘欧阳修所珍藏、且经前辈翰林学士文徵明补缀“百四十一字”，至为珍贵；其二，也就是王跋中所称之“今得豫章宗侯所藏绢素千文”，其显然为其本人自江西“豫章宗侯”的流散藏品中寻觅所得。

结合张居正在书牍中显示的内容可知，孙鑛乃将原本该是出自于江西豫章郡王府的“真绢本”去处，误植到太仓王氏祖传之“楮本”上去了；据此似可断定，孙鑛所披露此事的消息来源，却也并不十分准确。可是，无论如何，堪称稀世珍宝的王家两件《怀素千文》，居然有一件“在文忠公家”…… 基本证明了王世贞和这件事有一定关系。

至于《书画跋跋》记载此事的具体时间，似可推断至少是在张居正逝世后、且又于万历十二年（1584 年）八月张之谥号被“追夺”之前。

因为，张居正的“文忠”谥称，终万历一朝，其存世时间不过刚逾一年。因其事涉朝廷规制，而在“举朝争索其罪，而不敢言其功”的条件下，孙鑛身为朝廷命官自然含糊不得；总之当张居正身后，原先为其所享有的一切褒赞敬语，诸如元辅张先生、张少师等，均被一风吹过，顶多只不过仅保留“江陵”“叔大”之类的代称。此为大事，几乎无人敢有半点差池。那么，问题出来了：为什么王氏兄弟既是秉承有“持赠贵人，士节所系，有死不能”的执着理念，那么对此《怀素千文》，王世贞何以会对张居正要“使信至三，坚以见遗”呢？

二　王世贞“反噬”张居正的过程和影响

孙鑛似于有意无意间在《书画跋跋》中，披露太仓王家《怀素千文》

有一件“在文忠公家”之事，对王世贞而言，不啻炸响了一道霹雳。由此，令其不得不下定决心，一定得在生前采用属于他自己的方式，就此事对天下后世做出一个必要的明确交代。

然而，以王世贞的精明聪慧，及其多年的官场历练，他总不致落到想去找孙鑛本人澄清事实的地步。为着堵住他人口舌，他自然会挑选无论作何举止，均莫过于彻底撇清、并完全了断与张居正关系的方式。

于是，王世贞由忿生恨，即刻便从箧珍秘藏中捡出原已动笔、但尚未最终完篇的“枕中之秘”《三朝首辅录》，特予改写，并再作补缀，加紧使之杀青完篇。最终，他以这部约八万字篇幅的《首辅传》传诸后世，并使之在自己临近辞别人世前完成，了此夙愿！

万历十八年（1590），王世贞溘然而逝。在他身后，其家人子弟也知道《首辅传》究竟于时政干碍太甚，由此格外慎重，并未及时公开刊布。而坊间亦一向认为，此书直到万历四十五年（1617），才由其隔代弟子、归安（今浙江吴兴）籍士人茅元仪刊刻问世，公开发行。

在王世贞的仕宦生涯中，迭遭颠覆，屡逢坎坷。他承受过太多的折腾，更兼之其在家闲居的年份过长，难免时时于心中揣摩圆融处世之道；久而久之他就养成一种对他人、对友朋等表面上热络亲善，暗地里却别有一副心肠的阴晦心理。但是，为着维护其文坛盟主的声望与威权，他对有些既为本心所厌、而又不得不与之相与委蛇之人，往往都会巧作周旋。如对南直隶嘉定籍在家乡宦、前礼部尚书徐学谟，即为如此：二人经历相仿，又都热爱文学，尤其是皆息影家园后，双方便时有诗文酬酢，互作唱答；更兼嘉定与太仓同属苏州府，且两地之间仅隔一个长江口、而崇明岛又便利于相互往还。所以，两人至晚年后便过从甚密。

事实上，王世贞对徐学谟却始终腹诽不已：他尤为忌恨者，是徐出任过礼部尚书这一要职。王世贞认为，徐之所能出人意料地超迁此职，全系张居正违制所为，故乃于《首辅传》中不惜词费：“自成（化）、弘（治）后百余年来，礼部尚书必翰林擢；嘉靖之初，上以席书言《大礼》当，意由他曹特迁，言路攻之十余疏不止，学谟自刑部擢，亡敢出一语者，人谓：居正威在世宗上矣。”① 这段话，看起来是在谈万历前期的庙堂掌故，但实际上却在痛批张居正：因为徐学谟此前并无翰林院的履职阅历，而张对徐的提拔乃是私心自用，其意在答谢徐在湖广、荆州一带任职期间，对张家曾给予种种关照与眷顾等。

王世贞认定，张居正擅作此举，既有破坏朝廷规制的一面，又有钳制言路、为所欲为的一面；特别是其书中所说的那一句“居正威在世宗上”，其影射锋芒，甚至直指当时那至高无上的皇室威权。

正是由于徐学谟跟张居正搅到一起，那么当这位嘉定老友出现在《首辅传》中时，其个人形象便发生了较为引人瞩目的错位现象：每有外地文友来太仓探访王世贞，徐学谟都会亲自陪同前往太仓，在王氏“弇山堂”诗酒流连，甚至往往作竟夕之谈；然后，众人顺道南下，再到徐氏“归有园”宴饮雅集，欢会晤谈。由此，在二人身后各自留下的诗文集中，双方酬酢唱和的诗文屡见不鲜。其中，既可见王对徐礼数周全，恭谨有加；而徐待王，亦谦和敬重，悉心礼让。在徐学谟的传世文集《归有园稿》中，甚至还收录有一篇《弇州公像赞》，文中吟颂道：“能含圭璧之章，洞乎其中；莹以澈也，如呈日月之光。”鉴于《首辅传》至徐去世后才刊刻问世，故徐始终都不知道自己在这部书中的形象，竟会那样矫情、诡诈。

前番，有青年学人刘霞博士留意到王世贞与徐学谟之间所存在如此太过明显的错位现象，于是经过悉心比照，深入研究，她撰写《〈嘉靖以来首辅传〉的最早版本及徐学谟形象之辩诬》一文，公诸于世。文章首先陈述作者此前曾通过向老一辈学者请益受教，从版本学的角度，认定现为上海市图书馆和复旦大学图书馆所庋藏的“明刻本”《首辅传》，当早于由茅元仪所主持刊刻的同一部书；其成书时间，应在万历二十年左右。其次，再经比照研究，她遂以“均关涉申时行与徐学谟的品行”为切入口，作深入辨析，发现此书但凡涉及徐的地方，诸如其卷五《徐阶传》、卷七《张居正传》，而尤其侧重于卷八《申时行传》等，于其同一部书的两个版本，

① 王世贞：《嘉靖以来首辅传》，文渊阁《四库全书》，上海古籍出版社 2003 年版，第 452 册，第 512 页。

则差异明显："茅本对二人多有诋毁之语，而明刻本则无过激之词。"[①]

至于在对待徐学谟的态度上，这一先一后、相继刊刻问世的《首辅传》，何以会出现如此明显的内容错位现象？明眼人自当可知：毕竟徐为明季嘉定籍的著名乡贤，而"明刻本"倘或在其书版自开雕之初，即认为此书对徐的贬损过重，而又力图予以扶正，对原稿有所窜改；那么，出现于天下后世的这同一部书，在这一点上互为错落，就不足为奇了。

由此不难看出，在史德与治史心术方面，王世贞确实存在有明显地亏欠之处。联系到王氏于该书曾妄称"继光时时购千金姬以进之居正"之说，那么，此事在当年便极为招惹非议。比如，早在明清易代之际，便有谈迁在《国榷》中即已提出驳诘："江陵能尽人之才，置戚氏蓟、永间，国家殆无北顾之忧；非戚将军附江陵也，江陵自重将军耳。"[②]

综览《首辅传》全编，即可发现王世贞撰著的这部书，虽然相继写到明季中后期世宗、穆宗、神宗等三朝，且涉及于杨廷和、蒋冕、毛纪、费宏，杨一清、张孚敬、李时、夏言、翟銮、严嵩，徐阶、李春芳、高拱、张居正等十四位当朝重臣，及其各自于任职期间的执政状况，并"间以他人事迹，附之于当时国事是非及诸臣贤不肖、进退之故"[③] 等诸多内容；那么这便不难解释，在全书共八卷、总计7.5万余字的情形下，而何以会让张居正一人即独占两卷（申时行小张居正整十岁，自嘉靖四十一年始进士及第，且于万历六年才在张即回江陵老家葬父的临行前，举荐其与马自强入阁参预机务；故此书于卷八《申时行卷》中，除申本人、包括同期阁臣张四维及吕调阳等外，主要篇幅均皆用于突出写张居正）、而乃至独据全书约六分之一之容量的这个基本事实？

王世贞于《首辅传》采用如此之多的篇幅来写张居正，实际上是另有所图：书中所叙之事，凡属史有明载、且又是被王世贞包含于其此前所称

① 刘霞：《〈嘉靖以来首辅传〉的最早版本及徐学谟形象之辩诬》，《宁夏师范学院学报》2013年第5期，第5页。

② 谈迁：《国榷》卷七二，万历十一年二月，缪振鹏：《明朝三帝秘录》，作家出版社2010年版，第198页。

③ 纪昀等撰：《钦定四库全书提要》；王世贞：《嘉靖以来首辅传》，文渊阁《四库全书》，上海古籍出版社2003年版，第452册，第421—422页。

“心服江陵之功”的范围内者，大多还能说得过去；而为王所刻意采录，甚至还有语涉张居正床第秘闻之类的那些事涉淫逸的段落或片断，即有不少便为其通过采用以假参真、凭空捏造、妄自蠡测等手法而附加上去的。在此，因论题所限、未便一一罗列举证，仅以前文所述其叙及戚继光与张居正关系之一例，即似可略正视听。

事实上，早在王世贞中青年时代，当年声名显赫的政界耆宿、松江籍前首辅徐阶就曾一眼看穿此人，乃至一言以蔽之，断言他：“此君他日必操史权，能以毛锥杀人。”①

如此说来，难怪清朝肇自开国，迄于雍（正）、乾（隆）而曾先后三度搭班子，耗费九十多年所修纂的《明史》，尽管自王世贞的史学著述中取材多多，获益匪浅，但仍于其本传的结尾处，竟较为严正地称他，“其所去取，颇以好恶为高下。”②

三 《张太岳先生文集》里的线索

清季学人纪昀等撰著《钦定四库全书提要》，在评价王世贞时，曾称“世贞以史学自任，多所撰述”③。然而，终其一生，他未能备位兰台，修纂国史，而其所撰著虽谓闳富，但仍未脱离“私人述史”之窠臼。对此，《明史》曾有记叙曰：“张居正枋国，以世贞同年生，有意引之，世贞不甚亲附。所部荆州地震，引京房占，谓臣道太盛，坤维不宁，用以讽居正。居正妇弟辱江陵令，世贞论奏不少贷。居正积不能堪，会引南京大理寺卿，为给事中杨节所劾，即取旨罢之。”④

关于对王世贞处之以所谓“引南京大理寺卿”之事，倒是张居正的态度反而显得更为坦然；在《答廉宪王凤洲·九》中，他曾情辞恳切地写

---

① 沈德符：《万历野获编·严相处王弇州》（上册），中华书局1959年版，第209页。陈继儒：《弇州史料叙》，载《弇州史料》，明刻本。

② 张廷玉等：《明史》卷二八七《文苑三·王世贞传》，第7381页。

③ 纪昀等：《钦定四库全书提要》；王世贞：《嘉靖以来首辅传》，文渊阁《四库全书》，上海古籍出版社2003年版，第452册，第421页。

④ 纪昀等撰：《钦定四库全书提要》；王世贞：《嘉靖以来首辅传》，文渊阁《四库全书》，上海古籍出版社2003年版，第452册，第421页。

道，“蔽贤之罪，首当在仆，无所归咎”。[①] 由此，这也才可解释：何以当王世贞辞官归里后，二人之间的友谊还能继续维持，乃至直到万历九年，还又发生王向张馈赠“真绢本《千文》”之事。

王世贞自从少年及第，始入仕途，便极为自负。他做了九年京官，甫至出任青州兵备道，即出版了《王氏金虎集》。在此第一部文集的序言中，他即开宗明义地宣称，“王氏世以政术显”（《弇州山人正稿》卷七十一）。据其本人统计，在明朝近两百年的国祚期间，能享有“三代司马中丞”之盛誉的家族，举天下也只有三家；而以衣冠诗书著称于世的太仓王家，历来便以其辉煌的家族史，而给青年王世贞带来无上荣耀。后来只因家世变故，屡逢坎坷，但无论其遭际如何，他皆以毕生之力而笔耕甚勤，故当年仅凭其在“立言”方面所建树的成就而言，几乎无人可望其项背。然而在仕途上，他却蹭蹬蹶蹶，颇为不顺：先是受厄于严嵩，再就是与高拱扞格不入；即使徐阶对他看似略无不薄，但也终未致以超迁……好不容易熬到“同年”、旧时好友张居正坐上了当朝首辅的交椅，他自然备为珍惜。以他向张主动示好、并尤显真诚地馈赠这部绢本《怀素千文》的举动而言，若说其具体是想博得个什么好处，那确实过分牵强；可说他想要通过这种文人间“雅玩同嗜”的高雅情趣而论，其这种交往亦不失为人生正途。反正在旧时故友之间，借某个机会而调处一下相互关系之举，应当亦尽在情理之中。

可以想见，此事一经被孙鑛于《书画跋跋》中给披露开来，王世贞特别担心这件事会被人视为将珍稀品藏“持赠贵人”，这将极大伤害王世贞作为文坛盟主的声名。

王世贞身为世家子弟，历来视清誉名节等胜逾性命；那么，此事对他而言，尽快撇清、并彻底了断与张居正的关系，无疑是其最终了结此事的首要选择。事实上，《首辅传》的问世，的确也令王世贞达到了他所刻意追求的效果。比如，《明史》在其本传中明白无误地称“世贞不甚亲附”一说，也真称得上为盖棺论定，当可告慰他于九泉之下了。

---

① 张居正：《答廉宪王凤洲九》，张舜徽主编：《张居正集》第二册，书牍十五，湖北人民出版社1994年版，第1237页。

王世贞确有才气过人之处：自明神宗朱翊钧下决心按“谋逆”重罪对荆州张家处以“籍没”的暴戾手段始，几年间，张家儿孙自杀的自杀、流放的流放，余下者悉数被打入“编氓”之列。他据此断定，荆州张家从此再无翻身之日。于是，乃于《首辅传》中，公然以“鱼烂不复顾”① 之说，而为张居正做结论，自然亦颇与其思想逻辑相符。

然而，世事难料，正当王世贞眼见着荆州张家早已家毁人亡、而尽陷于极度困顿之中时，未料张嗣修、张懋修兄弟处乱不惊，以杜鹃啼血之志，苦心收集、整理出张居正生前遗稿，且经曾可前、雷思霈、高以俭等众多楚地士人的鼎力相助，趁着明神宗朱翊钧倦勤怠政，各级官府管制松懈之机，终于在万历四十年（1612）完成发掘、整理，包括辑录、编校等工作，刻印出版了四十七卷本的《张太岳先生文集》。

当前，尚未发现张氏兄弟与曾、雷等楚地士人在行此壮举前，是否有机会于坊间曾见过前文所述、已于万历二十年左右即刊刻成书之“明刻本”《首辅传》一书的确切史料；但从《张太岳先生文集》所辑录之“书牍”部分的编纂体例上推断，当年那个早期版本的《首辅传》，至少已传播到了湖广大地——其时，张氏兄弟尽管已被彻底地剥夺掉了话语权，根本没可能对被王世贞刻意混淆的任何事实略作澄清，但是，鉴于此书对张居正的种种贬损，过于沉重，又不能不令他们如骨鲠在喉。于是，他们便特地检点出其先父当年致王世贞（含其弟世懋等）的书信底稿，并将这些手迹与张呈奉给“师相”徐价及前首辅高拱、甚至还包括其早年间为向幼时恩主顾磷等作“还情”之举的相关信函，连同一封《示季子懋修》等，于书牍中单列一卷，而与其他以按编年为序所辑录的信函区别开来，并附诸各卷之末。

这样一来，出现自《张太岳先生文集》中的“书牍”第十五卷，便以其公开展示出的《答廉宪王凤洲》共计 15 通信函，较为全面地展示出张、王二人大半辈子相互间始终未予中断的交游行谊之真相：它们既是公开表露出张居正生前对王确实视作“一二相知”之一，从未另眼相看的本意；

① 王世贞：《嘉靖以来首辅传》，文渊阁《四库全书》，上海古籍出版社 2003 年版，第 452 册，第 533 页。

同时也通过当事人书信这一启一答之特定的书面载体，意在昭告世人：张于“柄政”期间与王世贞本之间私下交往的实情，有证如兹，不容抵赖。尤其是张居正于各信中对王的复函，均书有“雅惠不敢例辞，辄用登领，附谢”；“厚贶概不敢当，谨领尊章（指信函…余辄璧诸使者）”[①] 等等、事涉婉谢馈遗一类的语句，这就更是愈显明了地让王在张之身后对其所采取恣肆“反噬”之举的心术、人品，特别是那种无可遏制的戾气等，于无形中展现于天下人面前。

应当说，《张太岳先生文集》编纂人的这种安排及处置手法，事实上真切地反映出张氏兄弟与曾、雷等楚地士人，在事涉张居与王世贞之间曾经发生过诸如前面所述、那些既不能予以公开澄清、又不宜向外人特为申辩的若干纠葛，提供了重要的史实依据。就算王世贞本人早已在煌煌文集中，早将其写给张的全部信函悉数抽毁，但白纸黑字却明晰如斯，一目了然，事实俱在，尽其所能便足已澄清真象。如此，尽管《张太岳先生文集》的编纂人不著一语，而其为张居正自辩冤屈的超卓智慧，在当时那特殊情况之下，便显得尤为突出。至少，其已确凿无误地印证出无可辩驳的事实：《明史·王世贞传》中所称其对张“不甚亲附”一言，不啻可谓是正中了王世贞苦心孤诣而设下的身后布局。

相比王世贞，孙鑛系万历二年甲戌科举会试中名列第一、且于殿试时又高中二甲第四名的新科进士，依其本人的仕途际遇而言，他本人对张居正应该是绝无好感。因为，坊间久有传言，说是其鉴于次子张嗣修在该科考试中名落孙山，故于忿恼间断然中止了该科对庶吉士的“馆选”，因而也就切断了孙鑛日后有可能入阁拜相的最佳机遇（明朝官场惯例，“非进士不入翰林，非翰林不入内阁”）。

事后看来，孙鑛毕其一生，却似乎并不特别看重这些个人仕途方面的遭际，尽管史称其“早年为张居正所抑”，但他依然“少有怨望”，甚至还

① 张居正：《答廉宪王凤洲》（一至十五），张舜徽主编：《张居正集》第二册，书牍十五，湖北人民出版社 1994 年版，第 1223—1249 页。

赞扬张为“宰相中射雕手”[①] 云云。

自然，直至其人生的最后一息，孙鑛终究也未能见到张居正于天启、崇祯朝时还会有平反昭雪的那一天；他殁于明万历四十一年（1613），享年71岁。其生平事迹尤其是在如何看待关于张居正与王世贞恩怨纠葛的态度上而表现出的所作所为，即充分证实了中国优秀传统文化中的一个朴素真理：公道自在人心。

四　结语

现在看来，当年孙鑛在看待关于张居正与王世贞恩怨纠葛的态度上，他对王的态度多少还是有些鄙薄之意。事实上，对张、王这一双矛盾纠葛中的双方当事人而言，其怨愤情仇，也并不仅限于两个同时代名人个体之间的意气纷争。联系到当张居正去世之后，明神宗朱翊钧对他的彻底清算，在朝文官集团基本上少有例外地对其围攻群殴、痛加追讨，在野士人群体因忿于其生前严限生员名额、强化府县学宫管理、戒除游谈讲学与拆毁私家书院等实施雷霆举措所对之抱有的憎恶与怨毒等，可见王世贞在张之身后对其所断然采取的恣肆“反噬”之举，确实也还拥有着相对广泛而厚实的社会基础。

在当年的那特定的历史背景下，发生上述种种现象，既不是偶然的，又绝非是孤立的。其深刻表明：当中国封建社会开始进入衰亡期时，作为整个社会的精英阶层，于明季中晚期的士人群体中，由于对“修齐治平”等政治伦理（比如齐家的孝，治国的忠，平天下的义）所出现的不同理解与认识差异，因而当各人在对时政大局之基本走向做出基本评判之际，便势必会导致产生出各种互有区别，甚至是针锋相对的思想分歧，及互不相同的精神价值取向。由此，这些矛盾纠葛便也同时折射出中国传统儒学于人文教化与政治伦理方面，所呈现深层结构困境的内在冲突。

① 王孙荣编著：《孙月峰年谱》；转录自林之盛《皇明应谥名臣备考录》卷七。其原文为：“江陵沮孙公词林之选，孙公顾极推江陵多才，且曰：‘华亭任德，江陵任怨。作用不同，俱宰相中射雕手。’”大众文艺出版社2009年版，第266页。

与之同期，在士人群体中依然还是出现诸如孙鑛这样敢于视张为“宰相中射雕手”，且仍能发自内心地赞同张所主持的“万历新政”的代表性人物，可视作于后张居正时代、当朝廷政务在发生根本性逆转之际，在时代风潮中曾涌现出的正气清风，自不可泯。

综上所述，可见当下正确认识和评价发生在张居正与王世贞之间所存有种种矛盾的症结所在，也就不仅只限于要对这一历史上众人所颇感兴趣的话题，追根寻源，以作一般性的考辨；而是旨在通过这一独特视阈，深入探讨、正确评判当中国封建社会自进入衰亡期后，而于其社会内部、特别是在精英阶层中在发生撕裂性丕变时所暴露的既客观存在且又无法弥合之深刻矛盾的这一严肃课题。

（作者单位：长江大学楚文化研究院）

王船山《周易大象解》“自然”与“人文”交融的思想特色

刘永霞

作为儒家“六经之首”的《周易》，是中国传统文化的重要经典。《周易》的六十四卦，以“卦象”的形式生动地揭示了中国古代的“帝王之道”。相传，伏羲氏画八卦，之后又重为六十四卦。到了周朝，周文王和周公又附之以卦爻辞。而后孔子作《十翼》（即《易传》，是孔子对《易经》所作的解释，包括“十翼”，或者说是有十个部分，指《彖传》上下，《象传》上下，《文言》，《系辞》上下，《说卦》，《序卦》，《杂卦》）则是《易经》义理化成熟的象征。可知，《周易》包括“《易经》”与“《易传》”两个部分。《周易》从产生到义理化的定型与成熟，都是古代明君与圣人殚精竭虑而用以治世的智慧结晶。明末大儒学家王船山用“帝王的经世致用之道”与“君子的穷理尽性之学”来概括《周易》的思想主旨。

《周易》一经形成，历代大儒都有作注。而在这些浩如烟海的著作中，明末大儒王船山所著的《周易内传》《周易外传》及其相关著述，堪称是“易学”史上的精品名作。王船山即王夫之，字而农，号姜斋，湖南衡阳人。他是明末清初的著名思想家、经学家、史学家、文学家。由于他晚年隐居在衡阳石船山，因而被尊称为“船山先生”。他生于明万历四十七年（1619），卒于清康熙三十一年（1692），享年七十四岁。他的一生可谓是命运多舛，自从明亡之后，就颠沛流离、惶惶度日。他还组织过义军抗清，失败后就亡命天涯。最后，在家乡隐居直至终老。作为中国历史上杰出的思想家，他虽然穷困潦倒，但却坚持著述不辍，著有《周易内传》《周易外传》《尚书引义》《诗广传》《礼记章句》《春秋家说》《世论》《续左氏传博议》《读四书大全说》《宋论》《永历实录》《楚辞》《姜斋诗文集》等等涉及经、史、文、哲等诸多领域的大作。他对儒家的四书五经都有精深的研究与极高的体悟。

王船山系统解释《周易》的著述主要有《周易内传》与《周易外传》。《周易内传》是对《周易》卦爻辞逐字逐句的详细解释，而《周易外传》则是对《周易》卦爻辞的微言大义更进一步的挖掘与阐发。此外，王船山还撰写了纯粹解释“易学”义理的《周易大象解》。那么，《周易大象解》的主要内容及其特点到底是什么呢？以下做一详细论述。

一 《周易大象解》的写作缘由与主要内容

儒学大家王船山对《周易》有着独到的、精深的理解，为了将《周易》的“义理”阐发得更加透彻、明晰，他于是便写下了《周易大象解》，他说：

> 《易》以筮，而学存焉。唯《大象》则纯乎学《易》之理，而不与于筮。……盖筮者，知天之事也。知天者，以俟命而立命也。乐天知命而不忧以俟命。……若夫学《易》者，尽人之事也。尽人而求合乎天德，则在天者即为理，天下无穷之变，阴阳杂用之几，察乎至小、至险、至逆，而皆天道之所必察。苟精其义、穷其理，但为一阴一阳所继而成象者，君子无不可用之，以为静存动察、修己治人、拨乱反正之道。……则统天地雷风电木水火日月山泽已成之法象，而体其各得之常，故乾大矣而但法其行，坤至矣而但效其势，分审于六十四象之性情以求其功效，乃以精义入神，而随时处中。天无不可学，物无不可用，事无不可为，由是以上达，则圣人耳顺从心之德也。故子曰：“五十以学《易》，可以无大过矣。”圣人之集大成，

以时中而参天地，无过之尽者也，圣学之无所择而皆固执者也，非但为筮者言也。……所谓“居则观其象”也。此孔子之师文王而益精其义者。①

这段话说明了四点：第一，《周易》之《大象》是孔子为了防止后世学者把《周易》片面理解为“卜筮之书”而作，其内容是对《周易》六十四卦每个卦的整体含义所作的“取象”解释。孔子继承了文王之“易”，并更加详细地阐明了《易》学的“精义”。《大象》包含在《易传》里面，是《易传》的部分内容。第二，说明了“卜筮”与《易》学的区别。王船山指出，“卜筮”是知天命之事，而《易》学则是尽人事。“易学”的重点在于“明理”与“修德”。第三，《大象》阐明了《周易》“仿天道、治人事”的鲜明思想特色。六十四卦的每个“卦象”都来源于自然界中最常见的八种物象，即“天地雷风水火山泽”。圣人在掌握自然规律的基础上制定了人类社会的行为准则。第四，《周易大象解》是王船山为阐发孔子的微言大义而对《大象》所作的更加深入、明了的解释。

以上内容均记载在王船山的《周易大象解·序》里面，下面我们进一步来分析一下《周易大象解》的思想特征。

二 《周易大象解》“自然”与“人文”交融的双重含义

《周易》的《大象》取象于自然界中最基本的八种物象，即“天地雷风水火山泽”。既然是“自然物象”，那么，它们首先拥有自然属性。但这些自然属性同时又展现出了深厚的人文烙印。对于这一点，王船山在《周易大象解》里阐发得很生动，可以通过下面几个例子进行直观的说明。比如“山水蒙卦”的“大象”：

① 王夫之：《船山全书》第一册，岳麓书社2011年版，第695—696页。

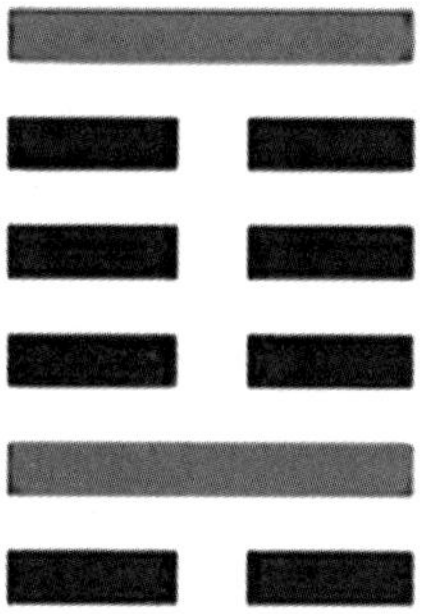

山水蒙卦

山下出泉，蒙。君子以果行育德。

“泉”方出山，去江海远矣。不疑其远，百折必达，其行“果”矣；果则天下无不可成之行也。抑泉源之出，或在平陆，其流易竭；蕴畜之于出，涓涓混混，不息不迫，则行虽果而居之有余。君子体斯为“养蒙”，为“发蒙”，“果”、“育”相资，行成而德不匮，则善用者蒙者也。①

“山水蒙卦”取象于自然界的“山”与“水”，其上卦为“艮卦”，象征着“山”，下卦为“坎卦”，象征着“水”。山下有水，可以理解为是“山下有泉”，即泉从山上流出，离江海还很远。但泉水果决地流出，并不因为离江海很远而犹豫不决。这就是泉水百折不挠，不汇入江海而不罢休的决心和勇气。有了这种果决的行为，泉水必然能够达到其汇入江海的目标。而如果水流渊源于平地，则容易断流，并不能像从山上源出的那样，涓涓细流、不紧不慢、从容不迫。君子观察并体悟这一“物象”，认为“蒙卦”重在“养”与“发”，就像山养泉水，泉水萦绕回旋，涓涓细流最终汇入大江大海。“果”指泉水果断的行为，“育”指山养育了泉水，二者相辅相成，有行有德。有行则有功，有德则惠及他物，这正是君子之“德”的体现。以上是王船山对“蒙卦”《大象》的生动、形象解释。“山”与“水”是自然界中常见的两种物象，“山”有涵养的属性，而“水”则有果敢奔流的属性。这些都是自然属性。《周易》的《大象》依托于“物象”的自然属性，并在此基础上阐发了“物象”的人文属性。一

① 王夫之：《船山全书》第一册，岳麓书社2011年版，第700页。

个君子的行为可以像泉水那样果决，但同时不应该忘了泉水的形成也需要高山的涵养，就像是品德需要默默的、持续的滋养那样。《周易》的《大象》将“物象”的自然含义与人文含义完美地融合在了一起，为我们展现了中国古人天然地取法于自然的“思维模式”与生存智慧。

《周易》的《大象》重在阐发每个卦的“卦象”义理，因而跟每个卦的原本含义有所区别，可以看作是对一个卦的原初含义的延伸与拓展。比如“山水蒙卦”的原初含义是指刚刚即位的幼君，应时时尊崇顾命大臣并诚心诚意接受其教诲，从而不断改正错误、提高自己的一个时局。对于这一点，王船山在《周易大象解·序》里面讲得很清楚，他说：“《大象》之与《彖》、《爻》，自别为一义。取《大象》以释《彖》、《爻》，必龃龉不合，而强欲合之，此易学之所由晦也。……读《易》者分别玩之，勿强相牵附，以乱《爻》、《象》之说，庶几得之。”① 我们可以再看看另外一个例子，比如“火地晋卦”的《大象》：

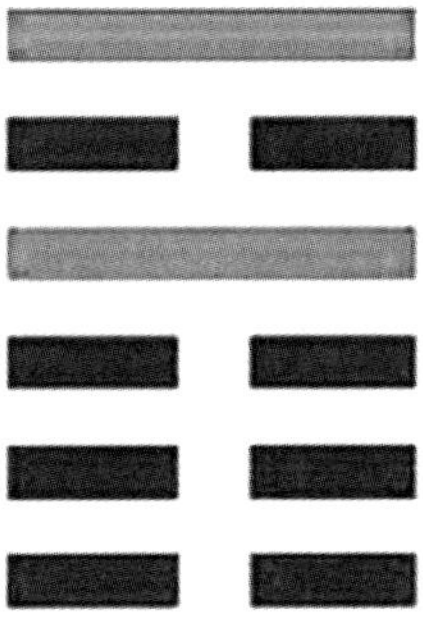

火地晋卦

明出地上，晋。君子以自昭明德。

“明出地上”，物咸受照。然日之升也，岂有心于照物而为物出哉！唯其有明，是以必照耳。故君子之昭，自昭者也；庸人之昭，昭人者也。夫明德之藏，非揭竿建鼓以使天下知者。诸葛孔明有言：“淡泊可以明志。”无私无欲，则不待表著于人，而如日之升，有目者共睹之矣。君子之过，

① 王夫之：《船山全书》第一册，岳麓书社 2011 年版，第 695—696 页。

天下皆见，况其无过者乎！[①]

“火地晋卦”取象于自然界的“火”与“地”。其上卦为“离卦”，象征着“火”，下卦为“坤卦”，象征着“地”。地上有火，火也可以象征“日”，这一卦象即代表着日出地上，照耀万物。但太阳的升起，并不是为了照亮万物。日出日落，昼夜更替，乃是自然规律。时至则升，时过则降。太阳之所以能照亮万物，就是因为它自身拥有光明。这就像君子之明乃是自明的那样，自明就是自带光辉。而一般人所说的“照明”，只是为了在别人面前表彰自身的、外表的、浮浅的“明亮”而已。如果一个君子真正有“明德”而内在充实，则更加没必要去敲锣打鼓地宣传了。这就像是太阳从地面升起那样，其光明人人可见，因而无须去宣扬。诸葛亮曾经说过：“淡泊可以明志。”一个君子的才能怎样，要看他做了什么事、产生了什么功效，而并不是听他自吹能干这个、干那个。如果自吹自擂，反而会让人有这个人很浮浅的感觉。这就是王船山对“火地晋卦”《大象》的解释。这里其实已经涉及儒家对“君子之德”的深层要求，即“君子之德”主要在于“自修”与“自明”。这是一种内在的、潜移默化的、润物无声的如山之涵养泉水那样的渐进功夫。

“火地晋卦”中的“火”与“地”是我们在自然界中常见的“物象”，“火”有光明、温暖的属性，而“地”则是承载、生成万物的母体。在这个基础上，人们又赋予“火”以明察秋毫、明断是非等等的人文含义，而将“大地”则比喻为宽容、顺从而养育后代的伟大“母亲”。在“火地晋卦”中，用“火”与“地”的结合来昭示君子的“明德”。当然，“火地晋卦”的整体含义是指君主用怀柔的手段安抚并晋升诸侯的一个时局，这与《大象》的“义理”解释还是有所区别的。因而，我们说，要全面理解《周易》六十四卦的含义，则不仅要掌握卦的整体的原初的含义，而且还要学习其延展的“义理”思想，二者缺一不可。

《周易》的《大象》所揭示的是“取象思维”，而正是这种“取象思维”，不仅将自然与人文深深地融合在了一起，而且还塑造了中国传承了千年的、生动的、形象的传统文化。笔者曾将伏羲氏画八卦、演重卦的过

① 王夫之：《船山全书》第一册，岳麓书社2011年版，第718页。

程及其历史传承总结如下：

伏羲氏，识物情。受天启，创八卦。
演重卦，全体用。仿自然，生蓍法。
断吉凶，进德业。解忧患，安天下。
周文王，明易理。周公旦，解卦爻。
父子俩，撰易经。孔夫子，忧天下。
经磨难，写易传。历千载，仍盛传。

众所周知，伏羲氏画了八卦，之后又重为六十四卦。“画八卦”就是典型的“仿自然”之创举。伏羲氏在熟悉物性的基础上选择了自然界中最常见的八种物象作为“三画卦”的八卦，之后又重为六十四卦。他的整套思想的核心就是“仿自然、治人事”。自然界因为四季更替、寒暑更迭，于是便促成了万物的生生不息，这也是“规律”的体现。人类社会也应该学习并应用自然界的生存智慧，来应对诸多的矛盾与危机。这才是《周易》真正的智慧与价值所在。

所以说，《周易》之《大象》是“自然”与“人文”深度融合的典型体现，是易学“仿自然、治人事”思想的集中表现。中国古人以此为契机，为后人昭示了“自然”与“人文”从来都不是完全分裂的孤立存在，“人”是自然界中的“人”，自然则通过“人”来昭示“天道”与“天德”。

（作者单位：中国社会科学院古代史研究所）

“鸟眼”与“虫眼”：打通制度史与地方史藩篱的新探索

——评《明代卫所制度与贵州地域社会研究》

程彩萍

明代以武立国，建国之始武官除了攻城略地之外还肩负守土的重要职责，彼时局势尚未稳定，新获取的土地需要有威望的武臣镇守，负责修缮城池，抚辑军民。卫所制度设立之后，其对土地和人口的管理职能被延续下来。明初先后在贵州置卫设省，历经明太祖的开创时期与明太宗时的经营，虽叛乱仍时有发生，但总体而言，法制已定，地方无虞，贵州省已经基本纳入到明王朝直接管理之下，建立了以卫所为主，州县为辅的疆域管理体制。明代贵州省的建置显示了国家利用武力先行、文治随后的策略，以实土卫所作为政区单位，逐步推进国家力量以加强对边疆地区管理的新尝试，有必要对该过程及其影响进行全面的梳理，这也契合了当下明代卫所政区史研究的新趋势。除顾诚在探讨明代疆土管理体制时特别指出了卫所的行政管理职能外，又有郭红、李新峰对不同类型的卫所政区进行了或系统或个案的深入研究，此外还有张磊《明代卫所与河西地区社会变迁研究》等对地方卫所的专题研究。而吴才茂的《明代卫所制度与贵州地域社会研究》（中国社会科学出版社 2021 年版）除了将卫所制度的推行与贵州政区、城镇、文化结合起来研究之外，更突出的是利用大量族谱、碑刻等民间文献探讨军卫后裔的社会迁移，由此分析贵州多元文化形态形成的基础，将卫所研究提高到一个新高度。

一　明代卫所制度对贵州政区形成的影响

谈及明代西南边疆地区的治理，往往首先想到的是土司制度，明王朝运用"以夷制夷"之术，设立土官，以顺其俗。终明一代并不缺乏改土归流之举，然却比较谨慎，每每有人提议改设流官之时，亦有人提醒"欲使蛮夷安静无事，则勿轻言改土为流，使其生心为患"（《明经世文编》卷一三五，中华书局1962年版，第1337页），是否能够改土归流需经过中央与地方官的多次商讨方可进行，可见土司制度深入人心。然而事实上，西南边疆地区的治理是包含了土司、郡县、卫所在内又加之抚按官等复杂元素的多套管理系统，如贵州不仅"有藩臬以抚率之，有郡县以绥柔之，有学校以化导之"，更"有都司以控驭之，有卫所以参制之，有堡戍以列守之"（《明经世文编》卷二八六，第3024页），其中卫所制度的推行对贵州政区的形成与发展产生了深远的影响。

为了更加深入地分析卫所变革与贵州政区形成之间的关系，本书追溯了明初贵州卫所设置的历史原因，从边疆形势、朱元璋统治思想到"无贵州则无云南"的具体战略进行了全面梳理，展现出卫所在贵州地域中所发挥的重要作用。同时作者动态考察了贵州卫所在明清两代的变革，虽然大规模裁撤卫所发生在顺治、康熙、雍正三朝，但明朝统治时期的卫所变革同样不容忽视。实际上，卫所郡县化过程始于明代，这与明代卫所制度所具有的伸缩性与变通性相关。正如书中所述："明初在贵州广置卫所，贵州大部分疆土被纳入明王朝直接管理之下，卫所成为管理疆土的主要机构。而且贵州卫所极具变通性，一些卫所在经营贵州的过程中，出于地方具体需要而改置为军民卫所，从制度上给予了卫所管理'军'与'民'的权力，成为名副其实的'军管型政区'，迨其'熟化'到一定程度之时，这些军民卫所逐渐以分割辖地而设置州县的方式，步入郡县化的历程。"可见，这一过程减少了国家与边疆地区之间的某些冲突，使郡县化最终得以顺利实现。

作者还进一步考察了贵州卫所在清代被裁撤之后的去向，更加完整地揭示了卫所变动对贵州政区演变的影响。虽然明代贵州已经开启了郡县化过程，尤其播州之乱与水西之乱以后，明王朝迅速增加了郡县规模，但终明一代，贵州的行政管辖系统并未健全，某些区域仍然依靠卫所进行管理。清初在实土卫所管辖的土地和人口基础上，直接设立新县成为贵州政区转变的一种重要方式。由此“加强和扩大了贵州地方行政区划体系，逐步健全了府、州、县三级地方行政建制”，同时“调整了黔省与邻省的区划关系”，贵州地方政区格局最终形成。

二　卫所的多重功能与贵州政治、经济、文化区的形成

卫所制度深入西南山地，最初是以武力的形式代表国家力量，以便更有效地应对少数民族变乱。为了加强卫所的军事防御功能，卫所城的建设势在必行，自然涌现出一批军事驻扎型的城市。据书中统计，“洪武时期贵州共22卫，都修建了城池，所城也修建了26座，近50座卫所城拔地而起，这是此前历史时期里从未有过的大事件”。以军事功能带动城市的建设，符合了中国古代城市起源多样化的态势，加之贵州卫所不同于单纯的军镇，除了驻扎军队之外，还具备行政管理职能，领有大量的军户移民，从事各类社会生产活动，促使卫所城具备了政治、军事、文化多重功能。卫所城的多重功能还促进了城市的顺利转型与持续发展，并未因军事形势的变化与战略地位的下降而衰败，反而在清初卫所改革之后逐渐发展成了贵州地域社会中的城镇体系。

该书的第三章、第四章详细论述了卫所与贵州城镇以及文化区域形成的紧密关系。通过作者的研究发现明代贵州卫所城池的筑建除了上述提及的数量居多，功能多元之外，还具有其他多方面的优势。第一，在选址方面综合考虑戍守、屯垦、日常生活的需要，一方面选择山川冲要之地，另一方面城池周围还要有适合耕种土地和充足的水源。例如都匀卫城“不仅‘众山环绕，一水萦流’，而且城西面遍地是‘田’”，“开修便河，可峙无恐”。另外，卫所城的建设与贵州交通的开拓相辅相成，既依托于“一线路上”的交通干线，又因城外有大量的驿站、堡寨、哨所不断涌现，构建出交通线路的其他分支，直至延伸到少数民族地区。第二，在建设方面贵州卫所城池的筑建备受重视，速度之快远超府州县城的修建，以致出现

“州卫同城”的现象。其内部规划整齐有序，其外部驿堡环绕，某些卫改县之后，其形制仍然得以保留，周围则形成大量集镇。

区域社会的发展离不开当地文化教育的兴盛，贵州卫学的设置促进了贵州文化核心区的形成。本书除了详细介绍普定卫学等22所卫学的设立之外，还深入分析了卫学兴起之后贵州学风、文风的变化，书中指出“在卫学、社学、书院以及附司、县学的就学环境中，卫所逐渐偏离了卫学设置的初衷，出现了偃武兴文的风气”。卫学的兴起还促进了卫所军户身份的转变，很多卫籍人员通过入卫学走上科举之路，进而形成了一定数量的军户科举家族，同时也促进了文化的传播。在不同的文化氛围中又折射出不同的风俗分区，卫学集中的区域表现出较浓厚的中原文化习俗，而少数民族聚居地则保留了原住居民的生活习性，二者在日常生活的交集中不断碰撞与融合，形成了新的交融区。

值得提出的是，在论述过程中作者充分利用了多年积累的方志资料，运用统计学的方法将原本分散的资料加以整理并制成表格，如表3－2“明代贵州卫所城池建设情况”、表4－3“《黔诗纪略》所记卫所军户科举家族一览”、表4－4“弘治《贵州图经新志》载举人数与籍贯一览”等，使相关问题的呈现更加清晰明了。

三　卫所内外：军卫后裔身份的坚守与变迁

作者对史料的占有和利用令笔者深感钦佩，除了利用5年时间通览有关贵州200余种方志外，还运用了大量档案与民间历史文献，为该书第五章至第七章的撰写提供了坚实的支撑。从2009年开始，作者便利用寒暑假开展田野调查工作，收集了大量族谱、碑刻等民间资料，这些资料为卫所人群的研究提供了更加详细和完整的历史脉络。而对卫所人群去向与社会活动的研究无疑对探析贵州地域多民族文化的交流与发展以及多样性景观的形成具有积极的意义。

该书通过卫选簿考察了军籍人员进入贵州的情况，包括调入时间、来源地、升迁与调动等。据研究显示，虽不同卫所不同级别的武官具体情况不同，但从总体而言，南直隶成为贵州卫所武官的重要来源地，武官入黔的时间主要集中在洪武时期，说明了“明初开国功臣将士构成了入黔卫所武官的主体”，而其后亦陆续有所充实，一直持续到明代中后期。武官入黔之后通过立功可获得更高职位，升职机会基本出现在明代前中期，作者推断之所以武职选簿中未体现晚明大量武官的升职经历，与当时募兵制兴起、卫所武官军事功能削弱有关。

那么，随着卫所移民不断迁入与繁衍生息，对贵州地域究竟形成了怎样的影响呢？作者考察了铜鼓卫刘氏指挥使后裔与隆里千户所卫军后裔的身份变迁情形。据书中研究指出，这些卫所官军后裔大致有两大去向：一是世代聚居在卫所驻地，坚守着汉人的身份与文化传统如隆里千户所卫军后裔；二是走出卫所，深入少数民族地区之中，甚至变为少数民族身份的刘氏后裔，但他们亦通过公益事业或编修族谱以凸显自身的汉文化传统。值得注意的是，卫所后裔不论选择哪一类生活方式，其参与的社会活动皆对地方文化、风俗产生了一定影响。正如书中所强调的这种“融而未合”的特点，正是明代以来贵州多元文化并存地域社会形成的重要原因。从他们生活的缩影可以窥见王朝制度与地方社会的互动、汉族文化与少数民族习俗的互动，构成了制度与社会、制度与文化、制度与生活的多元研究视角。

总之，吴才茂所著《明代卫所制度与贵州地域社会研究》，是能将滨岛敦俊所言历史研究需要将“鸟眼”与“虫眼”结合的比较好的研究成果（陈宝良：《城市史研究的新转向——从社会经济史的视角解读区域社会》，《中国史研究动态》2017 年第 2 期，第 96 页），既通过“自上而下”的宏大视角，利用《明实录》等资料探讨了卫所在贵州的建置与沿革以及明王朝的经边策略，同时又运用历史人类学方法，“自下而上”地分析国家制度实施过程中，人口的迁移与地域社会的形成，视角新颖，内容丰富，提出了很多新见解，是研究明代卫所与贵州地域史的一部最新力作。书中还通过将族谱、口述等资料与传统史料相互印证，将历史的脉络与情节相联系，如运用《明实录》有关隆里千户所的记载印证隆里所人所言“我们祖先是朱元璋和永乐帝来镇守边疆”的正确性。又如第六章利用族谱述及刘源得授世袭指挥使，才由“流官”转为“世官”时，结合梁志胜《明代卫所武官世袭制度研究》的结论“武官初授时大多先给流官，以后基本上转为世袭"进行印证，等等，这些都是方法论上较为成功的运用。

当然，有关卫所制度与地域史结合的研究还尚有进一步开拓的空间，正如作者在余论中提及的文书利用、土地耕种等方面值得进一步探讨。除此之外，贵州卫所的粮草等军需供应，涉及土司承担的赋役任务，值得深入探讨，似可利用契约文书等民间文献研究二者的联系。其他问题如贵州地理环境复杂，与四川乌撒府、永宁宣抚司，广西南丹、泗城，云南沾益等州相毗邻，境内官军与外境土官土人有联姻、贸易等往来，这种贵州与相邻省份的关系，对贵州地域社会的影响似可有所探索，相信作者在民间文献的整理过程中，对该领域的研究会有更多更新的成绩。

（作者单位：廊坊师范学院历史系）

杜洪涛《戍鼓烽烟——明代辽东的卫所体制与军事社会》评介

宋上上

杜洪涛《戍鼓烽烟——明代辽东的卫所体制与军事社会》一书（以下简称“本书”）是在其博士论文的基础上修订、补充而成。如标题所示，本书的研究对象是辽东卫所体制下的军事社会，研究问题是明代辽东社会的变迁过程和发展脉络如何、有何特点，最终研究目的则是通过考察卫所体制的演变揭示明代辽东社会的变迁。本书在充分利用传统官修史籍（如《明实录》、地方志、奏议、辽东档案）、田野史料（碑刻、族谱）、域外汉籍（朝鲜《李朝实录》、《高丽史》）以及孤本秘笈（如北京大学图书馆藏《毛大将军海上情形》、国家图书馆藏《辽左见闻录》等）的基础上，系统而清晰地回答了这些研究问题。

全书分为六章展开。第一章《从州县体制到卫所体制》介绍了元明鼎革之际辽东的军事背景，考证了明初辽东诸卫所的建置时间和过程。本书注意到了明初辽东曾短暂设置过金、复、海、盖、瑞五州和辽阳府、辽阳县，这些府州县曾隶属于山东布政司，明确指出这就是所谓“山东、辽东原为一省”的真正含义。本书并没有止步于制度史的考证，而是在此基础上进一步提出了值得思考的问题：明朝为何放弃了州县设置，而要在辽东全面推行卫所体制？本书认为主要还是与明代来自北方的军事威胁有关。

第二章《明初的卫所体制与社会整合》采用了计量的研究方法，分析明初辽东的人口构成。在对嘉靖《辽东志》和《全辽志》的人口数据加以比对、取舍、统计的基础上，本书考证出明初辽东都司的人口总数约为40

万人，其中汉人及汉化族群约28万人，女真、高丽、蒙古等北方族群约12万人。因此，明初辽东是一个移民社会，而这些来源不同的人口，在卫所体制的整合下，编户齐民，分为官籍户族和军籍户族，“我东人”的地域身份认同由此开始形成。

第三章《卫所体制的危机与变革》指出，在洪武至宣德年间多次北征的军事压力下，辽东社会不堪重负，武官私占屯田，军士逃亡。卫所体制的危机表现为国家所掌握的人口、土地数字不断下降。为了应对这一危机，正统之后，以辽东巡抚为代表的文官体系开始介入辽东社会的管理，本书认为辽东巡抚获得提督军务的权力，是卫所体制变革的标志性事件，即文官体系开始制衡武官权力。人口与土地方面，随着营兵制发展，卫所官军逐渐离开卫籍所在，前往镇戍区操守，而屯田则由军余顶种，采取类似于租佃收租的方式经营，本书将这一变革过程称为“卫所的去军事化”和“屯田的官田化”。

第四章《体制改革后的辽东社会》从官籍户族、士绅群体和军籍户族三个角度展开讨论。由于材料所限，本章采取个案分析的方法，选择韩斌、崔源两个武官集团家族为代表。韩、崔两家是如何保持世居高官、威名显赫？本书认为除了军功外，还与子孙读书科举、拉拢文人有关，并将这一过程称为“士大夫化”。与之对应，在谪戍辽东文人和科举士子的带领下，辽东文教兴起。本书充分发掘了辽东理学家贺钦《医闾先生集》中的言行、尺牍、墓志等材料，认为辽东士绅能在一定范围将儒家礼仪、规范推行到基层社会中。当然，贺钦一人能否代表整个辽东士绅群体还可以再讨论，但不可否认的是，辽东士绅群体在辽东社会的影响力日益凸显。

第五章《晚明的商业贸易与社会变迁》修正了学界历来认为辽东商业贸易发展不足的观点，将16世纪辽东地区的经济发展置于海上贸易全球化的大框架下加以考察。以白银为媒介，朝鲜的人参、貂皮、马匹经辽东贸易至关内，而内地的布匹、丝绸亦经辽东转贩至朝鲜、蒙古、女真等处。嘉靖之后，山海关榷关、宽奠等处的互市场、中江马市相继设立，官方介入抽税的背后，则反映了以辽东为纽带的长途贸易的兴盛。商业的繁荣促使大量辽东人口脱离卫籍，涌入东部边地，参与到农业、矿产开发中。值得注意的是，本书还着重介绍了辽东的木材贸易，产自长白山地区的木材经由鸭绿江运输贩卖，主要用于制造海船，参与海上贸易，可见木材市场对辽东商业起到了正反馈的促进作用。据此，本书进一步回答了“为什么是辽东人控制了山东、辽东之间的海上商路?”的问题，首要原因就在于木材，辽东拥有制造海船的专用木材市场，而这正是山东所缺乏的。这种解释将地理与市场因素相结合，厘清辽东社会发展脉络，十分具有说服力。

第六章《体制变异与明清易代》指出，嘉靖中期之后，随着蒙古、女真诸部劫掠，辽东社会军事压力再次增大，导致军变屡生、户口脱籍，虽然明廷试图通过就地落籍政策延续卫所体制，但是已经无法改变国家控制衰弱的事实。取而代之，以李成梁为首的辽东地方军事利益集团迅速扩张，包括内丁与营丁在内的军事家丁成为辽东镇戍军的核心力量。军事利益集团对社会资源的攘夺又进一步加剧了晚明辽东的社会危机，不安其身的辽东百姓在迁入关内时却遭到了内地社会的强烈排斥，只得在辽西等处坚持抗金，或投降后金，或独立武装，在辽人中演变出了一种介于满汉之间的群体认同。本书分析了学界未曾措意的东江社会群体，指出以毛文龙为首的东江军事利益集团的主要财政来源是商税，认为袁崇焕斩毛文龙除了是非功罪外，还涉及对海上贸易主导权的争夺，从社会经济角度对明末政治史作出了新的解释，颇有启发。

如果对辽东社会变迁过程加以总结，那便是军事化与去军事化。明初辽东废州县，建立卫所体制，赵世瑜先生在书序中将这种卫所体制合法化的“强人社会”称为“军事社会”。进入明中期之后，随着辽东文化发展，社会管控逐渐放松，无论是卫所体制还是军事社会，都呈现出去军事化的特征：土地方面，屯田租佃经营；人口方面，武官士大夫化，士绅群体兴起，军户脱籍参与商业贸易。但进入晚明，外部军事压力陡增，辽东地方军事利益集团崛起，募兵攀丁，争夺贸易权，辽东社会的军事化特征又开始凸显，本书认为这就是辽东没有像广东一样发展出宗族组织的原因。辽东社会的军事化演变，经历从卫所体制的去军事化，又复军事化产生军事利益集团，类似于波峰、波谷的变动，这是辽东社会变迁所独有的地方特质。

从学术史发展的脉络来看，本书的学术推进主要有以下几点。一、本书采取了长时间段的研究方法，研究时段从元末到清初，涵盖有明一代。由于辽东特殊的军事地位，以往学界研究多集中于明初辽东设卫和晚明辽事战争，而对于漫长的“明中期”则鲜有涉及。正如徐泓先生在书序中论断“辽东实土卫所的军事社会，并非一成不变”，本书作者不辞劳苦搜集了大量史料，展示了这一演变过程，填补了学界研究的空白。二、本书在华南地域研究之外，为学界提供了新的明代区域史研究样本和参考系，华南和辽东社会比较之下的共性和不同，可以引发对于明代社会更加深入的思考。三、本书将传世官修史籍和田野材料有机结合，为辽东社会提供了双重视角，即“卫所体制”下的自上而下的制度史视角，和“军事社会”中自下而上的社会史视角。本书对辽东社会的研究紧紧围绕“户籍”和“土地”两个要素展开，在官民互动中，为研究者理解明代国家治理提供了新的认识。

本书研究细致深入，在某些具体问题上，或仍有可以讨论的空间，试述一二，以祈教正。如关于明初辽东卫所建置的问题，学界历来备受困扰，根本原因在于《明太祖实录》和嘉靖《辽东志》的记载难以调和。近年来以李新峰《明代卫所政区研究》和本书的研究用力最深，综合之下，二书可以互相补充。现将问题相关史料记载条举如下表所示：

<table>
<tr><th></th><th>《明太祖实录》记载</th><th>《辽东志》记载</th></tr>
<tr><td>定辽右卫</td><td>材料①：（洪武六年闰十一月）癸酉，置定辽右卫于辽阳城之北，立所属千户所五，命定辽都卫指挥佥事王才等领原将山东诸卫军马屯守。</td><td rowspan="3">材料④：定辽左卫、定辽右卫、定辽前卫，以上三卫俱洪武四年置，为千户所，至十年升为卫。</td></tr>
<tr><td>定辽左卫</td><td>材料②：（洪武七年正月甲戌）定辽都卫奏并卫所官军，以左千户所青州土军五千六百人属定辽左卫，以右千户所莱州土军五千人并本卫军七百九十四人属定辽右卫，余军分为八千户，所内调千户余机领中、后二所往金州守御，俱隶都卫。从之。</td></tr>
<tr><td>定辽前卫</td><td>材料③：（洪武八年十月二十七日）癸丑，以在外各处所设都卫并改为都指挥使司……定辽都卫为辽东都指挥使司，置定辽前卫指挥使司，以辽东卫为定辽后卫指挥使司。</td></tr>
</table>

本书采用了《明实录》的说法，认为定辽右卫建于洪武六年，定辽左卫建于洪武七年，定辽前卫建于洪武八年。李氏则试图调和《实录》与《辽东志》之间的歧义，认为时间的差异主要在于记载的对象不同，即《明太祖实录》载各卫“名分”之始，嘉靖《辽东志》所载多系各卫组军之始，即材料④的定辽左、右卫就对应着材料②的定辽都卫左、右千户所，也就意味着定辽左、右千户所升卫。① 然而这与材料①中定辽右卫早已在前一年设置相矛盾，本书就认为材料②的“本卫”指的是定辽右卫而非定辽都卫，因为相当于都司的定辽都卫不能简称为“卫”，也就是说，洪武七年定辽右卫人众是由原剩 794 人和都卫右千户所划拨的 5000 人组成。这一说法有其道理，缘于洪武六年六月左右辽阳已经开始抽垛，这些抽垛新军组成了哪个卫所，史籍没有明确记载，综合各史料，本书认为新军组成的就是定辽右卫。《训读吏文》卷二记载：“洪武伍年七月初五日……金州戍御官定辽卫指挥佥事王才”②，“王才”亦见于材料①，可为定辽右卫的建置提供新的材料。随着明军在洪武五年攻占辽阳城之后，王才被调往辽阳掌定辽右卫，材料①记载的是定辽右卫开始筑城置署的时间，而材料②则记载的则是洪武七年衙署完成之后，方将定辽都卫右千户所名分升为右卫，调整人员组成，戍守辽阳城北。故材料④所记载的洪武十年“升卫”的说法并不准确，《全辽志》记载：“定辽右卫，都司治西，洪武十年，指挥王庸建。定辽前卫，都司治东北，洪武十年建。定辽后卫，都司治西北，洪武十年建。”③ 可见至洪武十年，定辽右卫衙署的位置发生了改变，从辽阳城北新迁到了辽阳城内，因此材料④所记载的洪武十年，是各卫新建卫衙门的时间。对于定辽前卫，李氏推断在定辽都卫中必然存在一个对应的前千户所，这一推断可以得到本书研究的证实。本书认为洪武七年卫所调整时，定辽都卫所属内地官军为 19325 人。其规模恰好相当于 3 个卫一级规模的大千户所，再加上一部分余军，除了左、右千户所外，就是前千户所了，因此在洪武八年定辽都卫升都司的同时，都卫前

① 李新峰：《明代卫所政区研究》，北京大学出版社 2016 年版，第 184—187 页。

② 佚名辑，前间恭作整理：《训读吏文》卷二《在逃粮船梢工陈均祥起取发来事》，东京国书刊行会 1975 年版，第 13—14 页。

③ 李辅等纂修，韩钢点校：《全辽志》卷一《图考志》，科学出版社 2016 年版，第 25 页。

千户所名分也升为了定辽前卫。综上所述，明代辽东卫所的建置过程为：洪武四年置定辽都卫，下辖前、左、右三个大大千户，每一大千户所人数规模相当于一个卫，人众组军成型。在定辽都卫改为辽东都司的背景下，洪武六至八年间，三大千户所名分先后升为卫，定辽前、左、右卫至此设置。至洪武十年，三卫衙署全部新建迁至辽阳城内。这个案例显示出本书研究具有一定难度，在此基础上，辽东史料或还有扩展的空间。

总之，在明代辽东社会研究中，本书是一部不可多得的佳作，在相关经济史、军事史等领域亦颇有建树。本书为明代辽东史研究开启了新的篇章，作者对辽东的研究没有就此停止，我们衷心期待更多后续著作问世，嘉惠学林。

（作者单位：北京大学历史学系）

祖制与祖宗之法
——评解扬《话语与制度：祖制与晚明政治思想》

余　辉

“祖制”是中国古代史重要政治话语，也是近世学者倍加用力的一个议题。明代是“祖制”这一话语体系正式形成有效文本的关键时代，从明太祖多次重申万世不变之法，编修《皇明祖训》《祖训录》《纪非录》等书以来，有学者认为明太祖试图建立一个万年不破的帝国统治秩序，他用各种方式申明自己统治的正当性与合法性，并且希望这些被后代明帝国统治者所尊奉，使得我们探讨明代祖制问题有了主干问题焦点。值得一提的是，学者探讨明代祖制问题，往往和宋代研究者“祖宗之法”相对比，近年来学界围绕宋代祖宗之法讨论，以邓小南教授大著《祖宗之法——北宋前期政治述略》为学界典范，邓小南教授对宋代“祖宗之法”展开了博大精深、阐发入微的研究。邓小南教授认为：

> “祖宗之法”在宋人看来，是治理国事的“法宝”，既包括治理国家的基本方略，也包括统治者该有的治事态度；既包括维系制约精神的规矩设施，也包括不同层次的具体章程。本书就是讨论“祖宗之法”与宋代基本政治格局之间的关系，宋代的政治格局在与“祖宗之法”的互动中得以最终确立。通过这种讨论，不仅揭开了宋代政治史的奥秘，同时也抓住了宋代制度史的精髓，揭示了北宋专制官僚文化精神的特点。

明代祖制相关政治话语相较于宋代祖宗之法，有着较为丰富的文本与记载。另外明太祖以诏书、敕令、官修书籍等确立的统治典范，使得探讨明代祖制参考多集中在明太祖时代。曾有研究者认为宋代祖宗之法有实与虚的成分，实的成分在于“祖宗”“祖制”的那些叙述文本，它们的取材来源标准，包括选哪些、哪类性质的言行、如何阐释挑，如何加大出来宣扬其效果，宋代君臣其实还是有较多一共识的。即他们的价值观趋同，选出来作为可取法的嘉言懿行、“祖宗规制”“祖制精神”，这即是他们实的成分。虚的成分对比明代来看，乃是开国几位帝君没有留下成型关于“祖制”的文本，所谓祖宗之法是君臣日常统治博弈的政治话语，此类君臣对话或奏对文本经过史官改删并记录入国史中，通过历代转袭之文本修辞，层层叠加后世，又成了新的祖宗之法文本题材来源的记载。当然，这些的可以任意加工为后世君臣博弈取法的文本。即使是明代留有成形的文本《皇明祖训》《祖训录》等书，嘉靖、万历君臣多次就《皇明祖训》理解上爆发激烈冲突，所以阐释也就是君臣各有见教。这使得明代朝野都在重新思考如何开展更好诠释祖制这一话语为我所用，爆发若干次朝野论争，尤以嘉、万时代为最，这其中围绕着书籍编纂与刊刻进呈中枢等事件，明代朝野围绕祖制进行丰富的讨论，这些讨论大多反映在这时期编纂各类以祖制与经世为名的书籍中。解扬《话语与制度：祖制与晚明政治思想》（生活·读书·新知三联书店2021年版）是最近出版书籍中别出心裁的作品，相较前行研究，以书籍史、政治史、思想史、心态史等聚合角度对明代祖制问题进行了再出发研究，读罢让人深思良久。本书从晚明时期冯应京牢狱编书“事件”、山人瞿九思征召出身与文集体现之“文本”、万历朝经筵与《贞观政要》讲论和“制度”三个角度开展研究，以万历矿监税使导致国家财政危机、在野名士征辟制度、庙堂经筵制度为切入点，通过深入研究若干“祖制”文本炮制过程与晚明出版此类书籍灵魂人物，分析明廷与乡野关于争论施政方针中“权宜之法”和“祖宗之制”的根本矛盾，认为当时的庙堂之下的明代士林面对愈渐严重的政治危机，无力提出新鲜又实用改善意见，于是纷纷回诉返诸探寻明代“祖制”这一良方，以求解时代困局与打开新的历史局面。

明朝立国伊始，明太祖在整顿元末大乱的社会秩序后，严肃统治机构的管理，对待商品经济管控严格，全国上下一片肃杀的氛围。明朝经过百余年的历史演进，于“正统国变”—成化朝开始其朝野价值观多元化的开端，开始走向一个宽松自由的时代，士大夫与草泽士人开始逐渐增高朝堂之上的话语权。明代皇帝从事必躬亲开始逐渐走向垂拱而治，与此相对比则是官僚制度的日渐成熟，以内阁制度为代表明代选官任官资履考选条例日渐明晰，成化朝《大明律》、各项条例互相在司法判案上取舍，代表着明代社会经济复苏以及社会矛盾的与日加剧。

中晚明以来，明代士人面对越来越发达的资本经济以及此情况带来物质文明的浮华，接踵而来就是越来越多贫富差距、土地兼并等社会问题，有识之士都在寻求救世之道。本书所研究的冯应京就是其中一个典型代变，他虽为小官，但不幸羁押入狱，却仍旧可以在狱中组织队伍，编写《皇明经世实用编》，当然此段时期还有其他的类似的书籍编纂。这项工作是冯应京出资召集一帮同道者，以回归“祖制”为口号，以裨益帝学、圣学、官僚等事情，收罗历代先贤与明代前期名臣的语录，分章辨析纲目，以一种独特的方式梳理明前期至万历朝的历史，总结明朝“祖制”与历史教训，隐隐约约提出自己的见解，有备庙堂之高之所认同，以期救世卫道的作用。

本书研究这些书籍的编纂以及他们在万历朝本朝国史《明神宗实录》的记载，则使得我们可知，冯应京的举动应该是在最少天启年间部分得到了以《明神宗实录》主修大学士顾秉谦为首的最高层认可，但是这个认可程度有多高，就不是《实录》语中寥寥数笔可以解决的。本书随即研究成书在冯应京《皇明经世实用编》前的瞿九思个人际遇与他本人著作《实用编》。该节内文主要利用国图藏瞿九思孤本文献《瞿聘君全集》讨论明代人才举用方式，荐辟、修史、地方官个人喜恶。荐辟，明初多用此举动，明英宗礼部举用江西大儒抚州吴与弼。明万历时期，朝廷中枢为了解决长期明朝不修本朝国史（以纪传体为主，并辅之以各表、志此前只修编年体的实录）问题，仿效明洪武朝修《元史》，开史局诏才来京。作为黄梅县普通乡儒的瞿九思，得到以冯应京为代表湖广地方官员的首选认可，并推广瞿九思的学问，他们不惜用官银刊刻瞿九思的著作，并加以对上推荐，这使得瞿九思本人的际遇沉浮本来就是明万历朝与祖制对话的窗口，加之其本人著作被冯应京发扬光大，更加令人思考明代万历朝庙堂与江湖之间的互动了，即打着“祖制”的旗号进行一番明朝朝野上下政治文化的交流。

最后本书以万历君臣在经筵讲席中《贞观政要》的互动讨论结束，认为明宪宗、明孝宗、明神宗三人对于《贞观政要》不同态度，决定了《贞观政要》在明代祖制话语体系中所代表的现实意义。明宪宗刊刻《贞观政要》，并托大学士撰写御制重刊序文，代表了明廷中枢力图从英宗、代宗混乱不堪的政治史中解脱出来，力图稽法先贤，励精图治。明孝宗时期，底下理学家如娄谅者试图集合《贞观政要》中帝学成分，为弘治时期心性之学做注解，孝宗皇帝基本予以认同。神宗时期，虽然在经筵多次进讲《贞观政要》，但是明神宗乾纲独断，对于经筵官《贞观政要》经解思想颇不以为然，多次谈及魏征作为臣子失德等问题，使得最终《贞观政要》罢讲，明神宗把经筵官进讲《贞观政要》当成约束他的举动，他要重申皇帝的权威，也就顾不得明宪宗与明孝宗的历史态度了。

总体而言，本书利用国内图书馆珍藏各类书籍为线索，对书籍进行文本考古，探求《皇明经世实用编》《实用编》与《贞观政要》在明代的情况，或是编纂或是重刊或是其背后故事，无一不体现着晚明士人力图打破他们心中时代困局，试图托古言志，找寻历史的制度渊源，对现实政治进行反思的过程，这一切都围绕着书籍展开，可以说本书在不仅仅局限于作者谦虚之言挖掘一些珍稀文本上，而且把这些书籍一切有机的个体，放入时代的背景下，以书籍史与政治史、文化史相结合的研究，为我们了解晚明士人思想中挽救“祖制”的努力，对于现实的问题关切与个人撰述，这一系列都有丰富的议题。如果就本书第二章冯应京、第三章瞿九思的问题，似乎都应放在湖广地区学术异端对于明廷正统的冲击上理解，毕竟距离黄梅县不远，同属湖广地区的麻城县李贽是以异端著述而声动天下的人物，这些同属于一个时代、一个地区的人物，学统上自有其历史渊源，也为我们更好从微观地域、细节上参看“祖制”问题于晚明思想史的意义。本书主题考虑是底层书籍如何影响上层思维，冯应京与瞿九思之书概而论之，如果我们对比嘉靖—万历朝底层进献书籍的过程，体现了明中期至晚期大众的观念迁移和发展取向，也反映出明代社会结构的多元化特征。[①]如何看待时代背景与个案研究，也可能是本书需要考虑的问题。

我们期待作者这一另辟蹊径的研究范式，为我们思考晚明和研究思想方式转换上，提供一个坐标系，可以说本书诚有筚路蓝缕之功。

（作者单位：首都师范大学历史学院）

① 余辉：《明朝嘉靖年间的进献书籍活动》，《中正历史学刊》第17期，2014年，第93—136页。

征稿启事

一　刊物介绍

《明史研究论丛》创刊于1982年，由中国社会科学院古代史研究所明史研究室主办，至今已出版19辑。《明史研究论丛》是国内外明史研究领域较早出版的一份专业辑刊，见证了改革开放以来明史研究的成长历程，具有广泛的学术影响力，众多蜚声中外的明史专家，都曾在此发表重要学术论文，有力地推动了明史研究的开展。

在新的时代条件下，为推动明史研究的进一步开展，《明史研究论丛》自2020年起，改为定期出版，每年出版两期，并实行匿名审稿机制。《明史研究论丛》将坚持弘扬先贤学术精神，倡导开放包容的办刊方针，努力推出博大厚重的学术成果，推动明史研究的体系构建与学术交流。

二　投稿须知

本刊欢迎原创性的专题论文，也欢迎具有深度的学术评论。注释采用《中国史研究》体例。稿件请附上作者信息（单位、姓名、职称、联系方式等），并附录英文题目。请作者尊重知识产权，遵守相关法律法规，引用规范，勿一稿多投。稿酬从优。

三　编辑部地址

北京市朝阳区国家体育场北路1号院中国历史研究院古代史研究所明史研究室。邮编：100101。

四　投稿信箱

mingqingshi@ aliyun. com；oursour@ qq. com